Katharina Eisch

Die Eisch-Hütte

Portrait einer Bayerwald-Glashütte im 20. Jahrhundert

Gesamtherstellung:
Buch- und Offetdruckerei Morsak
8352 Grafenau
ISBN 3-87553-318-6

Inhalt

Vorwort

Das vorliegende Buch versucht, vielen und teils widersprüchlichen Anforderungen gerecht zu werden. Als Firmenchronik soll es detailgetreues „Nachschlagewerk“ für alle, die sich in irgendeiner Weise mit dem Betrieb verbunden fühlen, sein. Zugleich aber will es erlebte Geschichte als solche auch Außenstehenden zugänglich und nachvollziehbar machen. Der wechselvolle Entwicklungsgang einer Glashütte soll mit seinen spezifischen Voraussetzungen und in seiner Einzigartigkeit begreifbar werden; die Eisch-Hütte dient hier aber auch als Beispiel und Vorwand für die Darstellung eines soziokulturellen, wirtschaftlichen und ästhetischen Umfeldes, das nicht nur das ihre ist. Es mag befremdlich erscheinen, im Rahmen einer historischen Dokumentation Zusammenhänge und Problemfälle diskutiert zu finden, die in die Gegenwart hineinspielen und darüber hinaus auch auf Zukünftiges Bezug nehmen. Es geht jedoch nicht an, daß heute die historischen Veröffentlichungen zum Bayerischen Wald und zum Bayerwaldglas einen Boom erleben, während von der gegenwärtigen Situation vor allem in scheinheiligen und verklärten Fremdenverkehrsprospekten oder aber in Arbeitslosenstatistiken öffentlich die Rede ist. Das Buch will daher auch Anregungen geben, die Glasszene des Bayerischen Waldes offen zu diskutieren, sie auf ein in kultureller und ästhetischer Hinsicht durchdachtes Fundament zu stellen und die Geschichte dieser Glaslandschaft mit schöpferischem Mut zu gestalten.

Meine eigene Perspektive und die familiäre Gebundenheit an die Eisch-Hütte können und sollen dabei nicht geleugnet werden. Trotzdem will sich diese Chronik nicht in schönfärberischer Selbstgefälligkeit einer Familie erschöpfen. Unbestreitbar ist, daß die jetzige Glashütte Eisch unabtrennbar ist von dieser Gründerfamilie; der Blick auf deren Herkunft, auf die Verschiedenheit der für die Hütte wirkenden Persönlichkeiten und auf ihre Voraussetzungen im Bayerwald-Ort Frauenau eröffnet jedoch sehr unterschiedliche Ausgangspunkte für eine Darstellung dieses Betriebs: Er fordert eine „Geschichte von oben“ genauso wie eine „Geschichte von unten“, zeigt das Zusammenlaufen und Aufeinandertreffen von oft sehr gegensätzlichen Traditionslinien aus technischen, wirtschafts- und sozialhistorischen, handwerklich-künstlerischen und anderen Bereichen. Auch eine Geschichte von nur gut 40 Jahren muß bereits aus Erlebnis- und Erinnerungsbildern sowie aus schriftlichen Quellen rekonstruiert werden, und schwerer noch greifbar ist die eigene Gegenwart.

Idee und Auftrag zu diesem Versuch stammen von den Brüdern Erwin, Erich und Alfons Eisch. Ihre Berichte und Erklärungen, ebenso wie die ihrer Schwestern Gerda Frank, Annemarie Kainz und Reserl Namyslik und die Erzählungen meiner Großmutter Therese Eisch haben Wesentliches zu ihrer Verwirklichung beigetragen. Von unschätzbarem Wert war dabei die jahrelange archivalische Sammel- und Forschungstätigkeit Alfons Eischs. Außerdem gilt mein besonderer Dank Helmut Schneck, Josef Fuchs, Alfons Hannes, Konrad Giltner sowie allen, die durch ihr Engagement, durch Informationen und Hinweise diese Arbeit ermöglicht und unterstützt haben. Gleichermaßen danke ich Andi und Eberhard für die Fotoarbeiten, Karin für Kritik und Textkorrektur.

Ich widme dieses Buch meinem Großvater Valentin Eisch, der 1983 verstorben ist, und meiner Großmutter Therese Eisch.

Katharina Eisch

GESCHICHTE UND VORGESCHICHTE DER GLASHÜTTE EISCH

I. Familiengeschichte

Spurensuche: Die Herkunft der „Glasfamilie" Eisch

Spätestens seit dem 14. Jahrhundert wird im bayerisch-böhmischen Grenzgebirge Glas gemacht. Die ausgedehnten Wälder, die Holz zur Feuerung und zur Gewinnung von Pottasche lieferten, und die Quarzvorkommen, die den Hauptrohstoff Quarzsand zur Verfügung stellten, waren es vor allem, die die Ansiedlung von Glashütten förderten. Außerdem sahen Klöster und weltliche Grundherren des ausgehenden Mittelalters in den „waldfressenden" Wanderhütten eine Möglichkeit, Rodungen durchzuführen und das Holz zugleich gewinnbringend zu verwerten (während man später eher damit zu tun hatte, Raubbau durch die Hütten zu verhindern), und schließlich bot das Glas den Menschen immerhin eine bessere Existenzgrundlage, als es im rauhen Mittelgebirgsklima etwa die Landwirtschaft vermocht hätte.
Innerhalb dieser Tradition nimmt sich die Glashütte Eisch, die am 15. 2. 1986 auf 40jähriges Betriebsbestehen zurückblicken konnte, ausgesprochen jung aus, trotzdem läßt sich an ihrem Beispiel das Bild einer schicksalsreichen und richtungsweisenden Periode der Bayerwald-Glasgeschichte entfalten, die von wirtschaftlichem und technischem Umbruch ebenso wie von sozialen und kulturellen Strukturveränderungen geprägt ist.
Um die Entwicklung der Eisch-Hütte verständlich zu machen, ist es jedoch sinnvoll, zunächst einmal ihre Voraussetzungen in der Familie der Firmengründer ins Auge zu fassen und auch deren familiengeschichtliche Verwurzelung in der hiesigen Glaskultur aufzuzeigen.

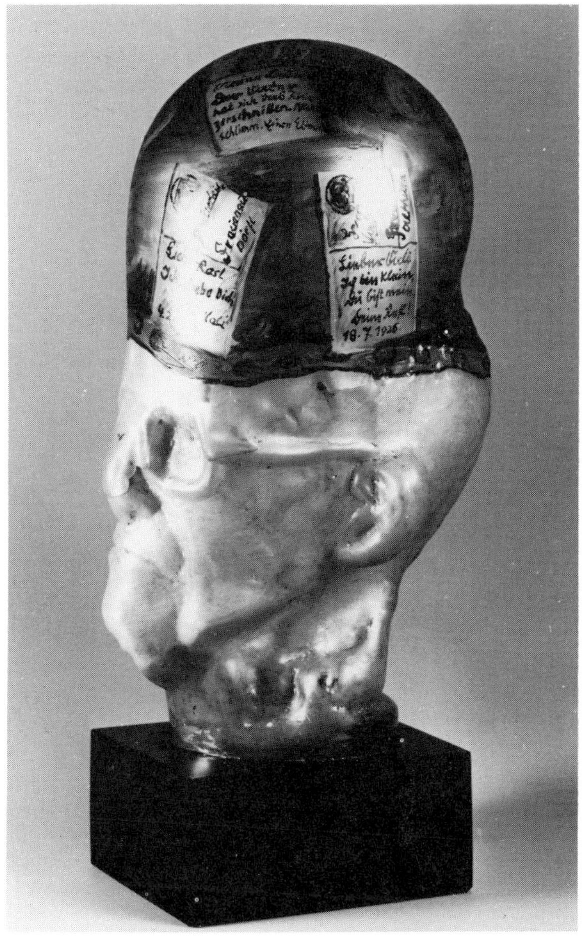

Erwin Eisch, Kopf aus der „Portraitserie meines Vaters Valentin Eisch", 1986. Glas mit Emailmalerei.

Alfons Eisch ist über viele Jahre hinweg in bayerischen und böhmischen Archiven den Spuren seiner Vorfahren nachgegangen. In einem Firmenprospekt veröffentlichte er 1983 eine Kurzfassung seiner Forschungsergebnisse als „Chronik der Glasmacherfamilie Eisch", die ich hier wiedergeben möchte:

„Die familiengeschichtliche Forschung führt – wie bei vielen Glasmacherfamilien des Bayerischen Waldes – in die waldreiche Gegend Südböhmens. Holz und Wasser bildeten als einzige Energiequellen der damaligen Zeit die Existenz-

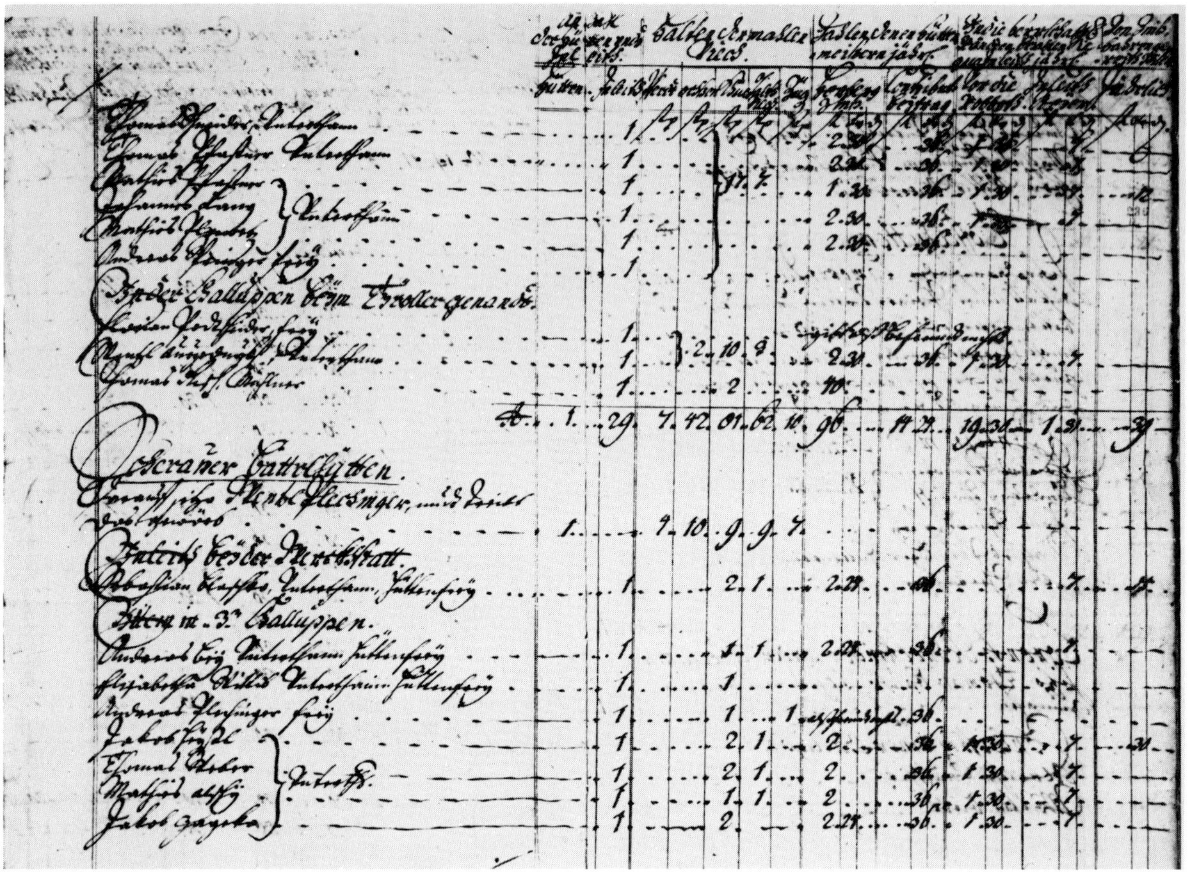

Nur neun Personen waren im Jahre 1721 auf der Scherauer Hütte beschäftigt, unter ihnen der Glasmacher Mathias Alschy (zweiter von unten). Vgl. Anmerkung 1, Kapitel 1.

grundlage für eine Glashütte.
Die Glasmachertradition der bis in die 11. Generation erforschten Familie Eisch beginnt mit dem am 12. 2. 1689 im Dorf Křesanov (Pfarrei Winterberg) geborenen Mathias Alesch. (1) Aus dem Familiennamen ‚Alesch' (auch Aleš geschrieben) entwickelte sich dialektbedingt über verschiedene Formen, wie z. B. Alysch, Alschy, Alsch, Eusch, Äsch, Aysch, Eysch, die heutige Schreibweise ‚Eisch'.
Im November 1713 heiratet der Bauernsohn Mathias Alesch Anna Pawličko. (2) Ein ‚Summarisches Extract über die Glashütten der Winterberger Herrschaft' (3) aus dem Jahre 1721 erwähnt ‚Mathias Alschy' als Glasmacher in der kleinen 1602 erbauten Scherauer ‚Bättelhütten' (Bättel = Glasperlen).
Einschließlich des Hüttenmeisters Plechinger arbeiten nur neun Personen auf dieser ‚umb und umb mit Wald umfangenen' Hütte. (ebenfalls Anm. 3) Mathias Alesch lebt dort als Inmann (d. h. zur Hütte Gehöriger) und betreibt nebenbei eine kleine Landwirtschaft, die er vom Hüttenmeister gepachtet hat. Bereits am 30. 4. 1727 stirbt Mathias Alesch im Alter von erst 38 Jahren. (4) Er hinterläßt seine Frau und fünf Kinder. Nur sein am 17. 4. 1722 in der Scherauer Hütte geborener Sohn Adalbert Alesch (5) verdient sein Brot wieder in einer Glashütte. Während des Österreichischen Erbfolgekrieges wechselt er über die nahegelegene Grenze nach Bayern in das Glashüttengut Klingenbrunn. Als ‚Aschenbrenner in Klingenbrunn' wird ‚Albertus Eysch' 1761 im Trauungsbuch der Pfarrei Schönberg erwähnt. Er heiratet die Bauerstochter Eva Berghammer. (6) Am 20. 7. 1788 stirbt Albert Eisch als ‚operarius in der Althütten'. (7) Von seinen vier Kindern überlebt allein Johannes Michael, geb. am 14. 4. 1768 (8) Wir wissen, daß er bereits um 1779, also im Alter von elf Jahren, ‚auf der ehemaligen Glashütte auf dem Ochsenkopf eingeschürt und eingetragen' hat. (9) Später ist er, wie auch sein Vater Albert, auf die Gemengezubereitung spezialisiert und zählt zum festen Kern der Klingenbrunner Hütte.
Beim Untergang des Glashüttengutes 1832 und der nachfolgenden Aufteilung der Grundstücke kann Michl Eisch auf alte schriftliche Vereinbarungen mit dem Hüttenherrn Hilz hinweisen, die vom Staat berücksichtigt werden müssen. (10) Um 388 Gulden und 24 Kreuzer erwirbt er die von ihm bewohnte Doppelhaushälfte und 11 Tagwerk Grund in Althütte. (11)
Aus der 1795 mit Magdalena Walner geschlossenen Ehe gehen zehn Kinder hervor. Als Michl Eisch am 27. 2. 1850 im 82. Lebensjahr stirbt (12), übernimmt sein Sohn Andreas, geb. am 30. 11. 1815 (13), den Haus- und Grundbesitz. Der gelernte Glasmacher verehelicht sich 1843 mit der Glasmacherstochter Walburga Schmeizl aus Frauenau. Sie bringt 12 Söhne und 5 Töchter zur Welt. Um die große Familie ernähren

Hochzeitsbild Anton und Anna Eisch vom 25. 4. 1899. Links außen Valentin Probst, Schwager, rechts Jakob Eisch, Vater des Bräutigams.

zu können, müssen auch die Landwirtschaft, eine Gaststube und ein kleiner Kaufladen betrieben werden.
Neun Söhne erlernen den Glasmacherberuf und arbeiten mit dem Vater zusammen in den umliegenden Hütten. Während der wirtschaftlich schwierigen Jahre 1870–80 wandern aus der Familie des Andreas Eisch nach und nach sieben Söhne und zwei Töchter nach Amerika aus. Dort finden sie in Poughkeepsie/N.Y. in einer Flaschenglashütte Arbeit. Das elterliche Anwesen in Althütte übernimmt der Sohn Ferdinand, von Beruf Formendrechsler. Der 1854 geborene Sohn Michael zieht 1891, nachdem er in einigen Glashütten des Bayerischen Waldes und im Spessart gearbeitet hat, nach Reichenbach in Schlesien. Im chemischen Werk ‚Schuster und Wilhelmy', später ‚Scheringkonzern', richtet er ein Farbglaswerk ein, das mit 4 Öfen sehr erfolgreich arbeitet. (14) Im Bayerischen Wald führt nur Jakob Eisch, am 7. 2. 1842 in Frauenau geboren (15), die Glasmachertradition der Familie weiter. Er pachtet das Hüttenwirtshaus der 1862 gegründeten Glashütte Stangl (16) in Lichtenthal bei Zwiesel und arbeitet dort als Glasmacher.
Aus seiner 1869 mit Thekla Nirschl geschlossenen Ehe gehen sechs Söhne und zwei Töchter hervor.
Jakob Eisch kauft in Zwiesel ein Haus, das sich heute noch im Besitz seiner Nachkommen befindet. Zum Zeitpunkt seines Todes am 9. 8. 1915 (17) ist einer seiner Söhne bereits wieder in einer Glashütte tätig, jedoch nicht als Glasmacher, sondern als Graveur: Anton Eisch, geb. am 28. 3. 1875 in Zwiesel. (18) Vor der Einberufung zum Militärdienst im Jahr 1895 hat er bereits einige Jahre in Frauenau gearbeitet. Nach seiner Verehelichung mit Anna Sigl am 25. 4. 1899 nimmt er eine Graveurstelle in der Theresienthaler Glasfabrik an. Doch schon bald danach ist er in der Kristallglasfabrik Steigerwald in Regenhütte beschäftigt. Diese Hütte leitet Isidor Gistl, der große Glaspionier des Bayerischen Waldes. Am 1. 5. 1906 pachtet Gistl die Poschinger'sche Glasfabrik in Frauenau. Aus Regenhütte nimmt er tüchtige Fachkräfte mit, unter ihnen auch Anton Eisch, dessen Familie bald nachfolgt."[1]

Ab Mai 1906 war Anton Eisch also endgültig in Frauenau, und am 19. 12. 1906 kam seine Frau Anna mit den Kindern Paula, Anton und Valentin aus Zwiesel nach. In Frauenau wurden drei weitere Kinder geboren – Anna, Josef und Maria.
Die Familie scheint sich rasch ins Frauenauer Dorfleben integriert zu haben. Anna Eisch betreute von 1906 bis 1950 Frauenauer Mütter als Hebamme[2], und Anton Eisch wurde am 15. Juni 1919, im Zuge der allgemeinen Neuwahlen in Bayern nach Krieg und Revolution, in den Frau-

enauer Gemeinderat gewählt[3], dem er bis 1924 angehörte.[4]

Die „Eisch-Werkstatt“ bei Gistl und die Glasgravur

Anton Eisch, ein sensibler und künstlerisch begabter Graveurmeister, leitete nun eine Werkstatt bei Gistl in der Poschinger-Hütte (die in dieser Zeit „Krystallglasfabrik I. Gistl“ hieß).[5] Nach Abschluß der Volksschule 1913, bzw. 1914 folgten ihm seine Söhne Anton und Valentin in die Hütte nach. Valentin, geboren am 24. 4. 1901, war die Kriegszeit hindurch Leiter einer Scheibenschleiferpartie, die Feldflaschen und andere Rüstungsgegenstände bearbeitete - ein Großteil der Männer war eingezogen worden, und so mußten die Buben an ihrer Stelle einspringen, wo es eben am nötigsten war. Trotzdem aber besuchten Valentin und der um ein Jahr ältere Anton wenige Wochen

Anton Eisch sen., Glasgravur mit humoristischem Motiv. Feierabendarbeit um 1910.

Veredelungswerkstatt in der von Isidor Gistl gepachteten Poschinger-Hütte, um 1913. Von links: Max Thurner, Michael Hartl, Anton Eisch (stehend mit Bart), Ferdinand Kainz, Alfred Friedrich, Monika Gschwendtner. Vorne sitzend: Xaver Thurner, August Weber.

Die drei Eischs am Gravurbock in der „Eisch-Werkstatt" in den zwanziger Jahren.
Von links Anton Eisch jun., Anton Eisch sen., Valentin Eisch. Das Bild ist im Original spiegelverkehrt.

lang als Graveurlehrlinge die Fachschule in Zwiesel, und 1918 traten beide in die Werkstatt ihres Vaters ein. Der jüngste Sohn Sepp absolvierte zunächst eine Metzgerlehre, bis sich auch er als Glasschleifer der Werkstatt anschloß.

Für Graveure war es damals selbstverständlich, auch mit Schleiferarbeiten vertraut zu sein; ohnehin handelt es sich hier um verwandte und sehr ähnliche Veredelungstechniken für Gebrauchs- und Ziergläser. Bei beiden geht es darum, mit Hilfe rotierender Scheiben verschiedener Größen, die am Schleif-, bzw. Gravurbock montiert werden, mehr oder weniger plastische Dekors in die Glaswandungen einzuschneiden oder einzuritzen. Die Gravurrädchen wurden früher über eine Welle durch stetes Treten, wie bei alten Nähmaschinen, in Bewegung gehalten, sämtliche Schleifmaschinen aber waren auf Wasserkraft angewiesen. Ab den zwanziger Jahren wurden zunehmend Elektromotoren eingesetzt, um die Tretarbeit und die Wasserräder zu ersetzen.

Die Glasgravur (der Glasschnitt) nun zeichnet sich durch zarte Dekors zeichnerischen Charakters aus, die sich durch ihr mattes Grau vom durchsichtigen Glas abheben, wohingegen der Kugler (oder Hohlglasfeinschleifer – früher allerdings war die Bezeichnung „Schleifer" dem Scheibenschleifer vorbehalten) optische Effekte anstrebt und tiefe Einschnitte ausführt, die anschließend glatt und glänzend poliert werden müssen. Die traditionelle Glasgravur wird mit Kupferrädern in Verbindung mit Schmirgel ausgeführt, wodurch sich sehr diffizile Muster mit mattseidener Oberfläche erzielen lassen. Heute werden von den meisten Graveuren überwiegend Kunststein- oder auch Diamantscheiben benutzt, die schneller, aber auch grobkörniger arbeiten. Zum Glasschliff findet ohnehin Stein Verwen-

Anton Eisch sen., Jagdgravur. Feierabendarbeit um 1925.

dung, und seit einigen Jahren schleift man natürlich auch mit Diamantschleifscheiben. Diese bürgen aber nicht, wie häufig angenommen, für höhere Qualität. Zwar ermöglichen sie ein wesentlich rationelleres Schleifen, dafür aber ergeben sie eine gröbere Oberfläche. Beim Stein- und Diamantschliff muß ständig mit Wasser gekühlt werden.

Der Scheibenschleifer schließlich arbeitet an großen, waagrechten Metallscheiben für den Rauhschliff und an Feinmachsteinen oder Schleifbändern für den Feinschliff. Er schleift Glasränder und Böden gerade und kann auch Flächenschliffe ausführen. Als Schleifmittel wurde früher für die Metallscheiben Sand verwendet, während heute nur mehr Carborundumsand in verschiedenen Körnungen eingesetzt wird.

Doch zurück zur „Eisch-Werkstatt", wie sie im

Isidor Gistl (hinten, mit Hut) und sein Sohn Alfred auf der Baustelle der Gistl-Hütte. Baubeginn war der Osterdienstag 1923.

Hüttenjargon genannt wurde (obwohl beileibe nicht nur Angehörige der Eisch-Familie darin beschäftigt waren). Während der Inflationszeit trieb Isidor Gistl mit selbstgedrucktem Notgeld den Bau einer eigenen Glashütte voran. 1924, ein Jahr vor ihrer endgültigen Fertigstellung, nahm sie den Betrieb auf, und mit Gistl wechselten auch Anton Eisch und seine Söhne in die neue „Krystallglasfabrik Frauenau J. Gistl" hinüber.

Die drei Brüder entwickelten sich dort zu versierten und gefragten Handwerkern, und ihre Werkstatt kam bei Gistl fast einer Institution gleich. 1944 trat auch noch Valentin Eischs Sohn Alfons ein. Er erinnert sich, welche Rolle sein Vater bei Isidor Gistl nicht nur seines handwerklichen Könnens, sondern auch seines gestalterischen Gespürs wegen spielte: Einmal, als Valentin Eisch Entwürfe für Kelchgläser graviert hatte, schickte er den Buben mit den fertigen Weißweingläsern zum Hüttenherren –

„‚da, trag's ihm rauf, dem Kommerzienrat!' Ich bin da 15 Jahre alt gewesen, ich bin halt rein zum Kommerzienrat – 3½ Zentner hat er gehabt, den wenn du gesehen hast, da hast' einfach gezittert vor dem Mann, da hat's nichts gegeben – ich hab' ihm die Gläser hin, hat er's so angeschaut da vorm Fenster vorn: ‚Das sind halt Muster', hat er gesagt, ‚da ist halt ein Zug drin – was woll'n den die ihrem g'starrern Zeug!'... Haben die andern auch schon Muster eingeliefert gehabt, damals haben ja nur der Schleifermeister und der Graveur,

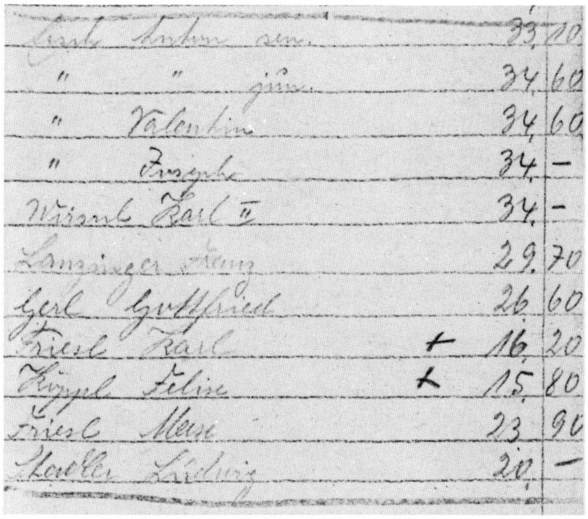

Eisch Anton sen.		33	10
" " jun.		34	60
" Valentin		34	60
" [illegible]		34	–
[illegible] Karl II		34	–
[illegible]		29	70
Gerl Gottfried		26	60
Friesl Karl	+	16	20
[illegible] Felix	+	15	80
Friesl [illegible]		23	90
Stadler Ludwig		20	–

Die Mitarbeiter der „Eisch-Werkstatt“ auf einer Lohnliste vom Mai 1939. Während Anton Eisch sen. pro Woche 33,10 RM Zeitlohn bekam, arbeiteten seine Söhne im Akkord.

die haben Muster gemacht, ... Designer hast ja da nicht gekannt ...“
Therese Eisch: „Weil der Opa (Valentin Eisch, d. V.) hat ja in der Gistl-Hütte immer - wenn Leipziger Messe gewesen ist, früher sind die Messen in Leipzig gewesen - da hat der Opa bis Mitternacht gearbeitet hinten, Muster gemacht ...“
Alfons Eisch: „Wenn er in einen Gistl-Katalog reingeschaut hat, noch mit 80 Jahren, wenn er geblättert hat - ‚das ist halt gelaufen, das ist gegangen - auch von mir gewesen, auch von mir gewesen ...‘ Die sind halt gelaufen, seine Muster.“[6]

Die obige Episode aber spielt bereits kurz vor dem Abschied der Eischs aus der Gistl-Hütte, sie erklärt vielleicht am besten, warum Isidor Gistl später mit solcher Vehemenz versuchte, die Betriebsgründung Valentin Eischs zu verhindern und ihn zur Rückkehr zu zwingen.

Valentin Eisch und Therese Hirtreiter

Zunächst aber lernte Valentin Eisch bei Gistl von Grund auf sein Handwerk und wurde zu einem gewissenhaften Arbeiter. Zugleich engagierte er

Valentin Eisch (links) und Felix Weß (rechts) in der Gistl-Hütte in Frauenau. Aufnahme um 1926/27.

sich in vielfältiger Weise im Frauenauer Vereinsleben; er blieb aber ein zurückhaltender und eher ängstlicher Mensch.
Anders Therese Hirtreiter, die er 1925 als einundzwanzigjährige Holzhauerstochter kennenlernte. Sie besaß (und besitzt heute noch) einen zähen Willen und wußte sich durchzusetzen. Wie notwendig dies war, wird klar, wenn man die Umstände ihres Aufwachsens in Betracht zieht – wie überhaupt die Verbindung zwischen ihr und Valentin Eisch sowie der spätere gemeinsame Aufbau eines eigenen Betriebs vor dem Hintergrund ihres sozialen Umfelds und der verschiedenen familiären Prägung beider gesehen werden muß.
Therese Eisch versteht es, sehr anschaulich von ihrer Jugend zu erzählen und damalige Lebensverhältnisse im Bayerischen Wald aus ihrer Sicht darzustellen. Lassen wir sie also selbst zu Wort kommen und über ihren Vater Georg Hirtreiter und dessen Brüder, die jahrelang in den Poschinger'schen Wäldern arbeiteten, berichten:

„Da waren ihrer fünf Brüder, und das sind alles Holzhauer gewesen – obwohl sie so gescheit gewesen sind! Wenn sie entlassen worden sind von der Schule, hat immer der Lehrer gesagt, wenn er ihnen das Zeugnis gegeben hat: ‚Schade um den Buben, der wäre was zum Studieren!' Aber in den Wald haben sie gehen müssen, weil es sonst nichts gegeben hat. (. . .) Na, und dann haben sie beim Poschinger gearbeitet – ich weiß nicht, etliche Jahre – und dann sind immer von Rehberg (aus Böhmen, d. V.) heraus auch noch welche herausgekommen, die haben auch recht schlechte Arbeitsverhältnisse drinnen gehabt, und die haben noch billiger gearbeitet – jetzt haben sie nicht mehr mögen, jetzt haben sie aufgehört und sind in den Staatswald hinüber, nach Ludwigsthal da, und da sind sie in einer Waldhütte über Nacht geblieben, die ganze Woche. (. . .) Das sind schon harte Zeiten gewesen für die Männer! Aber trotzdem ist es ihnen dann beim Staat noch lieber gewesen, weil sie doch mehr selbständig gewesen sind, weil sie nicht so beobachtet worden sind. Das hat ihnen nicht gepaßt. Die Hirtreiter sind ein wenig Sonderlinge gewesen, die hätten sich nicht gern so kommandieren lassen."[7]

Holzhauer im Forst Zwiesel West, 1925. 10. v. l., mit Hut: Georg Hirtreiter.

Barbara Hirtreiter (Mitte) mit ihren Töchtern Therese (links) und Emma (rechts) um 1926. Barbara Hirtreiter wurde am 30. 12. 1869 in Vogelsang, Pfarrei Bergreichenstein, als Glasmachertochter geboren. (Taufbuch der Pfarrei Bergreichenstein/Kašperské Hory).

Die Waldarbeiter rangierten im Bayerischen Wald auf der untersten sozialen Stufe - unter den Glashüttenleuten und weit unter den Bauern. Entsprechend wenig verdienten sie auch. Was die Hirtreiters aber hatten, war ein klares Bewußtsein ihrer politischen und sozialen Lage, und der Wille, sich nicht einfach unter Armut und Ungerechtigkeit zu ducken. Sie entwickelten Überlebensstrategien und versuchten, das Leben zu bewältigen, so gut es ging; sie lernten aber auch, politisch zu denken und ihrem Unmut Luft zu machen. Für eine Frauenauer Arbeiterfamilie dürfte das nicht untypisch gewesen sein. Die hier noch herrschenden feudalen Machtverhältnisse (sichtbar repräsentiert durch das gutsherrschaftliche Schloß in Oberfrauenau) und der hohe Bevölkerungsanteil an Arbeitern, die unter dem Existenzminimum lebten, erzeugten eine extreme gesellschaftliche Polarisierung; im täglichen Leben wie auch im Bewußtsein der Menschen. Seinen deutlichsten Ausdruck fand dies in dem bis nach dem 2. Weltkrieg außerordentlich hohen Prozentsatz kommunistischer Wähler im Ort.

Das Wohnhaus der Familie Georg und Barbara Hirtreiter im Dörfl, Geburtshaus von Erwin und Erich Eisch. Um 1929.

In dieses Frauenauer Spannungsfeld war Isidor Gistl 1906 als völlig neuer Faktor eingebrochen. Er entsprach dem Typus des bürgerlichen Betriebspatriarchen, der zwar gefürchtet wurde, von dem man aber auch wußte, daß er selbst aus einer Glasmacherfamilie stammte und die Bedürfnisse und Schwierigkeiten der Arbeiterfamilien kannte. Mitten in den Ort und in unmittelbare Nachbarschaft zur von Poschinger'schen Kristallglasfabrik setzte er seine eigene, großzügige Fabrikanlage und seine Kommerzienratsvilla – aber auch große Arbeiterwohnhäuser, Wirtshaus, Kino und Veranstaltungssaal. Er verstand es, seine Leute nicht nur sozial, sondern auch emotional und kulturell an den Betrieb zu binden.

Die Eischs nun, die mit dem neuen Hüttenherrn nach Frauenau gekommen waren, waren nicht in die alten, feudalen Abhängigkeitsverhältnisse eingebunden; außerdem erlaubten es ihnen der Lohn des Vaters als Graveurmeister (später auch der der Söhne) und der Hebammenverdienst der Mutter, sowie eine kleine Landwirtschaft, unter etwas leichteren Bedingungen zu leben als die Hirtreiterfamilie.

Dazu kam, nicht nur als eine weitere Einnahmequelle, die Musik. Anton Eisch war ein begeisterter Musiker auf der steirischen „Knöpferlharmonie", und die Söhne Anton und Valentin spielten mit Klarinette und Trompete, bzw. Trompete und Geige auf, wo immer in Frauenau geheiratet oder sonst irgendein Fest mit Musik gefeiert wurde. In seiner ersten Frauenauer Zeit bis 1895 wurde Anton Eisch sen. im Gewerberegister sogar als Musiker geführt, obwohl er beruflich als Graveur bei Poschinger beschäftigt war.[8] Es ist wohl vor allem auch seine Musikalität, die sich bis in die Generation der Enkel und Urenkel fortgesetzt hat.

In der Eisch-Familie war daher das politische Engagement weniger bestimmend als das handwerkliche und musikalische, das hier Tradition hatte und sich mit einem tief verwurzelten Familienstolz verband. Das künstlerische Erbe gab das selbstverständliche und sichere Wissen, daß man „wer war" und über ein Können verfügte, das einem niemand nehmen konnte.

Die Hirtreiters dagegen hatten zu kämpfen – um ihre Eigenständigkeit und relative Unabhängigkeit wie auch um das tägliche Brot. Die Familie lebte in einem „I-Häusl", einem Inhaus des benachbarten Bauern Haindl im Frauenauer Ortsteil Dörfl, hatte also für diesen zusätzlich zur geringen Miete landwirtschaftliche Arbeit zu leisten. Daneben mußten alle Familienmitglieder zum Lebensunterhalt beitragen. Die Mutter Barbara Hirtreiter arbeitete in der Poschinger'schen „Spiegelschleif", später polierte sie Möbel in der „Sesselfabrik" in Oberfrauenau – „das hat die Mutter immer noch getan. Und dann (zugleich,

Gesamtanlage der Glasfabrik Isidor Gistls. Im Hintergrund die Hüttenwohnhäuser, links hinten die Villa des Hüttenherrn.

Valentin Eisch, um 1924.

d. V.) hat sie ja Kinder gehabt."[9] Therese, geboren am 4. 2. 1904, war die fünfte von sechs Geschwistern: Ihren ältesten Sohn Johann Hagl hatte die Mutter mit in die Ehe gebracht, dann folgten die Töchter Barbara, Thekla und Therese, der Sohn Georg und Emma.

„Wir sind aufgewachsen - fünf Geschwister hab ich noch gehabt - ganz ärmlich. Wir haben arbeiten müssen und haben den ganzen Sommer in den Wald rennen müssen - Huiber, Hoiber (Himbeeren und Heidelbeeren, d. V.), alles, was es gegeben hat, damit man ein paar Markl dazuverdient hat - ein paar Pfennig, Markl hat man eh nicht sagen können. (...) Na ja, und wie ich aus der Schule gekommen bin, da sind wir zum Poschinger gegangen, pflanzeln und in den Pflanzgarten, was es halt so gegeben hat. Und im Winter bin ich daheim gewesen, und da habe ich schon immer Semmeln gehandelt, und auch Brot. Sind eh nur ein paar Bauern oben gewesen, aber die haben mir schon immer was abgekauft, und da hab' ich mich schon gefreut! Hab' ich mir auch schon immer ein paar Mark verdient! Das Geld, das man verdient hat, das hat man auch daheim abliefern müssen, da hat man sich nichts behalten dürfen, weil's eben Not getan hat.

Na ja, Hungerleiden haben wir gerade nicht brauchen, die Mutter hat immer das Brot selber gebacken. Da wenn sie zum Einkaufen gegangen ist ums Mehl, da sind wir immer mitgegangen. Da hat sie immer gehandelt noch mit dem Müller: ‚Mei, tu mir nur viel Kleie rein', weil das ist dann wieder um einen halben Pfennig billiger gewesen . . ."[10]

Valentin Eisch, der ab 1925 täglich ins Dörfl hinaus pilgerte, scheint sich bei den Hirtreiters wohl gefühlt zu haben (während Therese bei den Eischs eher um Anerkennung zu kämpfen hatte). Bei der Mutter Barbara Hirtreiter hieß es einfach:

„‚Na, Eisch, komm vor, Hirgstsuppen ham' ma, wenns'd eine magst!' Wir haben alle Tag' auf d'Nacht Saure Suppe gehabt. Das ist ihm schon komisch vorgekommen. Da hat's ihm schon gepaßt!"[11]

Mit ihrem Semmelhandel legte Therese Hirtreiter die Grundlage für eine Aussteuer; sie stellte damit aber auch schon ihre erklärte Neigung zum Handeln unter Beweis (die vielleicht auch im Einsatz für den eigenen Betrieb eine Rolle spielte).

„Da habe ich meinen Mann kennengelernt - 25! 1925. Na ja, wir wollten schon heiraten, aber ich habe nichts zu erwarten gehabt daheim, das Geld ist hin gewesen, die Hadern (Papiergeld, d. V.). Ist die Inflation gewesen.
Jetzt haben wir schon gespart, hat er gespart - ledig haben wir schon drei Jahre gespart, daß wir die Aussteuer zusammengebracht haben, (. . .) daß wir überhaupt eine Wohnung haben einrichten können. Und inzwischen ist der Erwin schon auf die Welt gekommen. Jetzt haben wir noch nicht heiraten können, weil wir noch nicht alles beieinander gehabt haben. Na ja, aber 28, am 5. Mai 1928 haben wir dann geheiratet. Und da haben wir alles beieinander gehabt, das haben uns alles wir selber abgespart. Er hat musiziert, hat ein jedes Markl mir abgeliefert, Musik gemacht und Blechmusik gespielt und Neujahr angeblasen - und ein jedes Markl hat er mir gebracht, daß wir unsere Aussteuer zusammengebracht haben. So ist es uns gegangen. Ja, ist aber nicht anders zu erwarten gewesen, bei 33 Mark Rente (monatlich, d. V.) kannst nicht vom Vater verlangen, daß er dir noch eine Aussteuer gibt!"[12]

Gefragt, wie sie ihren Mann Valentin, der am 3. 1. 1983 im Alter von fast 82 Jahren starb, charakterisieren würde, verrät Therese Eisch auch etwas von der Dynamik, die den Betrieb auf die Beine brachte und zusammenhielt: Er war

„. . . ein ganz ein guter Mann! Ein sehr guter Familienvater, könnte man sich keinen andern wünschen. Aber er hat gern schwarz gesehen. Er war Pessimist, oder wie man da sagt! Und ich war Optimist! Ja, jetzt wenn's oft wieder recht schlecht gewesen ist, dann ist er wieder gekommen: ‚Resl, meinst geht's doch noch weiter?' Dann hab' ich gesagt: . . . ‚Schau her, wir haben ja so gesunde Hände, wir können ja arbeiten' - dann hat er gearbeitet, bis um elfe in der Nacht, und um vier hat er schon wieder angefangen . . ., daß es ja aufwärts geht, und daß es aufwärts geht - und da hat er sich dann gefreut, und wie er gesehen hat, daß alles stimmt: ‚Resl, du hast

Die Hochzeit von Therese Hirtreiter und Valentin Eisch.
Von links, stehend: Max Eisch (Bruder Anton Eischs sen.) Therese Sigl (Schwester Anna Eischs sen.), Felix Eisch (Cousin Valentin Eischs), Ludwig Eisch (Bruder Anton Eischs sen.), Josef Eisch (Bruder Valentin Eischs), Anton Eisch sen., Fritz Biller (Onkel Valentin Eischs), Georg Hirtreiter sen., Wilhelm Hirtreiter (Cousin Therese Hirtreiters), Willi Lomitzky (Hochzeitslader), Anton Eisch jun., Jakob Eisch (Bruder Anton Eischs sen.)
Sitzend: Georg Hirtreiter (Cousin Therese Hirtreiters, nicht zu verwechseln mit dem gleichnamigen Graveur und Cousin), Anna Eisch jun., Thekla Eisch, geb. Nirschl (Großmutter Valentin Eischs), Therese Hirtreiter, Valentin Eisch, Thekla Moser, geb. Probst, Emma Hirtreiter (Schwester Therese Eischs), Josef Fischer (genannt Kaiser Seppei).

recht gehabt!' Dann hat er sich gefreut. Aber er war ganz ein guter Graveur . . .«[13]

Heirat, Kinder – „und die Wirtschaftskrise"

Am 5. Mai 1928 also wurde geheiratet, und nach der Geburt des zweiten Sohnes Erich im September zog die Familie vom Dörfl hinüber in eine kleine Betriebswohnung im Ortsteil Althütte. Mit der wachsenden Kinderzahl aber nahmen nicht die Schwierigkeiten ab:

„. . . dann haben wir geheiratet, und – 28 – und dann ist die Wirtschaftskrise gekommen, 29, 30, 31, 32 – furchtbar, furchtbar! Und gerade haben wir Kinder gehabt. Am 15. September ist der Erich . . . auf die Welt gekommen, haben wir schon zwei Buben gehabt, und dann am 5. Mai 30 ist er gekommen, der Alfons. Jetzt habe ich schon drei Buben gehabt. Und am 7. Mai 1931 ist die Gerda gekommen. Jetzt haben wir vier Kinder gehabt – und die Wirtschaftskrise.
Mein Mann hat beim Gistl gearbeitet, und da haben sie so wenig Aufträge gehabt; die Wirtschaftskrise hat sich ja so bemerkbar gemacht, da hinten in dieser Gistlhütte. Dann ist er einmal stempeln gegangen, ein halbes Jahr. Da hat er 13 Mark 50 Pfennig gekriegt (pro Woche, d. V.) – sind uns sechs Personen gewesen! Und da sind wir den ganzen Sommer in die Huiber gerannt, daß wir noch ein paar Pfennig verdient haben." [14]

1933 registrierten die Hüttenarbeiter eine zunehmende Entspannung der wirtschaftlichen Lage; dafür aber zog der psychische Druck der Nazis in Frauenau ein, die Angst vor Bespitzelung und Denunziation durch „die braune Brut", wie Georg Hirtreiter insgeheim schimpfte. Arbeit gab es – Valentin Eisch mußte „für'n Hitler die Hoheitswappen" gravieren.[15] Im Krieg wurde die Gistl-Hütte zum Teil auf Rüstungsproduktion umgestellt und lief bis zum Einmarsch der Amerikaner 1945 weiter.
1934 konnte die Familie in ein anderes Gistl'sches Arbeiterwohnhaus in der Althütte umziehen, wo schon die Großeltern Anton und Anna

Eisch und die Familie von Valentin Eischs Schwester Anni Schönberger wohnten. Nun konnte man selber eine kleine Landwirtschaft betreiben und sich mit Milch, Eiern, Fleisch und Gemüse versorgen.
1936 und 1937 kamen zwei weitere Mädchen zur Welt: Annemarie und Therese. Mit drei Buben und drei Mädchen war die Familie nun komplett. Während die kleine Gerda schon früh zuhause kochte und zur „Hausfrau" der Familie heranwuchs, ging die Mutter mit den Buben den Sommer über Himbeeren pflücken, und im Krieg zog sie immer wieder zum Hamstern los - auf dem Rücken ein Rucksack voll Glas, das Valentin Eisch von Glasmachern gegen Gravurarbeiten eintauschte, die er während der Arbeitspausen ausführte.
Trotz aller finanziellen Schwierigkeiten aber legte Therese Eisch großen Ehrgeiz in die Ausbildung ihrer Kinder. 1939 konnte Erich an die Oberrealschule in Deggendorf überwechseln und erhielt einen kostenlosen Platz für begabte Kinder aus kinderreichen Familien im dortigen Schülerheim. Die schulische Laufbahn Erwins dagegen, der 1941 zunächst die Volksschule abschloß, gestaltete sich etwas hürdenreicher. Unter anderem landete er in einer Lehrerbildungsanstalt bei Mühldorf, deren NS-Drill ihm unerträglich war. Nach acht Tagen und etlichen Briefen voller Heimweh holte ihn die Mutter heraus und schaffte es dank ihrer Überredungskunst, daß Erwin in Deggendorf in die Klasse seines Bruders Erich und ins Heim eintreten konnte. 1947 brachte Therese Eisch nochmals ein Kind - Annemarie - an der Deggendorfer Schule unter. Nach eineinhalb Jahren gelang es Annemarie jedoch, ins In-

Von links: Erwin, Erich, Alfons und Gerda Eisch, 1936.

Familie Valentin und Therese Eisch um 1941.
Von links: Valentin, Therese, Gerda, Alfons, Erwin und Erich Eisch, vorne Reserl und Annemarie.

ternat des Mädchengymnasiums Niedernburg bei Passau aufgenommen zu werden, wo sie Abitur machte.
Die beiden älteren Brüder aber holte vorher noch der Krieg. Im Januar 1945, kurz vor dem Schulabschluß, wurde Erwin zu Arbeits- und Kriegsdienst eingezogen, und am 6. März erwischte es auch den sechzehnjährigen Erich zum aktiven Militärdienst. Beide gerieten in Gefangenschaft; Erich kam im Mai aus amerikanischer, Erwin im August 1945 aus englischer Kriegsgefangenschaft zurück.
In den ersten Jahren nach dem Krieg traten immer deutlicher die verschieden gelagerten Interessen, Begabungen und die „Arbeitsteilung" unter den Geschwistern zutage:
Der einzige, der konsequent den traditionellen kunsthandwerklichen Weg der Eischs einschlug, war Alfons. Nach Beendigung der Volksschule 1944 trat er als Lehrling in die „Eisch-Werkstatt" in der Gistl-Hütte ein. Am 26. 11. 1966, nachdem er über Jahre hinweg eine eigene Werkstatt geleitet hatte, legte er die Meisterprüfung als Glaskugler und -graveur ab – „Alfons Eisch, der ruhige, besonnene Mann, der auch als Musikus und Sänger einen Namen hat, ist nun der jüngste Meister der Familie", meldete der Bayerwald-Bote.[16]
Auch Erwin lernte daheim beim Vater und bei Georg Hirtreiter Gravieren und besuchte nach seiner Gesellenprüfung 1947 zwei Jahre lang die Glasfachschule in Zwiesel als Industriezeichner. Im November 1949 schrieb er sich an der Kunstakademie in München in der Klasse für Innenarchitektur, Abteilung Glasgestaltung / Glasdesign ein. Der Glashüttenbau 1952 unterbrach das Studium, doch im Winter 1954 war er wieder in München, studierte bis 1958 Bildhauerei, malte und beteiligte sich an den Diskussionen der Münchner Kunstszene – und dabei immer mit einem Fuß in Frauenau. 1961 fand sich die Künst-

Erwin Eisch auf einer Steinplastik, im Hintergrund die Eisch-Hütte. Aufnahme von 1960.

Ob in der Orchestervereinigung Zwiesel, im Kirchenchor, in der Blaskapelle Frauenau oder wie hier mit der Krowentbirl-Musi – Alfons Eisch ist als begeisterter Musikant dabei. Aufnahme von 1979, mit Josef Schmidt.

lergruppe Radama zusammen, die mit ihrer fiktiven „Gedächtnisausstellung für Bolus Krim" für beträchtlichen Wirbel nicht nur in Kunstkreisen sorgte. Im Temperofen wurde dafür Bronze geschmolzen und zu tachistischen Plastiken gegossen, und neben der Hütte entstanden – vor den staunenden oder auch spöttischen Augen der Hüttenleute – großformatige Bildhauerarbeiten. Neben Max Strack war hier auch Gretel Stadler mit von der Partie, Erwins spätere Frau; 1962 ließen sich beide endgültig in Frauenau nieder.

Von 1956 an pendelte Erwin nicht mehr allein nach München: Seine Schwester Annemarie studierte dort sechs Semester lang Betriebwirtschaft, bis sie 1960 den Gymnasiallehrer Klaus Kainz heiratete und mit ihm nach Luxemburg ging. 1976 aber, längst wieder in den Bayerischen Wald nach Zwiesel zurückgekehrt, übernahm sie für die Eisch-Hütte eine Handelsvertretung, die sie bis heute innehat.

In eine ähnliche Richtung – ins Wirtschaftlich-Technische – gingen auch die Interessen des zweiten Sohnes Erich. Er ging nach dem Krieg an die Oberrealschule in Deggendorf zurück und machte 1948 dort das Abitur. Als er im Juli 1948 aus Deggendorf zurückkehrte, meinte Erwin: „Eigentlich könntest du dich jetzt um die Werkstatt kümmern!"[17] Während dieses „Kümmerns" um den Betrieb lernte Erich ebenfalls ein Jahr lang

„Weilst so schön g'sunga hast": Glasgravur von Valentin Eisch für Tochter Gerda aus Freude über ein gelungenes Gesangssolo im Kirchenchor zur Altarweihe nach der Kirchenrenovierung in Frauenau am 24. 3. 1974.

Gravieren in der Fachschule in Zwiesel bei Fachlehrer Achatz, belegte dort aber ab 1951 einen dreisemestrigen Kurs für Glashüttentechnik bei Prof. Springer und Dipl. Ing. Holl.

Ab November 1958 erwarb er sich von Frauenau aus an der Universität in München einige Semester lang kaufmännische Grundkenntnisse – mit Hilfe von Annemarie, die ihm den jeweiligen Prüfungsstoff für das Fach Betriebswirtschaft vermittelte.

Vielleicht die schwerste Rolle fiel der ältesten Schwester Gerda zu. Sie führte bis zu ihrer Heirat mit dem Förster Erich Frank im November 1955 den Haushalt der großen Familie, kochte mittags auch für einige Arbeiter mit und packte beim Aufbau des Betriebs überall zu, wo es nötig war.

Die Eisch-Familie 1978.
Von links: Annemarie, Reserl, Gerda, Erwin, Erich und Alfons, vorne Therese und Valentin Eisch.

Heute arbeitet sie während der Touristensaison im Detailgeschäft der Hütte.
Und auch die jüngste Schwester Reserl engagierte sich nach Abschluß der Volksschule elf Jahre lang ganz für die Glashütte - sie war, in enger Zusammenarbeit mit ihrer Mutter, für den Versand verantwortlich. 1962 heiratete sie Bernhard Namyslik, den sie auf der Hannovermesse kennengelernt hatte, und der heute die norddeutsche Vertretung der Eisch-Gläser innehat. Sie ist die einzige der Eisch-Kinder, die nicht im Bayerischen Wald geblieben ist, trotzdem aber ist auch sie immer noch für den Betrieb tätig.

II. 1946–1952: Die Glasveredelungswerkstätte Frauenau

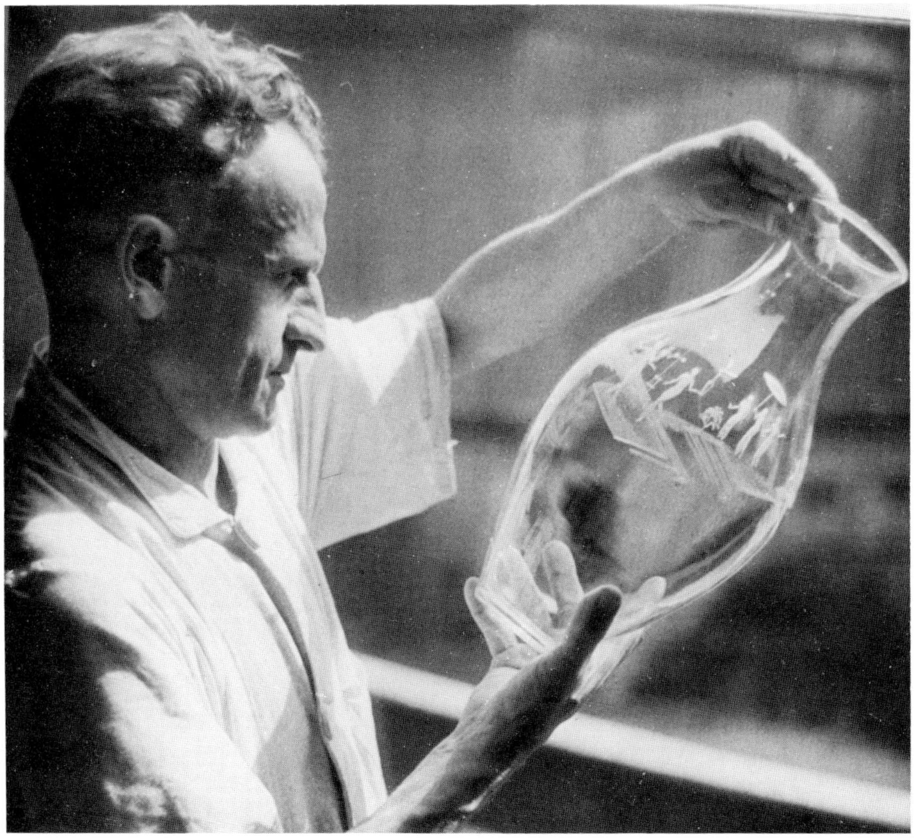

1949 in der eigenen Werkstatt: Valentin Eisch begutachtet eine Gravurarbeit von Erwin Eisch.

Einfach eine Nachkriegsidee . . .

1943, als Anton Eisch sen. in Rente ging, stellte er in einer kleinen, feuchten Kammer des Gistl'schen Arbeiterwohnhauses eine fußbetriebene Gravurmaschine auf. Bis zu seinem Tod am 7. 1. 1944 gravierte er nun tagsüber in dieser Werkstatt; dann, am Feierabend, arbeitete Valentin Eisch dort weiter, und, besonders nach Kriegsende, übten auch seine Söhne am „Fußbetrieb" des Großvaters. Dieser kleine, private Arbeitsraum war es, wo der Gedanke wuchs, einen eigenen Familienbetrieb zu gründen. Alfons Eisch erzählt:

„Am Ende vom Krieg haben wir immer schon mit der einen Maschine einzelne Sachen gemacht und halt für einen Glasmacher ein Krügerl graviert, und dann haben wir wieder ein Glas gekriegt – zu Kaufen hat man ja nichts gekriegt. Da haben wir ein wenig so dahin (gearbeitet), und da ist überhaupt der Gedanke gekommen – ja mei, die Buben kommen nach, brauchen eine Arbeit, müssen sich eine Existenz aufbauen – könnten wir uns doch so eine Werkstatt aufmachen!" [1]

1945 wurde der Kreis um den Fußbetrieb immer größer: Erwin und Erich kamen aus der Kriegsgefangenschaft zurück, und auch die Graveure Alois Schmidt und Georg Hirtreiter schauten vorbei, gravierten und diskutierten. Vom „Hirtreiter Spieß", einem Cousin Therese Eischs, stammte denn auch der eigentliche Anstoß, der zur selbständigen Werkstatt führte. Während der NS-Zeit war er in München freiberuflich, zum

Teil in Zusammenarbeit mit den „Vereinigten Werkstätten", erfolgreich als Graveur tätig gewesen. Nach der Rückkehr vom Kriegsdienst aber fand er seine Münchner Werkstatt ausgebombt vor und siedelte sich 1945 mit seiner Familie wieder im Geburtsort Frauenau an. Natürlich war gerade bei ihm der Gedanke lebendig, daß es auch hier möglich sein müßte, von einem eigenen Veredelungsbetrieb zu leben.

Solche eigenständige, nicht in die Glasfabriken integrierte Werkstätten hatten im Bayerischen Wald keine Tradition, während sie in den böhmischen Glasgebieten einen selbstverständlichen Wirtschaftsfaktor darstellten. Nun aber machten deutschböhmische Vertriebene vor, daß es auch im Bayerischen Wald durchaus im Bereich des Möglichen lag, sich als selbständiger Glasveredler durchzusetzen. Wieso sollte das nicht auch eine einheimische Familie schaffen?

Bei den Eischs stand diese Idee immer wieder im Raum und wurde umso verführerischer, je ausgiebiger sie besprochen wurde. Denn das Kriegsende markierte auch bei ihnen zwar nicht den Nullpunkt, aber doch einen zentralen Einschnitt: Bei Erwin und Erich Eisch regten sich, nicht zuletzt durch ihren schulischen Werdegang bedingt, Interessen, die über eine Graveurlehre hinausgingen, vorläufig aber standen sie vor einem großen beruflichen Fragezeichen. Und Anfang 1946 wurden auch Valentin und Alfons Eisch arbeitslos, denn wie alle Bayerwald-Glashütten hatte Gistl nach der deutschen Kapitulation vorübergehend die Öfen löschen müssen, weil über die gesprengten Eisenbahnbrücken keine Rohstoff- und Kohlelieferungen mehr kamen. Die Veredler arbeiteten noch einige Monate alte Rohglasbestände auf, dann stand die ganze Hütte still.

An diesem Punkt nun bot sich den Eischs die Gründung eines Veredelungsbetriebs als hervorragende Möglichkeit an, der ganzen Familie eine Existenzgrundlage zu schaffen und zugleich die verschiedenen handwerklichen, kaufmännischen und künstlerischen Interessen und Fähigkeiten unter einem Dach zu verwirklichen.

Es fehlte also nur noch der erste Schritt in die Selbständigkeit. Und während Erich wieder nach Deggendorf ging, um dort das Abitur nachzuholen, begannen sein Bruder Erwin, inzwischen neunzehnjährig, und Therese Eisch als motivierende Kraft, den Plan in die Tat umzusetzen.

Hamsterkrügerl. Glasgravur von Valentin Eisch, entstanden Anfang der fünfziger Jahre auf Wunsch der Tochter Gerda in der Art der von Therese Eisch während und nach dem Krieg „verhamsterten" „Edelweiß-Krügerl" – der Tauschware beispielsweise für ein Pfund Schmalz.

Das Wichtigste war zunächst einmal die Werkstatt selbst. Um die Genehmigung zur Gewerbeausübung zu bekommen, mußte man geeignete Räumlichkeiten vorweisen können – in der Betriebswohnung Gistls war es natürlich nicht möglich, den Traum von der eigenen Firma zu realisieren. Doch das Problem war schnell gelöst: Die Nazis hatten in Frauenau ein Reichsarbeitsdienstlager betrieben; die Lagerbaracken wurden nun – soweit sie nicht schon mit Flüchtlingen und Evakuierten besetzt waren – billig zur Miete oder zum Kauf angeboten. Ende Januar 1946 pachteten Valentin Eisch und Georg Hirtreiter jeweils

Das Reichsarbeitsdienst-Lager in Frauenau. Links hinten (mit gemauertem Sockel) die 1946 von Valentin Eisch und Georg Hirtreiter als Werkstatt gemietete Baracke.

ein Drittel der „Kleiderbaracke"; 25.– RM Miete hatten die Eischs zu zahlen. Das Gebäude, nach Meinung von Therese Eisch die „schönste Baracke", war ein einfacher Bretterbau, in den es hereinregnete und wo sich im Sommer die Hitze staute.[2] Ein Teil davon wurde von einer Flüchtlingsfamilie bewohnt, und in den übrigen Räumen nun wollten Georg Hirtreiter und sein Bruder Wilhelm sowie die Eisch-Familie ihre beiden Werkstätten einrichten.
Am 15. Februar schließlich erledigte Erwin Eisch im Frauenauer Rathaus die Gewerbeanmeldung: Der Betrieb konnte anlaufen.

Es geht los

In dem hölzernen Arbeitsdienst-Relikt entwikkelte sich nun ein neues Leben, das gar nichts mehr gemein hatte mit dem Drill und Zwang der Nazis. Die Werkbänke waren schnell eingebaut, und am 6. März zogen Therese und Erwin Eisch mit einem großen Schlitten durch Frauenau, den sie mit einer Werkzeugkiste und den Teilen des „Fußbetriebs" sowie einer weiteren, selbstgebastelten Schleif- und Gravurmaschine mit Motorantrieb beladen hatten.
Ein paar Tage später holten Erwin und Alfons im Fabrikbüro die Papiere von Vater und Sohn Eisch – zum Entsetzen Isidor Gistls, der Valentin Eisch als Werkstattleiter und Entwerfer nicht entbehren wollte.
Die beiden Graveure aber saßen nun schon an den eigenen Gravurrädern in ihrer kleinen Werkstatt, und der Vater, der lange gezögert hatte, dem ganzen Unternehmen zuzustimmen, freute sich über den Ausblick auf den Arber vom Barackenfenster aus. Ein Ende der Baracke stand auf einem gemauerten Sockel, der keilförmig zwischen den Holzbau und den dort schräg abfallenden Boden eingeschoben war. In diesem einstigen Pferdestall richtete Therese Eisch als dritte Mitarbeiterin ihren Verpackungsraum ein. Die Tochter Gerda blieb daheim, kümmerte sich um den Haushalt und um die zwei kleinen Schwestern. Erwin versuchte sich in der Buchhaltung – allerdings ohne irgendwelche Grundkenntnisse; schließlich konnte dafür Anton Bauer gewonnen werden, der früher Buchhalter bei Gistl gewesen war.

Innerhalb kurzer Zeit schlossen sich weitere Verwandte dem Familienbetrieb an: Anton Eisch, der von der Militärregierung als Frauenauer Bürgermeister und Mitglied der Entnazifizierungskommission eingesetzt worden war, gab seine Ämter im Oktober 1946 ab und richtete sich in der Werkstatt seines Bruders eine Werkstelle ein, ebenso wie Johann Hackl, ein Neffe Therese Eischs. Maria Eisch, die jüngste Schwester Valentin und Anton Eischs, half ab 1948 beim Auswaschen und Sortieren der Gläser, und im November desselben Jahres, nach seiner Rückkehr aus sowjetischer Kriegsgefangenschaft, kam auch noch ihr Bruder Josef als Glaskugler hinzu.

Am 13. Mai 1948 legten Valentin und Anton Eisch vor dem Prüfungsausschuß der „Innung des Glasveredelnden Handwerks" die Meisterprüfung in „Schliffgravur" ab, was vor dem Krieg im Bayerischen Wald nicht üblich gewesen war. Die Innung wurde erst 1946 von meist nordböhmischen Glasveredlern in Zwiesel gegründet (eines der Gründungsmitglieder war auch Valentin Eisch).

Das Geschäft lief gut an – besser, als man es im vom Krieg zerstörten Deutschland und bei der schwierigen Wirtschaftslage vor und nach der Währungsreform für möglich gehalten hätte. In den ersten zweieinhalb Jahren handelte man hauptsächlich auf Kompensationsbasis, betrieb Tauschhandel: Von den Rohgläsern, die ein Glasmacher brachte, bekam er die Hälfte geschliffen wieder zurück, die andere Hälfte konnte dann, ebenfalls veredelt, vor allem gegen amerikanische Zigaretten eingetauscht werden. Und gegen

Die Arbeitsgemeinschaft in der Lagerbaracke, Sommer 1949.
Von links stehend: Wilhelm Hirtreiter (der zusammen mit seinem Bruder Georg in der Nachbarwerkstatt arbeitete), Anton Eisch jun., Maria, Therese, Josef, Valentin Eisch.
Sitzend: Johann Hackl, Erich und Alfons Eisch.

Die ersten Gravurgarnituren der Eisch-Werkstatt auf Form 104 aus der Ludwigsthaler Glashütte: Hermes (links), Silberstreifen (Mitte) und das „Nachkriegsdekor" Friedenspalme.

diese „Währung" war ziemlich alles zu haben.
Die Währungsreform 1948 dann brachte ein Betriebskapital von DM 320,–, das Kopfgeld für acht Familienmitglieder. Nun wurde es notwendig, auch Ware zu verkaufen. Aber diese Übergangszeit gestaltete sich zunächst nicht einfach. Als erster Handelsvertreter wurde nach der Währungsreform der Hamburger Heinrich Bandomir angeworben, doch die Aufträge, die er vermittelte, konnten aus Rohglasmangel nicht ausgeführt werden. Erst im Frühjahr 1949 stellten sich erste Erfolge ein: Die Glashütte Bayerwald in Ludwigsthal lieferte nun das Glas für die neuen Muster, die Bandomir im März/April auf der Hannovermesse ausstellte und so gut verkaufte, daß die kleine Werkstatt bis September mit der Ausführung dieser Aufträge beschäftigt war. Insgesamt konnten im Laufe des Jahres 1949 allein im norddeutschen Raum 70 Abnehmer beliefert werden, von denen viele dem Betrieb treu blieben und eine Grundlage für einen zuverlässigen Kundenstamm bildeten.
Die Vertretung Süd- und Westdeutschlands übernahm noch im selben Jahr Hubert Heck, der bis 1986 freier Handelsvertreter für die Glashütte Eisch blieb. Heck war während des Krieges als Ingenieur in der Gistl-Fabrik beschäftigt gewesen und hatte 1945/46 als Gutachter des Landratsamts für die Gemeinde Frauenau den Verkauf bzw. die Verpachtung des Barackenlagers organisiert. Da er wegen seiner Gutachtertätigkeit ohnehin viel unterwegs war, erklärte er sich auf Anfragen Valentin Eischs kurzerhand bereit, sich nebenbei auch um den Vertrieb der Eisch-Gläser zu kümmern. Nach kurzzeitigen Überlegungen, Gaststätten und Hotels zu beliefern oder über Aussteuerkataloge anzubieten, wurde schnell klar, daß für die teuer gravierten Garnituren aus der Eisch-Werkstatt nur der gehobene Fachhandel als geeigneter Partner in Frage kam. Also machte sich Heck daran, mit dem Motorrad die Fachhandelsgeschäfte der Städte abzuklappern. Das Mißtrauen gegen einen Veredelungsbetrieb, der nicht wie eine Glashütte über eine gesicherte Rohglasbasis verfügte, war groß, und zarte Gravurdekors entsprachen nicht gerade dem Geschmack der modernistischen Nachkriegsgesellschaft. Nachdem sich aber einzelne renommierte Fachhändler – Pfeiffer in Ansbach machte dabei den Anfang – von den Gläsern und der offenen fränkischen Art Hecks hatten überzeugen lassen, schien das Eis gebrochen. Muster wie „Porta" und „Artemis" vor allem, aber auch die allerersten Gravurserien „Hermes", „Silberstreifen" und

Die langjährige Erfolgsserie Porta von Valentin Eisch auf Form 112.

„Friedenspalme" konnten sich nun rasch am Markt profilieren.

Im März 1950 ging Heinrich Bandomir zum zweiten Mal mit einem Eisch-Sortiment auf die Hannovermesse, und diesmal wollte auch Erich Eisch dabeisein. Fast wäre aus dem Plan nichts geworden, denn vier Tage vorher, am 25. März 1950, starb Isidor Gistl. Erich hatte (als Nachfolger seines Bruders Erwin in diesem Amt) als Chorregent an den Trauerfeierlichkeiten mitzuwirken; schließlich aber wurde die Beerdigung so angesetzt, daß er noch rechtzeitig nach Hannover aufbrechen konnte. In knappen Tagebuchnotizen hielt der zweiundzwanzigjährige Unternehmer die Eindrücke von diesem ersten Messebesuch fest:

„Erster Messetag! 29. 3. 50.
Ankunft in Hannover ¾ 8. Mit Autobus zum Messegelände. Manche Aussteller packten erst aus und so war der erste Eindruck eine kleine Enttäuschung, wo ich mir unter dieser Messe doch so viel Größeres vorstellte. Die Hallen sind sehr groß; Stahlgerüste, Pflasterboden, weiß und kahl. Zuerst die kleine Enttäuschung, hervorgerufen wie gesagt oben – durch die überaus große Ähnlichkeit mit Jahrmärkten, die ich von jeher schon über alle Maßen haßte, ahnte ich bereits das, was da kommen sollte."[3]

Enttäuscht zeigte er sich auch über die Präsentation der Gläser:

„Die Gläser standen wohl auf Spiegeln, aber auf was für welchen, zu breit, bzw. zu schmal wie unser Familienspiegel zu Hause. Die waren der Reihe nach hingelegt, und so waren in acht Fächern übereinander die Gläser aufgestellt. Untergrund war mit entsetzlicher brauner Farbe angestrichen, geschmacklos über alle Maßen, wie ganz schmutzige Kirchweihverkäufer. Da muß ich mich hinstellen und beobachten, wie das, was zuhause noch so geglänzt hat, was wir mit unendlicher Mühe bereitgestellt hatten, sich in diesem Saustall ganz verlor. Leider gleich daneben waren Artikel wie Kraut und Rüben durcheinander, rechts feuerfeste Kaffeekannen etc., darunter Nesteier aus Gips, seitlich an den besten Wänden Christbaumschmuck und Tonpfeifen, alles äußerst geschmacklos zu einem scheinbaren Ganzen vereint."[4]

Trotzdem scheint die Aufstellung der Mustergläser nicht nur unvorteilhaft gewesen zu sein, denn die Messe wurde für Erich ein voller Erfolg; viele Kunden stimmten offensichtlich in der Beurteilung des Angebots an handgearbeitetem Glas der Konkurrenzfirmen mit ihm überein:

„Glasfarbe nur weiß. Schliffe größtenteils uralt, nicht zum Ansehen. Dekorativ sind wir wirklich konkurrenzlos . . ."[5]

Besuch in der Gravurwerkstatt Althüttenstraße 8. An den Gravurwerkzeugen: Horst Weber und Siegfried Kapfhammer. Aufnahme von 1953.

Die ersten Neubauten in der Althütte: Der Betrieb wächst

Trotz des wachsenden Erfolgs gab es immer mehr Hürden zu überwinden. Eine davon bestand in den Versuchen Isidor Gistls, Valentin Eisch zur Rückkehr zu bewegen. Anfangs schickte er seinen Schleifereileiter und andere Mitarbeiter mit dem Auftrag, den weggelaufenen Graveur zurückzuholen. Als deren Überredungskünste aber nichts fruchteten, griff er zu drastischeren Mitteln. So durfte 1950 plötzlich in der Baracke tagsüber kein Strom mehr bezogen werden - damals lag die Stromversorgung Frauenaus in den Händen Gistls. Der „Fußbetrieb" war darauf nicht angewiesen, mit den anderen Maschinen aber mußte eine Zeitlang nachts gearbeitet werden.
1947 kündigte Gistl die Wohnung - fristlos. Die sofortige Räumung versuchte er gerichtlich durchzusetzen, mit der Begründung, „weil er mir mit seinem Buben einfach davongelaufen ist".[6] Den Prozeß gewann Gistl zwar nicht - er mußte eine Kündigungsfrist von einem Jahr einräumen - trotzdem aber befand sich die Familie nun in einer mißlichen Lage, denn eine billige Wohnung mit landwirtschaftlicher Nutzfläche war zu dieser Zeit nicht leicht zu finden. Die Werkstatt in der Lagerbaracke war nicht bewohnbar. Nach langem Hin und Her erschien es als die beste Lösung, sich selbst an einen Hausbau zu wagen. Anton Eisch

*Die Packerei im Freien.
Von links: Reserl Eisch, Franz Heider, Therese Eisch.
Aufnahme Ende der fünfziger Jahre.*

sen. hatte vor Kriegsausbruch vorgehabt, zu bauen und hatte seiner Frau ein Grundstück und einiges an Baumaterial hinterlassen. Was darüber hinaus noch benötigt wurde, tauschte Therese Eisch mit Zigaretten ein.
Mit Anna Eisch als Bauherrin machte sich die Familie nun daran, mit vereinten Kräften das kleine Haus in der Althüttenstraße 10 zu errichten, das heute Wohnhaus von Maria Eisch ist. 1948 war es fast fertig und konnte von Valentin und Therese Eisch, ihren sechs Kindern sowie von Anna Eisch und ihrer Tochter Maria bezogen werden.
Doch dieser Hausbau war nur die Einleitung einer Reihe von Baumaßnahmen, die in den folgenden Jahren notwendig werden sollten - zu denen man sich gezwungen sah, um das bloße Überleben des Familienbetriebs zu ermöglichen, und die zugleich aber dessen stetige Erweiterung

bedeuteten.
Anfang 1950 lief der Pachtvertrag für die Baracke aus. Georg Hirtreiter war bereits vor der Währungsreform mit seiner Werkstatt in einen Holzschuppen in der Grafenauer Straße umgezogen, und Valentin Eisch kaufte 1949 für DM 500,-vom Freistaat Bayern die ganze Baracke. Trotzdem aber war das Ende der Zeit im Lager absehbar, da die Pfarrei Frauenau plante, das Gelände als Siedlungsgebiet für Vertriebene zu vergeben.
Noch im selben Jahr begann die Familie daher zusammen mit Anton Eisch jun. auf dem Grundstück neben dem neuerbauten Haus mit einem weiteren Neubau, der ab 1950 die Schleiferei und Gravurwerkstatt und im Obergeschoß die Familie Anton und Rosa Eisch aufnahm. Die Packerei und „Versandabteilung" befand sich anfangs im Freien, dann baute man den „Behälterstand", einen losen Bretterverschlag. Reserl Namyslik, die Jüngste der Eisch-Schwestern, war dort ab 1951 mit dabei. Sie erinnert sich, daß sogar bei minus 20 Grad Celsius in der Althütte verpackt wurde, und auch, daß sie an manchen Tagen bis zu 30 mal zwischen den beiden Betriebsorten hin- und herzurennen hatte, um Gläser oder auch Nachrichten zu transportieren. Trotzdem existierte der Behälterstand als Packerei und Verladerampe bis Anfang der sechziger Jahre, obwohl er 1955 einmal durch spielende Kinder in Brand gesetzt wurde. Schon 1951 aber erhielten die Frauen zum Packen, Sortieren und Gläserwaschen Verstärkung; Maria Loderbauer und Elfriede Hirtreiter kamen als die ersten Mitarbeiter, die nicht zum Familienkreis gehörten, hinzu. Nun arbeiteten bereits zwölf Menschen in der kleinen Werkstatt zusammen: Neben dem Ehepaar Eisch und den Kindern Alfons, Erich und Reserl Valentin Eischs Geschwister Anton, Josef und Mariechen, der Neffe Johann Hackl (der „Wagner Hansl", wie er in Frauenau genannt wird) und die beiden eben genannten Frauen. Und im folgenden Jahr vergrößerte sich auch die Mannschaft der Schleifer und Graveure: Der Glaskugler Josef Sitzberger und die Lehrlinge Horst Weber und Josef Weß schlossen sich dem Betrieb an, außerdem noch Emma Giltner, die jüngere Schwester Therese

Kartenspiel zur Brotzeit.
Von links: Franz Graf, Anton Eisch, Erich Killinger.
Aufnahme Ende der fünfziger Jahre.

Der „Behälterstand" nach dem Brand im Jahre 1955.

Eischs und, vorerst als Handlanger zum Hüttenbau, der Glasmacherlehrling Alois Zant und der Schmelzergehilfe Konrad Giltner. 17 ständige Mitarbeiter hatte die Firma Eisch also, bevor ab Dezember 1952 der Glasofen brannte und die Situation grundlegend veränderte.
Die Baracke im Lager war noch bis 1952 bewohnt, dann wurde sie zerlegt und auf dem Gelände der neuen Eisch-Glashütte wieder aufgebaut, wo sie noch heute steht – „diese Baracke, die wird stehenbleiben, so lang's geht, weil das ein Andenken ist", wünscht sich Therese Eisch.[7]

Die Rohglas-Not

Unversehens war die kleine Werkstatt also über den Rahmen der Familie hinausgewachsen. Warum aber wurde aus der florierenden „Glasveredelungswerkstätte Frauenau" eine Glashütte? Mit bloßem Ehrgeiz wäre dieses Risiko nicht zu rechtfertigen gewesen. Die Antwort ist ebenso einfach wie kurios: „Wir hätten's auch nie im Sinn gehabt, eine Glashütte zu bauen, aber die haben uns ja gezwungen! Weil wir nirgends Glas gekriegt haben . . ."[8] erklärt dazu Therese Eisch.

Es war also der Kampf um das nötige Rohglas, der ständig die Lieferfähigkeit in Frage stellte, unerträgliche Abhängigkeiten schuf und die Familie schließlich vor die Alternative stellte: „Entweder aufhören und zurückgehen in die Hütte oder selber Glas machen."[9]

Bis zum Krieg hatten die Glashüttenherren im Bayerischen Wald aus Konkurrenzangst durch die Verweigerung von Rohglasverkäufen die Ansiedlung von reinen Veredelungsbetrieben verhindert – im Gegensatz zu den alten böhmischen Hütten, von denen manche sogar ausschließlich solche selbständigen Werkstätten beliefert hatten. Um vertriebenen deutschböhmischen Glasveredlern trotzdem die Existenzgründung in Bayern zu ermöglichen, finanzierte der Staat den Bau von einigen Glashütten, die Rohware verkauften. Aber deren Produktion reichte bei weitem nicht für alle Werkstätten aus und war außerdem nicht speziell auf Trinkglasgarnituren ausgerichtet.

Die Eischs waren ab der Währungsreform also auf die regulären Glashütten angewiesen. Zuerst konnte hin und wieder Rohglas über den Betriebsleiter der Poschinger-Hütte bezogen werden, dann aber setzte Isidor Gistl unter den alteingesessenen Hüttenbesitzern eine Absprache durch, derzufolge Valentin Eisch in Zukunft jede Rohglaslieferung verweigert wurde. 1950 prophezeite Baron Edmund von Poschinger, der den Eischs freundschaftlich verbunden war, bei einem Besuch in der Baracke: „Herr Eisch, Sie werden von den Machtblöcken in Frauenau erdrückt werden" – ein Satz, der Valentin Eisch noch jahrelang bedrücken sollte.[10]

Zunächst einmal bot sich eine Glashütte aus der Oberpfalz als Ausweg an, doch das Glas war verfärbt und auf die Dauer unbrauchbar. Dann, ab Anfang 1949, lieferte die Glashütte Bayerwald aus Ludwigsthal. Ludwigsthal war eine Hütte mit Tradition, durch einen Besitzerwechsel nach dem Krieg gab es hier aber erhebliche Anlaufschwierigkeiten, und auch in den folgenden Jahren

Serie Artemis, Form 112.

Die Werkstattgruppe in der Althüttenstraße, Ende der fünfziger Jahre.
Von links: Therese und Valentin Eisch, Horst Weber, Josef Eisch, Erhard Dick, Erich Killinger, Franz Graf.

kämpfte man ständig gegen den drohenden Konkurs (der 1953 tatsächlich eintrat). Die Fabrik war deshalb auf den Verkauf an die Frauenauer Werkstätte ebenso angewiesen wie diese auf das Rohglas. Das hatte zur Folge, daß Ludwigsthal dauernden Druck durch Drohung mit Liefersperre ausübte. Was gerade da war, mußte abgenommen werden - und wenn es 300 Bowlekännchen ohne die dazugehörigen Bowlekörper waren. Erich Eisch schilderte in seiner Ansprache zum 25jährigen Glashüttenjubiläum 1977 folgendermaßen die damalige Situation:

„Die finanziellen Schwierigkeiten der Glashütte Ludwigsthal stellten auch unsere Existenz infrage. Wir erkannten sehr bald, daß es für den Bestand und für die Weiterentwicklung des Betriebs notwendig war, eine eigene Rohglasbasis zu schaffen. Ich selbst habe in der Fachschule in Zwiesel ein Jahr graviert und belegte dann das dreisemestrige Studium der Glastechnik an der Fachschule Zwiesel bei Prof. Dr. Ludwig Springer und Herrn Dipl. Ing. Holl. An vielen Freitagen wurde ich von den Managern der Glashütte Ludwigsthal, den Herren Ulrich und Moser, auf den Gang der Schule geholt und zu Vorauszahlungen veranlaßt, damit die Löhne in Ludwigsthal bezahlt werden konnten.
Als uns 1952 im Frühjahr die Sache mit Ludwigsthal zu gefährlich wurde - die Hütte ging kurz darauf in Konkurs - und wir die finanzielle Beteiligung an der Hütte ablehnten, hat man uns kurzerhand die Rohglaszufuhr gesperrt.“ [11]

Ein Studienkollege Erich Eischs, der Inhaber der Neustädter Firma Tritschler-Winterhalder, Peter Willmann, erklärte sich kurzfristig bereit, mit der Rohglasversorgung einzuspringen; die Entscheidung zum eigenen Glashüttenbau aber war nun schon gefallen, denn eine wirklich dauerhafte und zuverlässige Rohglasbasis in ausreichender Qualität war kaum mehr zu erwarten. Die Familie und auch Freunde und Bekannte stellten schließlich Arbeitskräfte, Erich Eisch hatte sich durch seine Fachschulausbildung und durch Praktika in Ludwigsthal bei Direktor Angerer technisches Know-how erworben und der Unternehmungsgeist besonders der Therese Eisch war noch lange nicht erschöpft.

III. 1952–1956: „Bayerns jüngste und kleinste Glashütte“[1]

Die Eisch-Hütte im Frühjahr 1953. Rechts die hölzerne Baracke.

Der erste Glashüttenbau

„... Mit einem seltenen Mut hat sich die Familie Eisch, durch Generationen mit der Glasmacherkunst aufs engste verbunden, diesen Weg zur eigenen Glasfabrikation erschlossen und den kühnen Bau einer Glashütte kleiner Art, unter Nutzung der jüngsten technischen Fortschritte im Glasofenbau, durchgeführt. Seit Dezember vergangenen Jahres brennt das Feuer unter dem kleinen, mit zwei Schmelzhäfen besetzten Ofen, und heute erzeugt man dort ein Glas von höchster Reinheit und Qualität. Es ist eine große wirtschaftliche Tat, die die Familie Eisch damit geleistet hat, und sie erinnert an die Pionierarbeit der alten Hüttenmeister, die immer wieder neue Möglichkeiten suchen mußten, um den Bestand ihrer Hütten im Walde zu sichern.
Einmalig dürfte auch sein, daß es eine Familie ist, die den Betriebsleiter, den Faktor, Hüttenmeister usw. stellt, und auch den Mann, der die geschmackvollen Formen und Dessins entwickelt. Valentin Eisch sitzt selber am Schleifgerät, und ist ein Künstler in seinem Fach. Mutter Eisch arbeitet mit, wie die letzte der Wäscherinnen und Packerinnen, und die Söhne leiten Produktion und Absatz. In kurzer Zeit ist die Gesamtbelegschaft der kleinsten Glasfabrik des Bayerischen Waldes auf 50 Personen angewachsen und alle sind sie interessiert und begeistert dabei. Man kommt in dieser jüngsten Glashütte auch auf die Kunst des Freihandglases zurück, die der industrialisierte Glasmacher von heute nicht mehr beherrscht, und ein tüchtiger Meister macht dort die freie Formung des Glases wieder lebendig. Es sind entzückende Muster, die die Firma Eisch aufzeigen kann, und sie finden überall Anklang. Damit erhält die eigentliche Glasmacherkunst wieder neuen Auftrieb und bald werden sich wieder neue Meister der Pfeife die Fertigkeit des Glasmodellierens angeeignet haben. (. . .)
Das Entstehen dieser Glashütte ist ein ideeller Auftrieb für die Glasmacherei im Bayerischen Wald und auch ein wirtschaftlicher Fortschritt. Man hat den Glasveredler Eisch zwangsläufig in die Lage versetzt, daß er die Frage der eigenen Glasproduktion erwägen mußte. Er hat sich eine eigene

Glasfabrik gebaut, um von anderen Glasfabrikanten unabhängig zu sein, hat alle heute erkannten technischen Vorteile wahrgenommen und er hat bewiesen, daß es die Glashütte im kleinen Format gibt und daß sie durchaus leistungsfähig sein kann."[2]

So euphorisch dieser Artikel klingt, den der Bayerwald-Bote im Mai 1953 veröffentlichte, so trifft er doch die wichtigsten Punkte, die die neue Eisch-Hütte kennzeichneten: Zu ihnen gehörten das für eine Bayerwald-Glashütte bis dahin unbekannte Kleinstformat, die Versuche mit fast vergessenen oder neuen handwerklichen Techniken am Glasofen, dann auch die Notwendigkeit des Einsatzes der Familie in allen Produktionsbereichen der Hütte und zugleich der Aufbau einer fachlich differenzierten Belegschaft, die den endgültigen Sprung aus dem Familienbetrieb im eigentlichen Sinne bedeutete. Trotzdem: Die Idylle einer funktionierenden und nach wie vor familiären Klein-Glashütte zeigte sich wohl nur dem außenstehenden Beobachter; für alle Beteiligten aber war dieser Neubeginn alles andere als romantisch.

Allein bis die Hütte stand und die Produktion lief, war ein beschwerlicher Weg zu überwinden. Für eine einzelne Familie ohne Vermögensrücklage war vorrangig natürlich die Finanzierung eines derartigen Unternehmens problematisch. Zum Glashüttenbau standen lediglich die Gewinne zur Verfügung, die der Veredelungsbetrieb 1950 und 1951 abgeworfen hatte, sowie ein staatliches Darlehen aus einem „Sanierungsprogramm für das bayerische Handwerk in den bayerischen Notstandsgebieten" in Höhe von DM 30000,–.[3] Zur Absicherung dieses Kredits mußten nicht nur die Grundstücke der Eisch-Familie belastet werden, sondern auch die Mitarbeiterin Maria Loderbauer aus Oberkreuzberg erklärte sich bereit, mit ihrem gesamten Haus- und Grundbesitz für das risikoreiche Vorhaben zu bürgen.

Aber das Geld reichte nicht für die nötigen Baumaßnahmen, Einrichtungen und besonders für den teuren Schmelzofenbau. Durch die dadurch bedingten höheren Abschreibungen auf Anlagevermögen und die Anlaufschwierigkeiten der Hütte kam es, daß zum 31. 12. 1952 ein Bilanzverlust von DM 7237,32 ausgewiesen werden mußte,

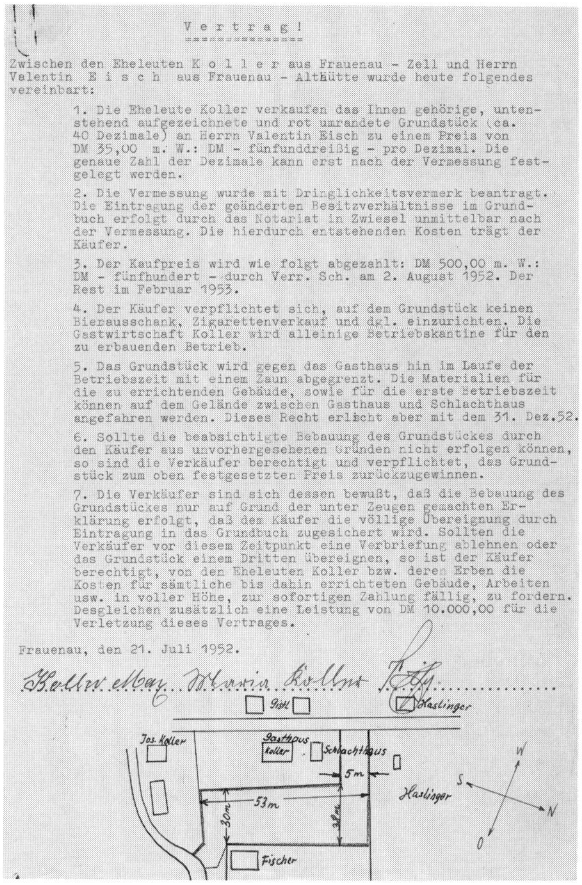

Vertrag!

Zwischen den Eheleuten K o l l e r aus Frauenau - Zell und Herrn Valentin E i s c h aus Frauenau - Althütte wurde heute folgendes vereinbart:

1. Die Eheleute Koller verkaufen das Ihnen gehörige, untenstehend aufgezeichnete und rot umrandete Grundstück (ca. 40 Dezimale) an Herrn Valentin Eisch zu einem Preis von DM 35,00 m. W.: DM - fünfunddreißig - pro Dezimal. Die genaue Zahl der Dezimale kann erst nach der Vermessung festgelegt werden.

2. Die Vermessung wurde mit Dringlichkeitsvermerk beantragt. Die Eintragung der geänderten Besitzverhältnisse im Grundbuch erfolgt durch das Notariat in Zwiesel unmittelbar nach der Vermessung. Die hierdurch entstehenden Kosten trägt der Käufer.

3. Der Kaufpreis wird wie folgt abgezahlt: DM 500,00 m. W.: DM - fünfhundert - durch Verr. Sch. am 2. August 1952. Der Rest im Februar 1953.

4. Der Käufer verpflichtet sich, auf dem Grundstück keinen Bierausschank, Zigarettenverkauf und dgl. einzurichten. Die Gastwirtschaft Koller wird alleinige Betriebskantine für den zu erbauenden Betrieb.

5. Das Grundstück wird gegen das Gasthaus hin im Laufe der Betriebszeit mit einem Zaun abgegrenzt. Die Materialien für die zu errichtenden Gebäude, sowie für die erste Betriebszeit können auf dem Gelände zwischen Gasthaus und Schlachthaus angefahren werden. Dieses Recht erlischt aber mit dem 31. Dez.52.

6. Sollte die beabsichtigte Bebauung des Grundstückes durch den Käufer aus unvorhergesehenen Gründen nicht erfolgen können, so sind die Verkäufer berechtigt und verpflichtet, das Grundstück zum oben festgesetzten Preis zurückzugewinnen.

7. Die Verkäufer sind sich dessen bewußt, daß die Bebauung des Grundstückes nur auf Grund der unter Zeugen gemachten Erklärung erfolgt, daß dem Käufer die völlige Übereignung durch Eintragung in das Grundbuch zugesichert wird. Sollten die Verkäufer vor diesem Zeitpunkt eine Verbriefung ablehnen oder das Grundstück einem Dritten übereignen, so ist der Käufer berechtigt, von den Eheleuten Koller bzw. deren Erben die Kosten für sämtliche bis dahin errichteten Gebäude, Arbeiten usw. in voller Höhe, zur sofortigen Zahlung fällig, zu fordern. Desgleichen zusätzlich eine Leistung von DM 10.000,00 für die Verletzung dieses Vertrages.

Frauenau, den 21. Juli 1952.

Vertrag zum Grundstückskauf 1952.

der erst 1954 ausgeglichen werden konnte.[4] 1952 und 1953 aber sollten die einzigen Verlustjahre in der Geschichte der Firma bis heute bleiben.

Als weitere Voraussetzung für den Neubau mußte ein geeigneter Bauplatz erworben werden. Zuerst hatte die Familie daran gedacht, auf dem großen Wiesengrundstück am Flanitzbach zu bauen, das die Mutter Anna Eisch besaß, doch diese war nicht bereit gewesen, das Gelände zur Verfügung zu stellen. Erwin Eisch, der damals an der Kunstakademie in München studierte, hatte dann Überlegungen ins Spiel gebracht, die Glashütte in München am Harras anzusiedeln, aber Valentin und Therese Eisch waren viel zu sehr in Frauenau und im Bayerischen Wald verwurzelt, als daß sie damit einverstanden gewesen wären, in die Großstadt zu gehen.

Im Sommer ergab sich schließlich eine auf lange Sicht sehr glückliche Lösung: Der Landwirt Max

Gruppenbild zum Abschluß der Ofenmaurerarbeiten Ende 1952.
Links: Erwin Eisch, 5., 6., 7., v. l.: Erich, Therese und Valentin Eisch, rechts außen: Maurerpolier Grimus, vorne Gerda Eisch, vier Ofenmaurer der Fa. Jünger, Mannheim.

Koller bot einen Teil seiner Gründe zum Verkauf als Baugrundstücke an, und mit ihm wurde am 21. 7. 1952 ein Kaufvertrag über ein 1839 m^2 großes Gelände in der Althütte abgeschlossen.[5] Der Bauplatz, auf dem sich heute das Bürogebäude und die Verkaufsräume der Firma befinden, lag nur wenige Gehminuten von der Schleifereiwerkstätte in der Althüttenstraße entfernt. Althütte war damals ein sehr locker bebautes Wohnviertel im Westen Frauenaus, stellte also auch Möglichkeiten zur eventuellen Ausdehnung des Betriebs in Aussicht. Die Gewerbeansiedlung in Wohngegenden war damals ja nicht im heutigen Maße rechtlich eingeschränkt. Wenn in der Hütte der Dieselmotor für das Notstromaggregat angeworfen werden mußte, wackelten schon mal die Gläser in den Schränken der Nachbarschaft, die Lage ermöglichte es aber auch, die neue Glashütte so in das Leben der Menschen zu integrieren, wie es für die alten Hütten üblich war.

Max Koller hatte kurz vor dem Anlaufen der Planungen eine Gastwirtschaft unmittelbar neben dem Betriebsgelände errichtet. Für ihn wurde deshalb eine Grunddienstbarkeit in Form einer Gewerbebetriebsbeschränkung eingetragen, die ihm das alleinige Recht zum Ausschank von Bier und sonstigen Getränken im Hüttenbereich zusicherte. Dasselbe gilt seit 1957 auch für den neuen Betrieb; das Bild Max Kollers, wie er mit seinem Körbchen am Arm in die Hütte wandert, um die Getränkeautomaten auszuleeren, ist zum festen Bestandteil des Fabrikalltags geworden.

Doch zurück zum Glashüttenbau 1952. Am Frauenauer Kirchweihmontag, um den 20. August, war Baubeginn. Die Maurer und Zimmerer stellten die Baufirma Prucker in Frauenau und die Zimmerei Schopf in Neuschönau; mit den Ofenmaurerarbeiten aber wurde der Ingenieur

Reserl und Annemarie Eisch vor der neuerbauten Hüttenanlage, Januar/ Februar 1953.

Der Schlossereianbau von 1955 mit einem Relief von Erwin Eisch.

Hoch von der Mannheimer Firma Jünger beauftragt, die Erfahrungen mit der bis dahin in Glashütten ungebräuchlichen Ölfeuerung hatte.

Der Glashüttenplan mußte unter großem Zeitdruck realisiert werden, da die Rohglas-Not der Veredelungswerkstätte verlangte, noch im selben Jahr den Ofen in Betrieb zu nehmen. Vier Monate dauerte es, bis die Hüttenanlage stand, während gleichzeitig in der Althüttenstraße der Veredelungsbetrieb weiterlaufen mußte. Gerda Frank, die zusammen mit ihrem Bruder Erwin, dem Onkel Konrad Giltner, der Tante Rosa Eisch und dem inzwischen verstorbenen Alois Zant die Tagwerkerarbeiten ausführte, erinnert sich nicht gerne an diese Zeit: Tagsüber die schwere Männerarbeit ohne die heute zur Verfügung stehenden Maschinen,

„und abends heim, gekocht, und dann ins Waschhaus gegangen und bis Mitternacht gewaschen – daheim war ja niemand, ich hab abends vorgekocht für den nächsten Tag, und dann haben wir's mittags schnell aufgewärmt.“ [6]

Der Fortgang der Bauarbeiten wurde zunehmend durch das Wetter erschwert. Zu Kirchweih, sagt man in Frauenau, beginnt hier der Herbst, und in diesem Jahr setzte er besonders unangenehm ein. Ständige Regenfälle weichten den ohnehin sumpfigen Boden auf, und am 10. Oktober, als der Bau gerade zur Hälfte hochgezogen war, fiel Schnee. Alfons Eisch erzählt:

„Da hat es zu regnen angefangen – bis es zugeschneit hat. Immer geregnet. Aber so sumpfig gewesen unten und so naß – furchtbar – und Mitte Oktober hat's zugeschneit! Hat's in der Früh auf einmal so viel Schnee gehabt. Und wir haben alles halb in der Höhe gehabt! (. . .) Völlig resigniert sind wir gewesen. Der Erwin hat gesagt: ‚Jetzt sind wir fertig. Jetzt hat's uns gegangen wie dem Napoleon in Rußland.‘ (. . .) Die Baracke ist noch nicht fertig gewesen, wie Mitte Oktober der Schnee gekommen ist – es hat ihn dann wieder ein wenig zusammengeschmolzen, aber er ist nicht mehr ganz weggegangen. Dann haben wir halt so weitergetan. Mensch, die Bandplatten für'n Ofen haben wir im Koller seinem Schlachthof oben gehabt . . . da haben wir sie hinten über die Wiese mit Rollen runterbalanciert, die Trümmer Platten rein in den Ofen . . . Aber ist dann doch so gewesen, die Oma (Therese Eisch, d. V.) hat gesagt: ‚Es muß weitergehen, wir schaffen es schon, wir können jetzt nicht mehr aufhören. Das schaffen wir schon!‘ Dann haben wir halt wieder angegriffen, ist wieder weitergegangen – und am 16. Dezember 1952, im gleichen Jahr, ist die erste Schmelze gewesen.“ [7]

Die Hüttenanlage

Die Hüttenanlage, die hier entstanden war, war räumlich äußerst knapp bemessen. Die Ofenhalle hatte einen quadratischen Grundriß von nur 100 Quadratmeter bei einer Firsthöhe von acht Metern. Nach hinten setzte sie sich in einen Anbau mit Pultdach fort, der Temper- und Kühlofen enthielt. Im Sommer 1955 wurde daran noch ein Schlossereigebäude mit Lagerraum und WC-Gruppe angebaut.

Bauleiter und technischer Planer war der Spiegelauer Architekt Schmatz gewesen, der architektonische Entwurf aber stammte von Josef Hillerbrand, Professor für Innenarchitektur an der Kunstakademie in München, der damit seinem Studenten Erwin Eisch eine Gefälligkeit erwies. Schon hier, wie bei allen späteren Baumaßnahmen, machte Erwin deutlich, daß es ihm nicht nur darum ging, den Betrieb wirtschaftlich am Leben zu erhalten oder zu erweitern, sondern auch darum, ästhetische Ansprüche oder künstlerische Ideen zu verwirklichen - mal mit Zustimmung, mal zur Verwunderung oder auch Verärgerung der anderen Familienmitglieder. Egal, wie schlecht die Zeiten und wie schwierig die Umstände eines Vorhabens waren, oder wie nebensächlich die äußere Gestaltung erscheinen mochte: Immer galt es für ihn, mit dem Bau nicht nur dessen Funktion gerecht zu werden, sondern auch eine darüber hinausgehende geistige Haltung zu verkörpern. Das neue Fabrikgebäude nun war im Sinne der kunsthandwerklichen Ästhetik der „Deutschen Werkstätten" entworfen worden. Die zeigte sich in der symmetrischen Anordnung ungewöhnlich fein gegliederter Fenster, in einer sorgfältig durchdachten, hölzernen Eingangstüre und darin, daß die gemauerten Pfeiler, die die Dachkonstruktion der Ofenhalle trugen, von der Außenwand nach innen verlagert worden waren, wo sie aber unnötig Platz wegnahmen und störten.

Parallel zum Neubau war die alte, nun leerstehende Baracke im Lager abgetragen und gegenüber

Die Schleiferei und Gravurwerkstatt in der Baracke nach ihrer Versetzung auf das neue Hüttengelände. Aufnahme von 1957.

dem Hüttengebäude wieder zusammengebaut worden. Der langgezogene, hölzerne Bau konnte seine ursprüngliche Form behalten, wurde aber auf einen gemauerten Sockel gesetzt und zu drei Vierteln unterkellert (später grub man auch noch den restlichen Teil als Lagerraum aus). Auf diese Weise konnte die Baracke nun eine ganze Reihe von Werkstätten und Betriebsräumen aufnehmen:
Im oberen Geschoß befanden sich drei Büros, ein Musterzimmer, das Lager und eine zweite Veredelungswerkstatt. Während also Valentin Eisch weiterhin die Arbeit in der Althüttenstraße leitete, bauten Alfons Eisch und eine Reihe von Schleifern und Graveuren ihre Maschinen wieder im vertrauten Raum in der Baracke auf. In deren unteren Teil wurden die Gemengekammer zum Mischen der Rohstoffe für die Glasmasse und die Scheibenschleiferei eingerichtet, und nach kurzer Zeit zogen mit der Verschmelzerei und der Sprengerei die übrigen Nachbearbeitungsabteilungen sowie die Formendrechslerei Max Edenhofers aus dem Hüttengebäude dort-

Das Packen und Sortieren im Untergeschoß der Baracke. Aufnahme von 1957.

Die Frauen in der Baracke.
Von rechts: Katharina Ebner, Elfriede Fechter, Helga Kolda, Ida Dengler, Rosemarie Harant, Marile Hirtreiter, Rosemarie Seidl.
Aufnahme von 1957.

hin um. Erwin Eisch versäumte nicht, die Wandfläche hinter den Verschmelzmaschinen mit einem Gemälde auszuschmücken, wie er zeitweise auch in der Baracke seine Steinbildhauerarbeiten ausführte. 1955 gab es eine weitere Schleifereierweiterung in der Althüttenstraße in der Form, daß dem bestehenden Wohn- und Werkstattgebäude noch ein schmaler, ebenerdiger Trakt angefügt wurde.

Die gesamte Hüttenanlage aber behielt einen provisorischen Charakter, da kaum für die nötigsten Bauarbeiten Geld vorhanden gewesen war. Die Innen- und Außenwände des Neubaus blieben jahrelang unverputzt, die Räume waren kalt und zugig, und der Boden der Ofenhalle bestand aus unbefestigtem Erdreich, dessen Unebenheiten lästig waren und das Wechseln der Häfen (also der Behälter, die im Schmelzofen die Glasmasse aufnehmen, und die 16 bis 20 Wochen halten) sehr behinderte.

Wie ein Zwerg hatte sich die neue Glashütte nun in die Glashüttenlandschaft des Bayerischen Waldes eingenistet. Anfänglich hatten die Hüttenpläne der Eischs kaum etwas anderes als Gelächter erregt, denn in den Bayerwald-Hütten, die ihre Öfen nach dem aufwendigen Regenerativsystem mit selbstproduziertem Holz- und Kohlengas betrieben, war ein kleinformatiger Schmelzofen in der Art moderner Studioglasöfen bis dahin gänzlich unbekannt gewesen.

Für die Eisch-Familie war der Glashüttenbau dadurch in den Bereich des Denkbaren gerückt, daß Erich Eisch im Frühsommer 1952 an der Glasfachschule in Zwiesel auf eine technische Neuentwicklung stieß, die die Befeuerung einer kleinen Ofenanlage mit Öl versprach. Deutschlandweit gab es damals eine einzige Glashütte, die Fa. Ringel in Maximiliansau, die mit diesem System arbeitete und einen Ölofen mit vier Häfen betrieb.

Erich bemühte sich daraufhin, sich in Zwiesel das nötige technische Wissen anzueignen, er half in der Glashütte in Ludwigsthal beim Schmelzen, um praktische Erfahrungen zu sammeln und fuhr natürlich nach Maximiliansau, um sich an Ort und Stelle vom Funktionieren der Ölfeuerung zu

Therese Eisch beim Streichen des Barackengebäudes, Mitte der fünfziger Jahre.

überzeugen.

Schließlich begann die Firma Jünger, die die Anlage in Maximiliansau konstruiert und ausgeführt hatte, mit dem Bau des ölbefeuerten Schmelzofens mit Steinrekuperator, der zwei Häfen (90 x 65) und ein Satzel (65 x 65) enthielt. Dazu wurden ein Kammerkühlofen (der „Aschofen“) und ein Hafentemperofen errichtet, die mit Öl, bzw. direkt mit Holz und Kohle beheizt wurden. Der Temperofen war baulich so angelegt, daß er auch als Kammerkühlofen hätte benutzt werden können.

Ein anderer wichtiger Ausstattungsgegenstand allerdings sollte auch nicht unerwähnt bleiben: Das Sachs-Motorrad mit Anhänger, genannt Beppo, das als das einzige motorisierte Firmenfahrzeug die verschiedensten Fahrten und Transporte zu meistern hatte.

Außerdem ist an dieser Stelle vielleicht eine kurze Klärung des Begriffs „Glashütte" angebracht, der durchaus doppeldeutig gebraucht wird: Zum einen meint er die Fabrik im Ganzen mit all ihren Abteilungen, inklusive Veredelung, Packerei usw. Im engeren Sinn aber steht „Hütte" für die Ofenhalle mit allen Schmelzofenanlagen, also für die eigentliche Produktionsstätte mundgeblasener Gläser.

Viele Hände für einen schweren Anfang

So klein sich der Glasofen mit seinen zwei Häfen und dem primitiven Blechkamin auch ausmachte - den Menschen, die mit ihm umzugehen hatten, machte er es nicht einfach.
Das Teeröl für die Feuerung, das mit der Bahn angeliefert wurde, war im Winter so zäh, daß unter dem Waggon Feuer gemacht werden mußte, bevor man es in Fässer abfüllen konnte und der Frauenauer Fuhrunternehmer Freiberg den Transport zur Hütte übernahm. Dort wurde das Öl nochmals erwärmt und mit der Handpumpe in den großen Kessel über dem Ofen gepumpt.
Der Inhaber der Ofenbaufirma hatte zwar für die Funktionsfähigkeit der Öfen garantiert, aber der Schmelz- und besonders der Temperofen erwiesen sich als technisch unausgereift und machten den Neubeginn auch in dieser Hinsicht zu einem Wagnis.
Die Schwierigkeiten begannen mit der ersten Schmelze in der Nacht vom 15. zum 16. Dezember. Der Ofen war noch zu feucht und die Temperatur konnte nicht hoch genug gesteigert werden, so daß das Glas nicht die nötige Blasenfreiheit erreichte. Nach dem Einsetzen eines Ventilators für Sekundärluft (die Verbrennungsluft) wurde die Ölflamme dann derart scharf, daß die Oberkanten der Häfen regelrecht abschmolzen.
Wirklich deprimiert aber wurde die Stimmung bei der Eisch-Familie wie bei der Belegschaft, als dreimal hintereinander die Häfen im Schmelzofen „aufmachten". Die großen Schamottebehälter hatten bereits beim Vortempern leichte Sprünge bekommen, die dann unter dem Druck der Schmelzmasse vollends aufrissen. Erst nachdem der Ofenmaurer Grimus, der die Ofenbauarbeiten geleitet hatte, den Temperofen umgebaut und die Feuerführung verändert hatte, hielten die Häfen und ermöglichten einen regelmäßigen Schmelzbetrieb.

Erich und Erwin Eisch, Cousin Hugo Schönberger vor der Ofenhalle, Sommer 1953.

Der Betrieb des Ölofens aber war trotzdem nie ganz problemlos. So zog er im Laufe der Jahre immer schlechter, was sehr lange Schmelzzeiten zur Folge hatte. Erst kurz vor der Stillegung des Ofens 1957 fand man die Lösung: Beim Bau des Kamins war ein Ziegel innen vor das Abzugsloch gefallen, und der Ruß tat das seine dazu, dieses mit der Zeit fast ganz zu verschließen.
Besonders die ersten Wochen und Monate nach der Inbetriebnahme waren für alle maßgeblich Beteiligten eine körperlich und seelisch extrem belastende Zeit. Solange sich der Betrieb noch

Fest reinblasen!
Von links: Ludwig Köppl, Hubert Hoffmann, Erwin Eisch, eine Besucherin an der Glasmacherpfeife, Alois Zant, Willi Steer, Hans Wagner, Josef Fuchs. Aufnahme von 1953/54.

nicht richtig eingespielt hatte und auch viele wichtige Funktionen noch nicht von Arbeitern übernommen wurden, teilten die Familienmitglieder die Arbeits- und Wachezeiten in Schichten auf, daß jeder wenigstens zu ein paar Stunden Schlaf kam. Anfangs übernahm Erich Eisch das Schmelzen, das nachts vonstatten gehen muß, während er tagsüber als Hüttenmeister und Betriebsleiter fungierte. Außerdem mußte für den Fall, daß der Strom ausfiel, die Nächte hindurch in der Ofenhalle Wache gehalten werden, um sofort den Dieselmotor anwerfen zu können, der das Notstromaggregat betrieb. Andernfalls wäre das Öl ohne Zerstäubung in den Ofen gelaufen. Allmählich stellten sich in der Familie immer mehr Symptome von Überarbeitung und Stress ein, die bei Gerda und Alfons bis zum Schlafwandeln gingen. Alfons beispielsweise rannte einmal mitten in der Nacht aus Angst, der Strom sei ausgefallen, ins Hüttengebäude, wo er seinen Bruder Erich antraf und erst aufwachte. „Gesponnen haben wir alle", sagt Therese Eisch über diese Zeit, in der ständig im Bewußtsein gegenwärtig war, daß das Überleben des Betriebs auf der Kippe stand.[8]

Trotzdem sollte nicht vergessen werden, wie viel an spontaner Unterstützung sowohl von der Belegschaft kam, als auch von Leuten aus der Nachbarschaft wie Max Pollach, dem Schlosser und Mechaniker bei Gistl, der unentbehrliche Hilfe leistete - zu jeder Tages- und Nachtzeit, wenn es sein mußte. Nach einigen Monaten übernahm dann Josef Kapfhammer die vielfältigen Aufgaben des Betriebsschlossers.

Bis zum Frühjahr 1953 entspannte sich die Lage allmählich. Es bedeutete eine wesentliche Erleichterung, als Eduard Lindner, der Bruder des derzeitigen Glasschmelzers bei Gistl, der in einer österreichischen Hütte geschmolzen hatte und in Österreich als Rentner lebte, sich bereiterklärte,

ab Januar 1953 in der Hütte einzuspringen.
Die Aufgabe des Schmelzers besteht darin, das Rohstoffgemenge zuzubereiten und bei ca. 1480 Grad Celsius in den Häfen im Schmelzofen zu Glas zu schmelzen. Nach ca. 12 Stunden kann es dann von den Glasmachern bei einer Temperatur zwischen 1250 und 1350 Grad Celsius verarbeitet werden.
Lindners Anwesenheit wirkte beruhigend in zweierlei Hinsicht: Er brachte aus Österreich Erfahrungen mit der Ölfeuerung mit und übte außerdem seinen Beruf mit großer Ruhe und Gelassenheit aus.
Gelegentlich hatte diese „Ruhe" zur Folge, daß das Glas noch nicht fertig geschmolzen war, wenn morgens die Glasmacher auftauchten. Mit einem neuen Ofen und besonders mit neuen Häfen aber kann man nicht vorsichtig genug sein, „da muß man Obacht geben (...), da muß man so langsam sein", meint auch Lindners damaliger Gehilfe Konrad Giltner.[9] Der Schmelzer hat schließlich nicht nur einen der härtesten, sondern auch einen äußerst verantwortungsvollen Posten in der Hütte, denn innerhalb weniger unachtsamer Minuten könnte er die Häfen „herunterschmelzen" und unter Umständen Ofen und Betrieb ruinieren.
Konrad Giltner, der Mann von Therese Eischs Schwester Emma, stand zunächst Eduard Lindner als Schmelzergehilfe zur Seite und übernahm nach dessen Weggang im Juli 1953 seine Tätigkeit als Schmelzer. Bis er 1974 in Rente ging, kümmerte er sich gewissenhaft um die Glasschmelze, manchmal auch mit Unterstützung von Emma, die in besonders kritischen Nächten mit ihm wachte. Giltner, wie auch sein Nachfolger Herbert Harant, sind Glasschmelzer „vom alten Schlag", deren Einfühlungsvermögen in „ihren" Ofen und die Details des Schmelzvorgangs durch keinen Computer und auch keinen rein technisch denkenden Chemiker ersetzbar ist.
Dabei hatte Giltner, der vor dem Krieg Schmelzergehilfe bei Poschinger gewesen war, dem Schmelzerberuf schon ade sagen wollen:

„Aber trotzdem sag ich, wenn ich wieder jung wäre und müßte was anfangen, täte ich wieder schmelzen. Obwohl ich gesagt habe, wie ... der Krieg aus gewesen ist, an den Schmelzofen geh' ich nicht mehr! Nie mehr! Schmelzer möcht' ich nicht werden. Schmelzer werd' ich nicht mehr.
Aber grad hingezogen, hingezogen!"[10]

Der Schmelzer Konrad Giltner am Ölofen. Aufnahme von 1955/56.

Nach seiner Rückkehr aus der Kriegsgefangenschaft arbeitete er zuerst einmal im Poschingerwald, aber nach vier Jahren hieß es:

„‚Konrad, derfst di bald richten, muaßt bald zum Eischen!' Kommt der Frank da, ‚muaßt bald zum Eischen oi' – hab ich gesagt ‚oho, so schnell!' – ‚Na ja, des dauert nimmer lang!'"[11]

Und tatsächlich: Nach Abschluß der Saison 1952 war er bereits in der Althütte beim Hüttenbau beschäftigt.
Mit Konrad Giltner schloß sich 1952 und 1953 eine große Anzahl von Männern und Frauen dem Experiment „Eisch-Hütte" an. Am 4. Mai 1953 standen den 10 Mitarbeitern von 1951 bereits 47 Personen gegenüber (35 Männer und 12 Frauen, davon eine Angestellte); und zum 31. Dezember 1955 beschäftigte der Betrieb bereits 59 Menschen.[12]
Wer in diesen Jahren bei Eisch einstieg, der wußte, daß er damit ein beträchtliches Risiko einging. Mancher Schulabgänger, der nirgendwo sonst unterkommen konnte, war froh, hier eine Stelle zu bekommen, aber die meisten der Glasmacher, die an dem kleinen Ofen anfingen, gaben einen festen Arbeitsplatz bei Gistl auf. Das keineswegs

gesicherte Fortbestehen der Hütte forderte von jedem persönliche Einsatzbereitschaft und beträchtliche Motivation zur Mitarbeit. Bei einem Scheitern des Betriebs wäre es für viele unter Umständen nicht leicht gewesen, in Frauenau einen entsprechenden Arbeitsplatz zu finden, da es auch damals mit der Beschäftigungslage in den Glashütten nicht zum Besten stand.

Um überhaupt Glasmacher für das Wagnis des Wechsels von Gistl zu Eisch gewinnen zu können, boten die Eischs höhere Löhne, bzw. einen Aufstieg in der „Glasmacherhierarchie" (z. B. vom Kölblmacher zum Einbläser) an, den die ohnehin überbelegte Gistl-Hütte vielen nicht gewähren konnte.

Unter der Belegschaft der Anfangsjahre herrschte ein ständiges Kommen und Gehen. Wenn sich auch bald ein harter Kern herausbildete (gut die Hälfte der Beschäftigten in dieser Zeit blieb bis heute, bzw. bis zur Erreichung des Rentenalters dem Betrieb treu), so mochten etliche doch nicht die zahlreichen Unannehmlichkeiten und Belastungen auf sich nehmen und versuchten lieber, in auswärtigen Hütten unterzukommen. Denn der Arbeitsalltag bei Eisch lief beileibe noch nicht so routiniert ab, wie es in den alteingesessenen Glashütten der Fall war. Anfangs mußte ständig mit irgendwelchen technischen Ausfällen gerechnet werden, manchmal war das Glas schlecht oder, wie gesagt, zu Arbeitsbeginn noch nicht fertig. Josef Fuchs war damals als Einträger dabei:

„... Und nicht betoniert gewesen, die Hütte. (...) S'Wasser ist dort gewesen, durchgezogen hat's – wie's im Winter gewesen ist – und die Modl haben wir draußen am Platz gehabt, in einem Faßl drin, hinten raus, wo der Abort über das Bachl übergestanden ist. Und wenn wir einen Modl gebraucht haben, haben wir das Eis einhauen müssen, daß wir überhaupt einen Modl rausgebracht haben!" [13]

Die Baracke war im Winter nur schlecht heizbar,

Die Lautscham-Werkstatt am Ölofen.
Von links: Karl Lautscham, Josef Schneck, Josef Schmid, Fritz Böhm.

Die Belegschaft der Glashütte Eisch im ersten Jahr

(Entsprechend den Lohnlisten von 1953 im Firmenarchiv der Glashütte Eisch werden alle Mitarbeiter mit Ausnahme von Valentin und Therese Eisch aufgeführt, die im Laufe des Jahres längere Zeit in der Firma beschäftigt waren. Die durchschnittliche Beschäftigtenzahl ist aus der Auflistung also nicht ersichtlich).

Glasmacher:	Kugler und Graveure:	Nachbearbeitung, Versand:
Fritz Böhm	Erhard Dick	Anna Böhm
Alfons Friedrich	Alfons Eisch	Maria Döringer
Josef Fuchs	Anton Eisch	Katharina Ebner
Johann Haas	Hermann Eisch	Maria Eisch
Johann Hackl	Josef Eisch	Therese Eisch jun.
Gustav Hany	Fritz Jobst	Maria Eller
Edmund Harant	Siegfried Kapfhammer	Emma Giltner
Ferdinand Heider	Karl Lomitzky	Emilie Grüner
Georg Köppl sen.	Ludwig Schmid	Theres Hackl
Georg Köppl jun.	Rudolf Schwarzmann	Elfriede Hirtreiter
Ludwig Köppl	Horst Weber	Maria Hirtreiter
Karl Lautscham	Josef Weß	Marie Lang
Heinrich Pöschl		Rosemarie Reif
Josef Schmid		Anna Straberger
Josef Schneck		Rosa Vay
Adolf Schneider		
Johann Steer		
Wilhelm Steer		
Alois Zant		

Weitere Arbeiter:

Eduard Lindner (Schmelzer)
Konrad Giltner (Schmelzergehilfe)
Hubert Hoffmann (Scheibenschleifer)
Franz Killinger (Scheibenschleifer)
Max Seidl (Scheibenschleifer)
Max Edenhofer (Formendrechsler)
Josef Kapfhammer (Schlosser)
Johann Hackl (Schürer)
Wolfgang Weber (Schürer)

Angestellte:

Liane Lomitzky
Erich Eisch
Erwin Eisch

Von 1952 bis 1977 mit dabei:
Horst Weber, Fritz Böhm, Liane Lomitzky, Maria Eisch, Heinrich Pöschl mit Erich Eisch und Betriebsratsvorsitzendem Josef Fuchs bei der Feier des 25jährigen Glashüttenjubiläums am 16. 12. 1977 in der Bürgerhalle in Frauenau.

und die Räumlichkeiten für die Nachbearbeitung, Sortierung usw., wo die Frauen arbeiteten, waren sehr eng. Dazu kamen noch Überstunden und Arbeitssonntage - doch davon wird später noch die Rede sein.

Ein sehr hohes Maß an Verantwortung lag auf den beiden Glasmachermeistern Georg Köppl und Karl Lautscham, die schon bei Gistl eigene Werkstätten geleitet hatten und die nun zwei neue Teams vor dem Glasofen aufzubauen und einzuarbeiten hatten.

Georg Köppl war ein hervorragender Glasmacher, der aber nach einiger Zeit seine Erwartungen an Betrieb und Arbeitsplatz nicht mehr erfüllt sah. Deshalb wechselte er im April 1954 mit seinem Sohn Georg in eine Amberger Glashütte und kurz darauf wieder zu Gistl. Sein Nachfolger als Werkstellenleiter wurde Ludwig Schreiner.

Der zweite Meister, Karl Lautscham, wurde schnell zu einer Schlüsselfigur des Betriebs. Er war bekannt dafür, kein Blatt vor den Mund zu nehmen und prägte mit seinem Temperament sehr die Stimmung am Glasofen. Zeitweise unterhielt er das ganze umgebende Ortsviertel, wenn ihm irgend etwas gegen den Strich ging, und er lautstark die Eintragbuben oder seine Glasmacher ausschimpfte. Manche, die bei Gistl einen niedereren Posten gehabt hatten, konnten nicht immer den neuen Anforderungen ganz gerecht werden, was für Lautscham eine Quelle ständigen Ärgers war.

Die gewitzten Glasmacher aber wußten ihm ihre Meinung beizubringen.

„Alle haben eh schon einen Zorn gehabt auf den Lautscham, weil er einfach so korrekt gewesen ist und so viel verlangt hat ... Jetzt ist an der Seite am Glasmacherbankl in der Früh auf einmal eine Hadernsau (ein Baumpilz, d. V.) angenagelt gewesen. (...) Natürlich, wenn sich einer nicht auskennt, der meint, ... das könnte was sein zur Verzierung – aber der hat ganz genau gewußt, was die gemeint haben. ‚Du Hadernsau!' Daß das auf ihn hingemünzt gewesen ist!"[14]

Karl Lautscham reagierte so wütend, wie es die Glasmacher erwartet hatten, aber die hielten dicht: Er erfuhr nie, wer ihm die vielsagenden Gewächse an die Arbeitsbank genagelt hatte.

1964 verließ Lautscham die Hütte und ging zur neugegründeten Zwieseler Glashütte Klokotschnik und später in einen oberbayerischen Betrieb. 1984 starb er.

Ein weiterer wichtiger Mitarbeiter der ersten Stunde, der ebenfalls von Gistl zu Eisch übergewechselt hatte, war Max Seidl, der erste Betriebsratsvorsitzende der Hütte. Er baute in der Baracke die Scheibenschleiferei auf und leitete die Werkstatt, bis er in Rente ging.

Ab 1955 war Franz Berndl lange Jahre für die Kühl- und Temperofenanlagen verantwortlich; in der alten Hütte war er vor allem Ausheber am Aschofen, im neuen Gebäude ab 1957 überwachte er die Hafentemperöfen und die Kühlbänder.

Die erste Angestellte des Betriebs, vom Dezember 1952 an dabei, war Liane Lomitzky, die heute noch Chefsekretärin bei Erich Eisch ist. In den ersten Monaten wurde sie noch von Buchhalter Bauer unterstützt, der, ohne fest angestellt zu sein, mit Rat und Tat aushalf, und einige Jahre kümmerte sich auch Erich Eischs Frau Traudl um die Buchhaltung des Betriebs.

1955, als sechzehnjähriger Absolvent der Mittelschule in Grafenau, kam mit Helmut Schneck ein zweiter Angestellter zum Betrieb. Obwohl er als Lohnbuchhalter eingestellt worden war, blieben, von Putzarbeiten bis zum Kaminmauern, vielerlei Pflichten an ihm hängen und machten ihn mit der Zeit von Grund auf mit allen Problemen einer Glashütte vertraut. Von Anfang an spielte er eine Mittlerrolle zwischen Betriebsleitung und Arbeiterschaft und hatte dadurch wohl am meisten an Unmut und Ärger einzustecken. 1957 wurde er Hüttenmeister – nach Erich Eisch, Rudi Kos und einem kurzen Intermezzo mit Karl Lautscham – und seit 1985 ist er Betriebsleiter der Firma. Das Engagement, mit dem er sich dem Betrieb widmet, die Neuerungen, die sich seinem technischen Verständnis verdanken, sind von unschätzbarem Wert für die Hütte.

Eine wichtige Garnitur der Eisch-Hütte in den fünfziger Jahren: Serie Unda, Form 130.

Die Hütte platzt aus allen Nähten . . .

Während die Glashütten im Bayerischen Wald zu Beginn der fünfziger Jahre im allgemeinen unter einer schweren Absatzkrise litten, schaffte es der winzige Eisch-Betrieb nur mit großer Anstrengung, alle eingehenden Aufträge auszuliefern (die er wegen der angespannten finanziellen Lage besonders in den Jahren 1952 bis 1954 dringend brauchte).

Die Eisch'schen Glasformen und -dekore, die (wie im Prinzip heute noch) hauptsächlich von den Brüdern Erwin, Erich und Alfons und dem Vater Eisch entworfen wurden, hatten den kleinen Kundenstamm beständig wachsen lassen. Besonders Valentin Eisch lieferte mit seinen Kelchglasdekoren „Porta", „Artemis" und anderen Verkaufsschlager, die bedeutend dazu beitrugen, den Betrieb zu profilieren und ihm finanziell aus dem Schlimmsten herauszuhelfen.

Außerdem hatte Erwin Eisch schon sehr früh begonnen, sich für freigeblasenes, also ohne Holzmodl gefertigtes Glas zu interessieren und vor 1952 in verschiedenen Hütten (unter anderem

Zu ihrem Einstand auf der Frankfurter Messe im Frühjahr 1955 konnte die Eisch-Hütte mit ihren Freihandgläsern beachtliches Aufsehen erregen.

Freigeformte Krüge aus der kleinen Hütte.

Der erste Messestand in Frankfurt, Frühjahr 1955.

mit Karl Lautscham in den Arbeitspausen bei Gistl) entsprechende Versuche gemacht. Diese Experimente setzte er nun auch am eigenen Ofen fort und erregte damit beträchtliches Erstaunen, da in den fünfziger Jahren, deren Ein und Alles im Streben nach technischer Perfektion und industrieller Massenproduktion lag, solche handwerkliche Fertigung von Gläsern, die einander niemals ganz gleichen, fast in Vergessenheit geraten war. Der erste Glasmacher, der dann diese Produktion übernahm, war Franz Lanzinger. Das dazu nötige Farbglas wurde in dem kleinen Satzel des Glasofens geschmolzen, und Franz Lanzinger fühlte sich so für seine Arbeit verantwortlich, daß er einmal versehentlich versuchte, beim Hafeneintragen vom Temper- in den Schmelzofen sein auf 1200 Grad Celsius aufgetempertes Farbglassatzel mit bloßen Händen zu retten:

„Nachdem ja der Boden nicht betoniert war, sondern ein richtiger Erdboden dringewesen ist – da ist das so auf und ab gegangen, und das schmale Satzel ist uns heruntergefallen von der Schaufel. Und der Franzerl in seinem Eifer, daß ja nichts ist, ist er hin und wollt's mit den Händen aufheben ... ist ja sein Hafen gewesen.“ [15]

Die dickwandigen, farbigen Vasen, Schalen, Aschenbecher usw. brachten der Hütte 1955 eine Goldmedaille auf der Handwerksmesse in München ein und prägten nachhaltig das Image der Firma. Das wird zum Beispiel auch bei Josef Blau, dem Chronisten der bayerischen und böhmischen Glashütten, deutlich, der den Betrieb 1956 durch den Hinweis darauf charakterisierte, daß „Eischs Glashütte alte Glasmachertechniken, besonders das Formen aus freier Hand“ pflege.[16]

Mit der Zeit stand die Auftragslage in keinem Verhältnis mehr zur Produktionskapazität bei normalen Arbeitszeiten. Man war ständig mit der Auslieferung von Bestellungen im Rückstand, so daß Kunden oft lange Wartezeiten in Kauf nehmen mußten. Das Dilemma konnte nur dadurch gemildert werden, daß Schleifer und Graveure Überstunden machten, Valentin Eisch zeitweise von 4.00 Uhr morgens bis 23.00 Uhr am Gravurblock saß und seine Porta-Kelche gravierte, und daß in Stoßzeiten, besonders vor Weihnachten, auch sonntags am Glasofen gearbeitet werden mußte. Am schlimmsten war das in den ersten beiden Jahren: 1953 zählte man sogar 45 Arbeits-Sonntage, die sich nur darin von anderen Wochentagen unterschieden, daß die Arbeitszeit um eine Stunde kürzer war. Die Samstage waren ohnehin normale Werktage. Neben regulär Beschäftigten, die freiwillig die sonntäglichen Überstunden leisteten, kam so mancher alte Glasmacher aus Althütte vorbei, und regelmäßig halfen auch Georg, Max und Benedikt Hirtreiter, Verwandte von Therese Eisch, die eigentlich in anderen Hütten arbeiteten, am Glasofen aus. Wie häufig auch während der Woche sprang Erwin Eisch sonntags als Kölblmacher ein. Sein Mangel an Perfektion amüsierte die Glasmacher damals wie heute; für sie bleibt er, zumindest was die Herstellung guter Seriengläser betrifft, ein hoffnungsloser Fall. Kelchgläser aber wurden an diesen Sonntagen zumeist nicht produziert, weil dazu eine komplett besetzte achtköpfige Werkstatt nötig gewesen wäre. Stattdessen entstanden an solchen Tagen die größeren Stücke wie Krüge und Schalen, die von zwei bis drei Glasmachern gefertigt werden konnten. Diese Gefäße machten allerdings das Entleeren des Aschofens noch am selben Abend zu einer abenteuerlichen Aktion. Anders als die Seriengläser, die in Blechtöpfe eingeschichtet und mit Hilfe einer langen Aushebegabel eingesetzt und herausgehoben wurden, mußten sie einzeln in den Ofen gebracht werden. Und da die Firma nicht über genügend Kühlöfen verfügte, und man deshalb den Ofen nicht bis zum nächsten Tag vollständig abkühlen lassen konnte, wurde er eben bereits bei 150 Grad Celsius wieder ausgeräumt:

Am längsten hat's der Opa (Valentin Eisch, d. V.) ausgehalten drin. Hat einer nach dem andern reinkrabbeln müssen in den Ofen und nach vorn legen, schnell, mit Asbesthandschuhen, und die Vorderen haben's dann weggenommen ... Aber da meinst schon, es schmilzt dich zusammen! ... Da haben wir gewartet bis 150 Grad runter, dann haben wir gesagt: ‚Na, jetzt müssen wir anfangen, sonst bringen wir ihn nicht mehr leer.'"[17]

Gefäße aus der Produktion Franz Lanzingers um 1955.

Am folgenden Montag ab 5.00 Uhr mußte der Aschofen ja auf 500 Grad Celsius aufgeheizt wieder den Glasmachern zur Verfügung stehen. Aber trotz intensivster Ausnutzung der Produktionsanlagen und des engagierten Einsatzes der Mitarbeiter wurde die Hütte sehr schnell einfach zu klein:

„Was treiben wir jetzt? Das Geschäft hat schon geblüht, so viele Aufträge, was wir gehabt haben - und nicht liefern können, weil das Glas eben zu wenig gewesen ist von den zwei Häfen! Jetzt, na ja... jetzt müssen wir einen größeren bauen. Jetzt haben wir schon Mut gehabt!“[18]

Soweit Therese Eisch.

Bereits 1955 begann man, an den Neubau einer größeren Hütte zu denken, da ohnehin in absehbarer Zeit die Erneuerung des Schmelzofens ins Haus stehen würde (jeder Glasofen hat wegen der großen Hitzeeinwirkung nur eine beschränkte Lebensdauer). Mit dem Bau eines großen Ofens mit der im Verhältnis zur Schmelzleistung rentableren Generatorgasbefeuerung aber war zwangsläufig die Errichtung einer neuen Werkshalle verbunden, weil die alte nicht mehr erweiterbar war.

Auszug aus der kleinen Ofenhalle am 1. 2. 1957. Von rechts: Michael Marik, Karl Lautscham, Fred Raab.

Teufelsbesuch

Bekanntlich fühlte sich in der schaurig-feurigen Atmosphäre der alten Glashütten, die nachts noch nicht bis in alle Winkel mit elektrischem Licht ausgeleuchtet waren, auch der Teufel wohl. Der Schmelzer Konrad Giltner bekam in der kleinen Hütte mit ihm zu tun:

„Um eins in der Nacht ist ein Gewitter gekommen, sind die Lichter ausgegangen. Jetzt bin ich über das Brett hinunter, wo man das Material hinaufträgt, so ein Brett, hübsch ein langes, und bin da über das Brett hinunter - der Ofen ist noch nicht ausgegangen gewesen, der hat noch glühtelt da, von den Deckeln raus, jetzt bin ich da runter, und wie ich schon gleich runterkomme an den Boden runter, der Boden ist damals nicht gepflastert gewesen, da sind Hügel drin gewesen, sind Dellen drin gewesen, und Scherben sind umeinandergelegen auch, weil niemand zusammengekehrt hat damals . . .“

Und da passiert es: Giltner tritt auf etwas Weiches, stürzt und verletzt sich dabei am Arm. Zunächst bleibt er liegen, hält sich den schmerzenden Arm:

„Wie ich immer so gehalten habe und so gehalten habe - auf der Erd' bin ich gelegen, auf dieser Seite - ... auf einmal ist etwas über mir reiterisch über, steht etwas über mir, so ein Viech. O mei - mit dieser Hand, die hat mir so weh getan, die habe ich nicht einmal bewegen können gescheit, und dann mit der Hand raufgetappt und hab' das Viech am Bauch erwischt. Und hab' ein Büschel Haare gehabt. O mei. Jetzt bin ich mit den Haaren auf das Brett wieder hinauf zum Ofen hin und hab's angeschaut. Und wie ich das gesehen hab', daß die braun sind und so, sind mir die meinen auch in d'Höh' gangen, hab' ich Angst gehabt, ‚o mei', hab' ich mir gedacht, ‚das Vieh kommt gleich wieder!' Und dann - jetzt hab' ich halt die Haare dann aufgehoben.“

Das Teufelshaar bewahrt Konrad Giltner heute noch auf - obwohl er aus heutiger Perspektive zu einer weiteren möglichen Sicht der Dinge gekommen ist:

„In Wirklichkeit ist's dem Koller sein Bernhardiner gewesen, in Wirklichkeit. (...) Der muß da hinein sein, wie das Gewitter gekommen ist, weil das Hüttentürl ist ja von der Erde weg überhaupt nicht zu gewesen, da hätten ja noch Bretter drangenagelt gehört! Und natürlich muß das Viech da hinein sein, weil es wieder hinaus auch ist! Weil wie die Sache vorbei gewesen ist, ist die Tür noch genauso zu gewesen wie vorher auch! Ja, wo ist jetzt da - wo ist der herein - und jetzt ist der verschwunden wie's G'stank! Jetzt, wo ist der wieder raus! Na ja, jetzt hab' ich das gemeint, daß das der Teufel gewesen ist.“[19]

IV. 1956–1958: Neubau und Konsolidierung

Die 1956 erbaute Ofenhalle der Eisch-Hütte. Die Holzstöße rechts im Bild dienen nicht zur Feuerung, sondern wurden für die Dreharbeiten zu dem Film „Herz aus Glas" von Werner Herzog aufgebaut. Aufnahme von 1976.

Die neue Hütte an der Flanitz

Die kurze Zeitspanne von 1956 bis 1958 umschließt die Jahre des endgültigen Fußfassens der Eisch-Hütte. Das Unternehmen richtete sich als modern ausgestattete und erweiterungsfähige Mundglashütte an seinem heutigen Standort ein; es geriet dadurch in fast abenteuerliche finanzielle Zwangslagen, die ihm beinahe Kopf und Kragen gekostet hätten, erreichte letztendlich aber den Durchbruch als eigenständige Bayerwald-Glashütte.

Bereits 1955 begann Erich Eisch mit den technischen Planungen und der Auswahl der Bau- und Lieferantenfirmen. Besonders die Ofenanlagen bereiteten Kopfzerbrechen, denn hier wollte man sich auf keinen Fall mehr auf Experimente einlassen. Für das Werksgebäude hingegen konnte mit Josef Bergmann aus Hinhart, der schon den Schleifereibau 1950 geplant hatte, schnell ein versierter Architekt gefunden werden.

Und auch ein passender Bauplatz mußte nicht lange gesucht werden. Zuerst versuchte man vergeblich, Anna Eisch dazu zu gewinnen, ihr Wiesengrundstück zwischen der kleinen Glashütte und der Werkstatt an der Althüttenstraße zur Verfügung zu stellen; dann aber gelang es – wenn auch durch komplizierte Tausch- und Kaufaktionen mit verschiedenen Eigentümern – das heutige Hüttengelände am Flanitzbach zu erwerben.

Die neue Hütte . . .

. . . nimmt Gestalt an.

Diese, nach einem der vorherigen Besitzer „Hermann-Wiese" genannte Fläche bot fast optimale Bedingungen: Das etwas abschüssige Areal von 4624 Quadratmeter verfügt über eine eigene Quelle (die noch heute zusätzlich zur Wasserversorgung der Gemeinde Frauenau genutzt wird) und liegt völlig frei, es sicherte also etwaige Betriebserweiterungen nach allen Seiten.[1]

Außerdem war es nur durch eine kleine Wiese, die inzwischen nach und nach dem Betriebsparkplatz weichen mußte, vom alten Hüttengrundstück getrennt.

Am 18. 6. 1956 konnte der „Bayerwald-Bote" von den Beratungen des Frauenauer Gemeinderats über „das Baugesuch des Valentin Eisch zum Neubau einer Glashütte" berichten:

„In Würdigung dessen, daß durch den Neubau einer Glashütte eine größere Anzahl von Dauerarbeitsplätzen geschaffen wird, vertrat der Gemeinderat einmütig die Auffassung, dem Unternehmer von seiten der Gemeinde größtmöglichstes Entgegenkommen einzuräumen. Eisch hat zu dem neuen Hüttengelände selbst eine neue Zufahrtsstraße in einer Länge von 160 m erstellen . . ."[2]

Schon um als erste Baumaßnahme diese Zufahrtsstraße auszuschaufeln (für die Max Hirtreiter und Christian Büchler bereitwillig den nötigen Grund abtraten), mußte eine ganze Arbeiterkolonne beschäftigt werden. Und auch am eigentlichen Baugelände war den ganzen Sommer über eine beträchtliche Anzahl Menschen tätig – schließlich erfolgten die Bauarbeiten damals noch weitgehend in mühsamer Handarbeit. Im Oktober war der Rohbau fast fertig, wie das sowohl die Frauenauer als auch der „Bayerwald-Bote" feststellten:

„An schönen Herbsttagen lenken die Frauenauer ihre Spazierschritte Richtung Althütte, um sich als ‚Glassachverständige' vom Fortschritt des Glashüttenbaus der Firma Valentin Eisch zu überzeugen. Unweit des alten ‚Hütterls', das dem sich schnell ausweitenden Betrieb längst zu klein geworden war, ersteht nahe an der Flanitz die neue, bedeutend größere Glashütte. An einem wuchtigen Stahlgerüst sind in den letzten Wochen die Mauern hochgewachsen, und im Hüttenraum beginnen in den nächsten Tagen die Ofenbauer ihr Werk . . ."[3]

Zugleich wurde der Hüttenkamin auf eine Höhe von 33 Meter hochgezogen, „der wie ein verirrter Maibaum unvermittelt aus blühenden Wiesen stieg"[4]. Dieses Bild dürfte sich heute nach diversen Anbaumaßnahmen nicht mehr aufdrängen; die freistehende Ofenhalle von damals bildet zwar nach wie vor das „Herz" der Hütte, macht aber nur noch einen Bruchteil der komplexen Fabrikanlage aus und ist als Mittelstück des rechten Flügels in diese integriert. Schon 1956 aber vermittelte das Gebäude, das mit Hilfe eines „Gerippes" aus Stahlträgern ungewöhnlich hoch gebaut war, den Eindruck einer nüchternen, modernen Fabrikhalle – höchstens das der Belüftung dienende" Rauchdachl" am First des eternitgedeckten Daches deutete auf seine Zugehörigkeit zu den Bayerwald-Glashütten traditionell handwerklicher Ausrichtung hin. Die alten Hütten, besonders diejenigen, die noch aus dem 19. Jahrhundert stammen, liegen geduckt in der Landschaft, geprägt von ihrem weiten Dach, dessen hölzerne Balkenkonstruktionen der Ofenhalle im Innern eine düstere Stimmung verleihen. Diese Hüttenatmosphäre tauschte die neue Glashütte gegen größere Brandsicherheit und Helligkeit und vor allem bessere Belüftbarkeit, was die Arbeit in der Hitze des Glasofens erleichtert. Die mit dem Ofenbau beauftragte Firma Uhrmann aus München hatte nämlich angeregt, die Ofenhalle zu unterkellern, so daß weitere nutzbare Räume entstanden und das (sonst unterirdische) Kanalsystem des Schmelzofens besser zugänglich wurde. Außerdem schuf man mit diesem Kellersockel die Voraussetzung dafür, daß später, nach der Angliederung des Veredelungstraktes, trotz der Hanglage des Gebäudes ein Produktionsablauf weitgehend in einer Ebene möglich wurde.

Die Ofenanlage wurde nach dem Regenerativsystem gebaut, das sich seit der zweiten Hälfte des 19. Jahrhunderts in den Bayerwald-Glashütten bewährt. Eine effektive und rentable Ausnutzung ist bei dieser Feuerungsart erst ab einer gewissen Größe der Anlage erreichbar - aber groß sollte der neue Ofen nun auch vor allem sein. Von den zwei Häfen in der alten Hütte ging man nun zu einer Kapazität von acht Häfen und vier Satzel (d. h. kleinerer Häfen, in denen Farbglas und andere, seltener gebrauchte Glassorten geschmolzen werden) über. Noch heute wird in der Eisch-Hütte an einem Rundofen derselben Machart mit 12 Häfen gearbeitet, der nur geringfügig größer ist als der damalige Bau.

Der sichtbare Teil eines solchen Schmelzofens stellt aber noch lange nicht die gesamte Ofenanlage dar, denn in seinem Untergrund findet sich das weitläufig ausgemauerte Netz von Kammern und Kanälen, durch die Gas und Verbrennungsluft zugeführt und die Abgase abgeleitet werden:

„Während in England schon im Jahre 1615 die erste Glasschmelze mit Kohlenfeuerung erfolgte, blieb im Bayerischen Wald bis weit in das 19. Jahrhundert hinein Holz der einzige Energieträger für die Glashütten. Zur entscheidenden Wende kam es mit der Einführung der Regenerativfeuerung im Glasofenbau, die Friedrich Siemens 1856 patentieren ließ, verbunden mit der schon seit 1840 bekannten Gasgewinnung in Generatoren. Das bis heute angewandte und prinzipiell unveränderte System führt Luft und Frischgas in zwei getrennten Kammern dem Ofen zu, während es die Abgase in zwei anderen Kanälen ableitet. Durch regelmäßigen Wechsel der beiden Doppel-Kanäle ist sowohl die Frischgas- als auch die Luftzufuhr vorgewärmt und es kommt nicht nur zu beträchtlicher Energie-Einsparung, sondern vor allem auch zu höheren Temperaturen.

Der Hüttenkamin. Der untere Teil wurde vom „Texas-Hans" gemauert, der nach einiger Zeit aber vom Kaminbau in die „Texas-Bar" überwechselte und in Frauenau zu einiger Berühmtheit gelangt ist.

Dieses System der Regenerativ-Feuerung nach Siemens konnte schon kurz nach seiner Erfindung die Hälfte aller seinerzeitigen Bayerwald-Glashütten in einer Industrie-Statistik von 1874 für ihren Betrieb melden. Damit waren für dieses Gebiet auch zweifelsohne die Anfänge der Kohlen-Feuerung verbunden."[5]

Wie aus der obigen Beschreibung von Alfons Hannes hervorgeht, mußte für die Feuerung aus einem eigenen Generator Gas aus Kohle gewonnen werden. Gerade dafür war das Baugelände ideal gewesen, es wies nämlich einen kleinen Hang mit genau dem Steigungswinkel auf, der am günstigsten das selbstproduzierte Gas in die verschiedenen Öfen leiten läßt.

Die zitierte Dokumentation von Hannes über den „Energiewandel in den Glashütten des Bayerwaldes" erschien im „Bayerwald-Boten" anläßlich der Umstellung auf Erdgasfeuerung in der Eisch-Hütte im Jahre 1977, bezieht sich daher auch speziell auf den Eisch'schen Kohlengasge-

Die Ofenmaurer der Fa. Uhrmann aus München vor dem fertigen, mit dem „Firstbaum“ geschmückten Rundofen, Winter 1956/57. 3. v. l. Erich Eisch, vorne Reserl Eisch.

nerator:

„Die mittlerweile überall stillgelegten betrieblichen Gaserzeuger der Glashütten waren bei manchen Unterschiedlichkeiten immer Schachtöfen aus feuerfestem Material und überwiegendem ‚Dreh-Rost'. Der zuletzt stillgelegte Generator in der Glashütte Eisch war mit einem ‚Spannaus-Rost' ausgestattet, der zwar auch beweglich war, aber im Gegensatz zum Drehrost manuell entschlackt wurde. Bei ihm hatte der Schürer täglich einmal durch das Drehen der Roststäbe die Schlacke entleert und sie als ‚Kohlenlösch' weggekarrt. Große Einfachheit bei bestmöglichen Verbrennungswerten sind die besonderen Kennzeichen des Rostes von Spannaus, der seinem Fabrikat als letzter, in den 50er Jahren noch teilweise als Privatunternehmer in der DDR tätiger Generatorenbauer seinen Namen gab.
Schlicht, wenn auch nicht mühelos, war die Bedienung des letzten Gas-Generators. Die Kohlen wurden vom Schürer von einem im Freien liegenden Haufen mit dem Schubkarren in den kleinen Schuppen-Aufbau über dem Generator gebracht, wo er sie durch einen Trichter in den Gas-Erzeuger schaufelte. Hier fielen sie direkt in die Kohlenzone, die im obersten Bereich den Entgasungsraum bildet. Diese liegt auf dem Vergasungsraum oder der Kokszone, unter der sich der Verbrennungsraum bzw. die Aschenzone befindet. Die Vergasungsvorgänge lösen die Zufuhr von Luft und Wasserdampf aus, der in einem eigenen Kessel erzeugt wird und zugleich das Sintern der Schlacke verhindert. Der monatliche Kohlenverbrauch des Generators lag durchschnittlich bei 150 Tonnen, die sich je zur Hälfte auf rheinische Briketts und tschechische Braunkohle verteilten.“ [6]

Tatsächlich lieferte 1956 die Firma Spannaus aus Thüringen die Ventile, Überführungsbögen und Wechseltrommeln der beiden gemauerten Generatoren. Die Anlage wurde damals allerdings noch nicht mit dem „Spannaus-Rost“ ausgestattet, sondern mit Schrägrost und natürlichem Zug. Erst 1961 wurden anläßlich einer Ofenreparatur die gleichen Kessel auf geblasenen Betrieb nach System Spannaus umgestellt, wodurch der Kohleverbrauch fast um die Hälfte gesenkt werden konnte. Wilhelm Spannaus begleitete persönlich die Lieferung der benötigten Eisenteile, er nutzte die Gelegenheit, um sich als Gast der Eischs ein paar Tage lang Frauenau und den Bayerischen Wald zeigen zu lassen.
16 Jahre später schaufelten die Schürer Josef Gramlinger, Ludwig Schönberger und Willi Halser die letzten Kohlen in den Fülltrichter der Anlage, die als letzter betrieblicher Kohlengas-Ge-

Die Einweihung der neuen Hütte am 3. 2. 1957.

Der Beginn des Festakts mit dem Zwieseler Streichquartett. Links Erich Eisch, ein hervorragender Solist auf der Violine, der heute u. a. Mitglied des Regensburger Kammerorchesters ist.

nerator in der BRD stillgelegt wurde. Mit ihm verschwand auch der Beruf des Schürers und dessen ganzes Arbeitsfeld, das ein Charakteristikum der Glashütten gewesen war - bestimmt von Bergen von Braunkohle, von Schlackehaufen, beißendem Teer- und Gasgeruch und nicht zuletzt von der ständigen Anwesenheit eines der drei Schürer, die einander in Schichten abwechselten.
Doch zurück zum Bauplatz von 1956. Neben dem Schmelzofen und dem Gaserzeuger bedurfte es noch eines Hafentemperofens und mehrerer Aschöfen, die als Block von vier Kammerkühlöfen an der rückwärtigen Wand der Werkshalle errichtet wurden. Sie allerdings wurden bereits 1959 durch ein Kühlband ersetzt. Der Hafentemperofen in der gegenüberliegenden Ecke, der bei Bedarf 12 Häfen vortempern kann, ist dagegen noch in Betrieb.

Ausstieg aus dem Provisorium: Die Arbeit in der neuen Werkshalle

Im Februar war es dann soweit. Am Freitag, den 1. 2. 1957, wurde zum letzten Mal am Ölofen gearbeitet, und am darauffolgenden Sonntag bewährte sich die hohe Halle zuerst einmal als Konzertsaal:

„Die hohe, lichtdurchflutete Halle mit den schönen, praktischen Fenstern und der eleganten Eisenkonstruktion ihres Aufbaues trägt noch nicht die Arbeitsspuren von feurig-flüssigem Glas. Nicht rauchgeschwängert und mit Gasgeruch erfüllt ist der Raum, dessen konzertsaalartige Akustik ausgezeichnet die musikalische Einleitung zur Geltung bringt, mit der das Zwieseler Streichquartett die feierliche Stunde der Einweihung der neuen Fabrikanlage eröffnet . . .“[7]

Nach dieser Feier, der kirchlichen Weihe und den Rückblicken und guten Wünschen vieler Ansprachen erfolgte die erste Schmelze im neuen Glasofen, so daß am 4. 2. 1957, dem 53. Geburtstag von Therese Eisch, die Arbeit aufgenommen werden konnte.
Von nun an wurde auf drei verschiedenen Betriebsgeländen produziert: In den Werkstätten in der Althüttenstraße änderte sich nicht viel, dort wurde weiterhin mit Hochdruck geschliffen und graviert, und auch der Schlosser und der Drechsler blieben vorläufig in ihrer gewohnten Umgebung. Die Gemengekammer, die Absprengund Verschmelzmaschine und die Scheibenschleiferei hingegen wurden in den ziegelgepflasterten und nicht allzu gemütlichen Raum unter der Ofenhalle verlegt. Hier wurde außerdem das nicht zur Veredelung bestimmte Glas versandfertig gemacht, und in einer Ecke, nur mit Hartfaserplatten abgetrennt, war das Hüttenbüro untergebracht.
Unbequem und unrationell aber war vor allem

Mit dem Glasmacherwerkzeug . . .

die Entfernung des Hüttengebäudes von den Veredelungswerkstätten, denn täglich mußte jemand, meist eine der Packerinnen, mit dem Handwagen, bzw. einem Schlitten, das nötige Rohglas zur Baracke und in die Althüttenstraße transportieren.

Für die Glasmacher dagegen war durch die perfektere technische Ausstattung und die bessere Belüftbarkeit der Werkshalle manches leichter geworden. Aber nun änderte sich, vor allem durch das sprunghafte Anwachsen der Belegschaft, das Betriebsklima (die Zahl der Mitarbeiter lag am 30. 4. 1957 bei 120 und stieg im Laufe des Jahres weiter an);[8] die Intimität des Ölofenbetriebs wich einer effektiveren Organisation und einer größeren Betriebsamkeit. Die Ofenhalle war voll mit Arbeitern besetzt, und für Helmut Schneck als Hüttenmeister wuchsen die Schwierigkeiten in bezug auf die Arbeitsdisziplin unter dem bunt zusammengewürfelten Haufen der Glasmacher. In diesen Jahren der beginnenden Hochkonjunktur konnte am Arbeitsmarkt die Nachfrage nach Glasmachern kaum mehr gedeckt werden, weshalb Erich Eisch die Anforderungen für Neueinstellungen sehr niedrig ansetzen mußte. Denn schließlich war der Betrieb dringend darauf angewiesen, die neugeschaffenen Anlagen bestmöglichst auszunutzen.

Absatzprobleme gab es glücklicherweise nach wie vor nicht, und innerhalb kurzer Zeit wurde die Angebotspalette immens erweitert. 80 bis 90 Prozent der Hüttenprodukte blieben unveredelt; neben der Herstellung glatter Trinkglasgarnituren richtete man nun verstärktes Augenmerk auf die Entwicklung von Freihandgläsern und auf Versuche mit buntem Glas. Sehr schnell wurde die Firma führend im Vertrieb von Buntglas. Die „Bunte Welle", eine Zusammenstellung von sechs verschiedenfarbigen Bechern oder Kognakschwenkern im weißen Geschenkkarton, entwikkelte sich zu einem wahren Marktrenner - als Modegag in den reizsüchtigen Endfünfzigern hatte man offensichtlich zum richtigen Zeitpunkt das Richtige auf den Markt gebracht. Mit ausschlaggebend für diesen Erfolg war, daß in der Eisch-Hütte auch das rote Rubinglas hergestellt wurde, das damals nur selten zu bekommen war, weil es relativ schwer zu schmelzen ist.

Kein Wunder also, daß dieses Buntglas nicht nur half, die Umsatzzahlen zu erhöhen, sondern daß es auch den Optimismus der Eisch-Familie beträchtlich zu steigern vermochte.

Das Moratorium

Gegen diesen Optimismus aber, gegen die Zuversicht, die die Eisch-Familie aus der höheren Produktionskapazität, aus den Verkaufserfolgen der Vertreter und der Zuverlässigkeit des Kundenstammes gewann, und gegen alles Vertrauen in die Belegschaft und in die eigene Arbeitsfähigkeit und Phantasie standen die Schulden aus dem Neubau, und die Mehrkosten, die der große Betrieb nun laufend verursachte.

Bereits gegen Ende des Jahres 1956 begann sich herauszukristallisieren, daß Eisch sich finanziell übernommen hatte. Die eigenen Erträge reichten

. . . geht's in die neue Hütte.

natürlich nicht dazu aus, die Rechnungen der Baufirmen rechtzeitig zu bezahlen. Da aber das gesamte Kreditengagement für den laufenden Betrieb und den Neubau die satzungsmäßigen Finanzierungsmöglichkeiten der Volksbank Zwiesel damals überstieg, mußte zur Sparkasse in Regen, Zweigstelle Frauenau, übergewechselt werden, was durch die Fürsprache des damaligen Landrats Binder und des Frauenauer Schreiners Isidor Schuster sen., der im Ausschuß der Kreissparkasse saß, erleichtert wurde. Um sich einen Überblick über die wirtschaftliche Lage der Firma zu verschaffen, beauftragte die Sparkasse die Steuerberatungs- und Kreditprüfungs-GmbH Emil Maurers in München damit, entsprechende Unterlagen zu erarbeiten. Als feststand, daß der Überhang an Schulden kurzfristig nicht aus den laufenden Erträgen abgebaut werden konnte, empfahl Maurer den Abschluß eines Moratoriums mit den Gläubigern. Zu diesem Zweck wurde am 11. 2. 1957 in München eine Gläubigerversammlung einberufen, in der die einzelnen Lieferanten ihre Zustimmung dazu geben sollten, der Glashütte ihre Zahlungsverpflichtungen zu stunden. Von den Gesamtkosten des Hüttenbaus in Höhe von rund DM 315 000,– bestanden zu diesem Zeitpunkt noch rund DM 182 000,– an offenen Rechnungen, die sich auf 22 Gläubiger verteilten. Emil Maurer nun unterbreitete der Gläubigerversammlung folgenden Vorschlag:
Im Wortlaut des Protokolls sollten

„vom Gesamtschuldbetrag von rund DM 182 000,– ⅓, das sind rund DM 60 000,– bis spätestens 15. März 1957 an die einzelnen Gläubiger paritätisch überwiesen werden. Die restliche Schuld von rd. DM 122 000,– wird . . . beginnend ab Oktober d. J. in 12 Monatsraten getilgt.“ [9]

Als Interessenvertretung der Gläubiger wurde ein Gläubigerausschuß gewählt, der aus den drei Firmen mit den höchsten Forderungen bestand. Die Steuerberatungs- und Kreditprüfungs-GmbH selbst wollte auch im Auftrag der Baugläubiger die Rolle der Aufsichtsbehörde übernehmen und ihnen so die nötigen Sicherheiten und Informationen gewährleisten. Für die Betriebsleitung der Eisch-Hütte bedeutete das, daß es ihr praktisch nicht mehr möglich war, selbständig Investitionsentscheidungen für den Betrieb

Garnitur Gracia, Form 143.

zu treffen, ohne vorher Maurer oder gar den Gläubigerausschuß zu Rate zu ziehen. Allmonatlich erschien ein Angestellter Maurers im Betriebsbüro, um Einsicht in die Geschäftsunterlagen zu nehmen und die Ergebnisse sowohl an die Kreissparkasse als auch in vierteljährlichen Abständen an den Gläubigerausschuß weiterzuleiten.

Aus diesen Berichten ergibt sich ein detailliertes Bild der wirtschaftlichen Entwicklung des Betriebs im Jahre 1957. Am 3. 5. beispielsweise schrieb Maurer an die Mitglieder des Gläubigerausschusses:

„Die im Geschäftsjahr 1956 eingetretene günstige Umsatzentwicklung hat auch in den ersten drei Monaten des Geschäftsjahres 1957 angehalten. Der zum 31. 3. 1957 vorliegende Auftragsbestand gewährleistet die Vollbeschäftigung der Firma für rd. 4–5 Monate.“ [10]

Ähnlich klingt auch der Bericht vom 8. 8. 1957, in dem er den Gläubigerausschuß darauf hinwies,

„daß die Umsatzhöhe z. Z. fast ausschließlich bestimmt wird von der betrieblichen Kapazität; die Firma verfügt nach wie vor über einen Auftragsbestand, der die Beschäftigung für mehrere Monate garantiert. Von der Umsatzseite her ist somit ein Risiko für die Firmengläubiger nicht erkennbar.“ [11]

Aber obwohl die Glashütte, wie hier deutlich wird, mit Aufträgen fast überversorgt war, nahmen die Zahlungsschwierigkeiten nur langsam

Von den frühen Fünfzigern bis weit in die sechziger Jahre hinein wurde das Kelchglasdekor Carina geschliffen (Form 146).

ab, so daß der Beginn der Ratenzahlungen zweimal hinausgezögert werden mußte, um den Betrieb nicht zu gefährden. Bis zum Spätsommer arbeitete die Firma mit Verlust, was Maurer mit „Anlaufschwierigkeiten" begründete.[12] Diese Anlaufschwierigkeiten bestanden zum einen im Mangel an geeigneten Arbeitskräften, zum anderen mußten in den ersten Monaten noch eine Vielzahl notwendiger Maschinen und Werkzeuge angeschafft werden, um die eingehenden Aufträge überhaupt bewältigen zu können. Diese Kosten summierten sich zu den ohnehin laufend anfallenden Ausgaben und stellten eine beträchtliche zusätzliche Belastung dar.

Trotzdem war in dieser Zeit, aus welchen Gründen auch immer, ein finanzkräftiges Unternehmen aus Frauenau bemüht, die Schulden der Hütte aufzukaufen; die maßgeblichen Gläubiger (allen voran die Stahlbaufirma Kaiser in Regensburg) lehnten dies jedoch glücklicherweise strikt ab.

Gegen Ende des Jahres konsolidierte sich die Ertragslage, und der Betrieb konnte allmählich sicherer auf eigenen Beinen stehen. Bis dahin hatte die Kreissparkasse immer wieder Kredithilfen gegeben, wenn sie auch peinlich auf deren Absicherung bedacht war.

Auf diese Weise war noch einmal eine Reihe von Bürgschaften notwendig geworden, die von Verwandten und Bekannten gestellt wurden. Außerdem soll nicht unerwähnt bleiben, daß Hubert Heck der gefährdeten Glashütte von Oktober 1957 bis März 1959 ein Drittel seiner Provisionsforderungen stundete.

Die laufenden Kosten für die monatliche Überwachung durch die Steuerberatungs- und Kreditprüfungs-GmbH aber waren Erich Eisch ein massiver Dorn im Auge. Er fuhr deshalb Anfang des Jahres 1958 mit seinem Vater zu den Hauptgläubigern mit der Absicht, die teure Überwachung durch Einzelvereinbarungen abzulösen. Die beiden wurden mit überraschendem Verständnis und großzügigem Einverständnis in ihr Vorhaben empfangen (nur einige wenige Gläubiger bestanden auf sofortige Auszahlung).

Die Kreditüberwachung im Auftrag der Sparkasse blieb vorläufig zwar bestehen, die Tilgung der Bauschulden aber konnte nun wesentlich entspannter im Laufe der Jahre 1958 und 1959 vorstatten gehen.

Einen Eindruck davon, mit welcher Angst - und auch mit welchen Hoffnungen - die Zeit des Moratoriums verbunden war, soll die Erinnerung Therese Eischs an die Nacht vor der Fahrt zur Firma Annawerk in Oeslau bei Coburg, die als zweitgrößter Gläubiger zum Abschluß eines Einzelvertrags gewonnen werden mußte, geben:

„Mei, das ist eine Nacht gewesen . . ., wie er (Valentin Eisch, d. V.) da rauf hat müssen! ‚Jetzt', hat er gesagt, ‚geht's um Biegen oder Brechen. Wenn uns die zwingen, daß wir zahlen müssen, ist's aus.' Zum Verzweifeln ist er gewesen die ganze Nacht, zum Verzweifeln. Und ich bin dann um 4.00 Uhr runter und hab' gleich die Werkstatt wieder eingeheizt und alles, da hab' ich das Datum, die Nacht das Datum irgendwo da hinten im Eck reingeschrieben. Hab' ich mir gedacht - ‚nein, so eine Nacht, die muß verewigt werden!' Jetzt ist's aber längst verweißt worden." [13]

V. 1959–1987: Bauten, Öfen, Hüttentechnik

Erweiterung der Ofenhalle 1986.

Die bauliche Weiterentwicklung

Was nach 1958 an- und ausgebaut, angeschafft und umgestellt wurde, kann hier nur in Form eines Überblicks, der sich auf einige Schwerpunkte beschränkt, vorgestellt werden, handelt es sich doch bei einem Großteil der seitdem vorgenommenen technischen und baulichen Maßnahmen um Investitionen, wie sie in jedem Betrieb von Zeit zu Zeit anfallen – nicht mehr zu vergleichen mit den Anstrengungen in der Aufbauphase der Eisch-Hütte, wo fast ständig deren Existenz auf dem Spiel stand.
Bis heute wurde kontinuierlich weiter- und angebaut auf dem Eisch'schen Werksgelände, so daß sich erst im Laufe der Zeit das jetzige Erscheinungsbild der Glashütte zusammenfügte. Bereits 1959, sobald der Betrieb finanziell aus dem Schlimmsten heraus war, wurde dem Hüttengebäude ein länglicher Bau angefügt, der vor allem ein Kühlband aufnehmen sollte. Die anstrengende Arbeit des Be- und Entladens der Kühlöfen fällt seitdem weg; die Gläser brauchen stattdessen nur noch von den Einträgern auf das Band gestellt werden, wo sie allmählich von 530 bis 80 Grad Celsius abnehmende Temperaturbereiche durchlaufen. Außerdem konnten nun auch die Nachbearbeitungswerkstätten aus dem Keller der Ofenhalle in eine freundlichere Umgebung verlegt werden: Oben beim Kühlband wurden

Der Anbau von 1959: Das Kühlband und die Nachbearbeitungsabteilung mit Scheibenschleiferei im Untergeschoß. Aufnahmen um 1962.

Sprengerei und Verschmelzerei, und in dem hellen Geschoß darunter die Scheibenschleiferei untergebracht.

Die langgestreckte Form dieses Gebäudes war für das Kühlband notwendig gewesen, zugleich aber hatte man hier schon eine weitere, zukünftige Funktion im Kopf - der Bau sollte einmal als Brücke zu einer großen Werkshalle für Veredelung und Verpackung dienen; man plante also, den gesamten Betrieb in einer U-förmigen Anlage zusammenzuführen (aus dem „U" ist heute bereits ein großes „H" geworden).

Die drei getrennten Produktionsstätten nämlich, die sich durch das stückweise Wachsen des Betriebs ergeben hatten, ermöglichten nicht gerade einen optimalen Produktionsablauf. Hatte bis 1957 kaum das Rohglas ausgereicht, das die kleine Hütte produzieren konnte, so war nun die Kapazität der beiden Veredelungswerkstätten zu gering für den neuerbauten Glasofen. Zwar waren nach 1957 weitere Schleifer und Graveure eingestellt worden, aber die arbeiteten nun in der Althüttenstraße 8 auf engem Raum zusammengedrängt und konnten die Nachfrage nach veredelten Gläsern nach wie vor nicht so leicht befriedigen. In der Baracke hatten auch nur wenige Schliff- und Gravurmaschinen Platz, und wenn die liefen, vibrierte das ganze hölzerne Gebäude. Dazu kamen noch die Entfernungen zwischen den drei Produktionsorten und der Glastransport per Handwagen - klar, daß man diesen Zustand als umständlich und unvorteilhaft empfand.

Schon 1955/56, in der Planungszeit der Ofenhalle, hatte man deshalb genügend Baugrund auch für eine Schleifereihalle erworben, und Anfang der 60er Jahre konnte schließlich dieses Bauvorhaben (räumlich das umfangreichste in der Geschichte der Hütte) angepackt werden. Am 10. 4. 1963 legte Erich Eisch den Plan in einem Kreditantrag dar:

„... im Anschluß an die bestehende Ofen- und Kühlbandhalle (soll) eine neue Kuglerei mit sonstigen Bearbeitungs-, Lager- und Versandräumen gebaut werden. Gleichzeitig, jedoch getrennt davon, ein Gebäude zur Aufnahme der Schlosserei, Formendrechslerei und der Garagen." [1]

Schlosserei und Drechslerei wurden noch im selben Jahr fertiggestellt, der Bau der Schleifereihalle hingegen konnte erst im Frühjahr 1964 in Angriff genommen werden. Das neue Werksgebäude wurde mit einer Grundfläche von 2000 Quadratmeter doppelt so groß wie die Ofenhalle in ihrer damaligen Ausdehnung. 20 Kuglereiwerkstellen sollte es aufnehmen, außerdem, abgesehen von der Absprengerei, die an ihrem Platz im Mittelbau blieb, sämtliche Maschinen und Werkstätten der Nachbearbeitung. Fertige Ware wird seitdem mit einem Lastenaufzug ins Obergeschoß transportiert, wo sich ein weitläufiger Lager- und Verpackungsraum befindet, und wo die Glasmalerei und eine Lehrlingswerkstatt für Valentin Eisch eingerichtet wurden. Ein separater Raum im Erdgeschoß dient bis heute als Lohnbüro.

An der Nutzung des Gebäudes hat sich in den vergangenen Jahren nichts Wesentliches geändert. Lediglich 1979 wurde durch einen Anbau das Lager nach hinten erweitert und Platz für den Einbau der Säureneutralisationsanlage geschaf-

Therese Eisch beim Rohglastransport zu den Veredelungswerkstätten. Aufnahme von 1959/60.

fen. 1983 vergrößerte man durch einen Zwischenboden nochmals die Lagerfläche, und 1987 setzte man auf das Dach der Verladerampe einen Verpackungsraum, um den seit der Betriebsgründung bestehenden, beengten und provisorischen Packereiverhältnissen ein Ende zu bereiten.

Dadurch daß die Scheibenschleiferei 1964 in die neue Werkshalle verlegt wurde, konnte unter dem Kühlband ein Brotzeit- und Aufenthaltsraum eingerichtet werden, wo auch Betriebsversammlungen und kleinere Feiern stattfinden. Durch diese Kantine gelangt man in das Büro des Betriebsrats.

1988 aber wird sich in dem schmalen Mittelbau zwischen den beiden Werksblöcken einiges verändern: Im Erdgeschoß soll Platz für ein größeres Kühlband und dessen Installationen in derselben Etage sowie für eine Erweiterung der Scheibenschleiferabteilung geschaffen werden. Der Aufenthaltsraum im Keller wird vergrößert, außerdem plant man dort für die Betriebsführungen die Einrichtung eines Touristeneingangs mit Treppe zur Hütte, Sanitäranlagen und einen Aufenthaltsraum für Fabrikbesucher.

Am aufwendigsten aber dürfte sich die geplante Aufstockung dieses Gebäudeteils gestalten. Der so entstehende Raum wird ausschließlich den Glasmalern vorbehalten sein. Zusätzlich zu den beiden Brennöfen wird ein Einbrennband dort Platz finden, und ein Lasten- und Personenaufzug schließlich soll die drei Stockwerke miteinander verbinden.

Durch die Baumaßnahmen von 1956 und 1963/64 leerten sich allmählich die Gebäude auf den alten Fabriksgeländen. Auf eine neue Nutzung brauchten sie aber nicht lange zu warten, denn alle drei Eisch-Brüder hatten inzwischen geheiratet und benötigten Wohnraum. Alfons und Elisa-

beth Eisch, seit 1961 miteinander verheiratet, richteten sich 1965 in dem eingeschossigen Werkstattbau in der Althüttenstraße ein und bezogen einige Jahre später auch die ehemaligen Werkstatträume des daran angebauten Wohnhauses, dessen oberes Stockwerk von Anton und Rosa Eisch bis zu deren Tod bewohnt wurde.
In ähnlicher Weise funktionierten Erwin und Gretel Eisch 1962/63 die niedrigen Teile der alten Hütte - einen Schuppen, den Kühl- und Temperofenanbau und die Schlosserei - zur Wohnung um und fügten dem engen, ebenerdigen Gebäude noch einen runden Fortsatz an. Die alte Ofenhalle stand einige Jahre ungenutzt herum, bis sie 1969 zum Bürogebäude umgebaut wurde. Diesem gegenüber, in der Baracke, entstanden ein Verkaufsraum und im Obergeschoß ein Film- und Ausstellungsraum. 1975 zog die siebenköpfige Familie Erwin Eischs aus Platzgründen in die „Gistl-Villa" in der Moosau um, und in der alten Wohnung wurde 1983 ein Musterzimmer für Kunden eröffnet. Ein Jahr darauf ergab sich durch einen Büroanbau Raum für eine weitere Verkaufsstelle, die bei großem Andrang geöffnet wird.
Die Ofenhalle, die 1956 erbaut wurde, hat sich im Laufe der Jahre um ein Vielfaches vergrößert: Durch eine nördliche Erweiterung 1978 konnten auf drei Etagen die Gemengekammern, ein Materiallager und ein weiteres Kühlband hinter dem Glasofen untergebracht werden, und auch an die gegenüberliegende Seite wurde zweimal - 1972 und 1986 - ein Stück angesetzt, um vor allem Platz für Ofenneubauten zu gewinnen.

Der Studioglasofen Erwin Eischs und die Anfänge der Studioglasbewegung

Bereits 1965 wurde wieder ein neuer Schmelzofen in der Eisch-Hütte gebaut, zusätzlich zum großen Zwölfhafenofen. An eine Kapazitätser-

Aufstellen der Stahlkonstruktion für die Schleifereihalle, Frühjahr 1964.

weiterung aber war diesmal beileibe nicht gedacht worden - denn hier handelte es sich nun um einen der ersten Studioglasöfen Deutschlands, der der künstlerischen Glasproduktion Erwin Eischs dienen sollte. Dieser hatte 1964 auf Einladung Harvey Littletons das World Crafts Council in New York besucht und dort erste Kontakte zur Studioglasbewegung geknüpft, die in den USA eben dabei war, Fuß zu fassen, eine Anhängerschaft unter Kunststudenten und eigenes künstlerisches Selbstbewußtsein zu gewinnen. Junge Amerikaner begannen, mit einfachen Mitteln kleine und kleinste Glasöfen zu bauen und experimentell Glas zu blasen, was Erwin als Künstler natürlich faszinieren mußte. Obwohl er und seine Brüder in den fünziger Jahren selbst einen sehr kleinen Ofen unterhalten hatten und auch er Versuche mit individualistischem Glas gemacht hatte, kannte er doch nur den traditionellen Glashüttenbetrieb, wie er im Bayerischen Wald üblich ist: Die Produktion im Akkord mit der genau festgelegten Rollenverteilung einer Werkstelle, diese eingebunden in das organisatorische Gefüge einer Glasfabrik. Auf dem ideologischen Fundament der Studioglasbewegung machte sich Erwin Eisch nun daran, einen eigenen Studioglasofen zu bauen, wo er seine „spinnerten“ Gläser machen konnte - unabhängig und getrennt vom strengen Akkordrhythmus und den handwerklichen Normen, die die Ofenhalle beherrschten.

Den ersten Anlauf dazu unternahm er mit einem mit Hilfe des Hüttenmaurers Hans Garhammer im Kellergeschoß der Ofenhalle selbst aufgemauerten Ofen, wo in einer kleinen Wanne geschmolzen wurde. Dieser Wannenofen funktionierte aber nicht so, wie er sollte, und wurde nach wenigen Monaten durch einen professionelleren Zweihafenofen ersetzt. Erwin schmolz dort sein eigenes Glas (wodurch er versehentlich auch einmal zu Gläsern kam, die sich mit der Zeit von selbst auflösten) und konnte seine Vorstellungen

Erwin Eisch am Studioofen in der Eisch-Hütte, um 1966.

„25 Jahre Studioglasbewegung“

(In seiner Rede „25 Jahre Studio-Glasbewegung - Die Schönheit ist klein“, gehalten zum 2. Internationalen Glassymposium in Frauenau vom 15. 5. - 18. 5. 1985, erzählte Erwin Eisch von seiner ersten Begegnung mit Harvey Littleton und der amerikanischen Studioglasbewegung, die zugleich das Übergreifen der Bewegung auf Europa markiert.
In: Glasmuseum Frauenau (Hg.): 10 Jahre Glasmuseum Frauenau - 25 Jahre Studio-Glasbewegung. Katalog zum 2. Internationalen Glassymposium, Frauenau 1985, S. 16–23; hier 16–20).

„25 Jahre Studio-Glasbewegung ist mein Thema und ich möchte Ihnen vorweg sagen, daß ich selbst nicht weiß, ob diese Zahl stimmt oder ob es 23 oder 27 Jahre sind, seitdem es diese Bewegung gibt (...) Fest steht, daß Harvey K. Littleton mit seiner charmanten Frau Bess Ende August 1962 zum ersten Mal in Frauenau war und daß meine Verbindung, meine Freundschaft mit den Littletons auf diese Tage zurückgeht. Daß Harvey Littleton nicht per Zufall, oder gar als Tourist in den Bayerischen Wald fuhr, ist klar - sondern mit der Absicht kam, sich hier über die Glassituation zu informieren.
Zu dieser Zeit war Littleton zwar noch Keramikprofessor, sein Kopf aber bereits gläsern und mit Gemengestaub durchsetzt. In Corning als Sohn des physikalischen Chefs der Corning Glass Werke war Harvey vorbelastet, hatte er Glas im Blut, wie man schön poetisch sagt. Im März 1962 hatte er mit Dominik Labino und weiteren Freunden am Toledo-Museum ein Glasseminar veranstaltet. Die Idee mit dem kleinen Schmelzofen hatten beide schon seit ein paar Jahren im Kopf. Weitere Einzelheiten über den Beginn der Studio-Glasbewegung in Amerika können Sie im Katalog ‚Geschichte des Studio-Glases‘ von Christiane Sellner nachlesen.
Meine eigenen Versuche mit dem flüssigen Glas gehen in die 50er Jahre zurück. Spätestens mit dem Bau eines 2-Hafenofens im Herbst 1952 durch unsere Familie wußte ich, spürte ich, daß ich an dieser flüssigen Masse Glas nicht vorbei komme. Seit dieser Zeit versuche ich, das Glasmacherhandwerk zu lernen, dem Glas meine Ideen und künstlerischen Vorstellungen einzuprägen, aufzumalen, einzuatmen. Glasobjekte in größerer Anzahl habe ich zum ersten Mal bei der Bolus-Krim-Gedächtnis-Ausstellung im Januar 1961 ausgestellt. Die Gruppe Radama hat diese Ausstellung gemacht; unsere Bilder, Plastiken und meine Gläser füllten die Räume der Galerie Malura in München-Schwabing. Daß diese Ausstellung einen Presseskandal verursacht hat, war nicht beabsichtigt.
Im Januar 1962 haben meine Frau und ich geheiratet und uns in Frauenau, gleich neben der Hütte, eingerichtet. Im Mai darauf gab es eine umfassende Nur-Glas-Ausstellung im Glas- und Porzellanhaus Tritschler in Stuttgart. ‚Eine Rebellion gegen die gute Form‘, gegen die Kühle und Nüchternheit unserer Zeit und ‚Humor, der in den Malereien zum Ausdruck kommt‘, schrieb ein Kritiker damals. ‚Tut's ma net schlaga‘, sagte der damalige Tritschler-Chef, Herr Mayer, als wir unsere Kunst-Thesen innerhalb der Ausstellung an die Wand hefteten. ‚Ihr sollt Euch nicht vom Zweck, der Funktion der Dinge erniedrigen lassen‘, war eine dieser Thesen, die ich heute genauso formulieren würde.
So standen wir da, die Akademieausbildung und Gruppenerfahrung hinter uns, als an einem Freitag im August Littleton mit seiner Frau an unsere Türe klopfte. Unsere älteste Tochter Katharina war knapp 3 Monate alt. Eine provokative Vase, antifunktional verformt, die er im Glashaus Rimpler in Zwiesel sah, brachte ihn auf die Eisch-Spur. Sie können es Zufall nennen, meine Damen und Herren, ich aber glaube, daß es geheime Kräfte des Geistes gibt, die ihre Fäden spinnen und die wirken, wo sie wollen. Mein Bruder Erich stellte mir die beiden Amerikaner vor, denn er begriff schnell, daß diese beiden nicht Geschäftsleute waren, sondern etwas Anderes suchten; den Macher dieser verrückten, unförmigen Glasvase. Harvey hatte bereits einen Blick für so etwas.
Mein Englisch von damals war dürftig; unsicher waren wir alle. Meine Frau Gretl war mehr mit dem Baby beschäftigt. Ich wußte wirklich nicht, was ich mit den beiden Amerikanern anfangen sollte. Da fiel mir mein Maler-Freund Hermann Erbe-Vogel ein; in solch einer Situation war er stets ein rettender Anker, eine Brücke, die über diese sprachlose Peinlichkeit hinweg half. Hermann war

[illegible] …chen. Ein bißchen [illegible] da, vor allem abe[illegible] keine Worte brauch[illegible] Am Samstagvormittag w[illegible] sammen mit dem Glasmach[illegible] scham in der Hütte arbeiten konnt[illegible] die Littletons eingeladen. Mein Schw[illegible] Kainz, der Englisch-Lehrer, war als Überse[illegible] und so konnte ich demonstrieren und deutlich m[illegible] chen, was bei mir so läuft.
Harvey war ein aufmerksamer Beobachter, und nach dem üblichen Austausch der Adressen verabschiedeten sich die beiden. Eine Keramikschale, die er uns als Geschenk daließ, hat noch heute einen Ehrenplatz in unserer Wohnung.
Die beiden Amerikaner hatte ich längst vergessen, als im Frühjahr 1964 eine Einladung mit Flugkarte zum WCC nach New York aus heiterem Himmel fiel. Briefwechsel gab es keinen – Littleton, das sollte ich später erfahren, war ein Mann der Tat; eine treibende Kraft, die Realisierung suchte. Dieser internationale Kunsthandwerkerkongreß bot Har[illegible] und seinen Studenten eine excellente Platt[illegible] richtige Publikum für seinen kleinen [illegible] …ür das individuelle Glasblasen. In[illegible] Universität, bei Nacht vor al[illegible] …cksvolle Schau, die At[illegible] dem Kongreß fuh[illegible] …ich nach Cor[illegible] …ning, wo seine Mutter noch lebte. Aus Harvey, dem schwarzen Schaf in der Littleton-Familie, war inzwischen ein Professor geworden, die Mutter habe ich als temperamentvolle Südstaatlerin noch gut in Erinnerung. Sie gab ein Dinner in einem Nobelrestaurant für den Sohn und seine Gäste aus Europa. Das Corning Museum sah ich zum ersten Mal. Valkema fuhr dann zurück nach Holland, wir beide weiter nach Madison, Verona, wo seine Familie wohnte; der abmontierte Studio-Ofen war

Harvey Littleton bei Erwin Eisch, um 1966.

im Kofferraum. In Madison, wo Harvey zusammen mit Labino das erste Glass-Art-Department eingerichtet hatte, gab es einen ersten und intensiven Sommerkurs. 7 oder 8 Teilnehmer waren da, Dr. Bob Fritz aus San José errichtete nach diesem Kurs an seinem College ein weiteres Glass-Art-Department. Die Studio-Öfen in Madison waren in einer provisorischen Halle installiert; einen anderen gab es in der Littleton-Farm, im nahegelegenen Verona. Dort, wo vor kurzem noch 27 Milchkühe standen (Harvey und Bess bewirtschafteten diese Farm ein paar Jahre lang), stand jetzt ein kleiner Schmelzofen, mehrere Kühlöfen und Werkzeuge, Maschinen aller Art füllten die leeren Räume.

Für mich war dies alles sehr neu. Durch meine Sprachlosigkeit war ich total eingeschüchtert. Die Hitze und Schwüle des Middle-West-Sommers machte mich zusätzlich fix und fertig. Ich wohnte im Hause Littleton in einem kleinen Gästezimmer neben den Schlafzimmern der 4 Kinder. Gäste kamen und gingen. Intensive Gespräche gab es bis tief in die Nacht hinein. Für Bess Littleton war viel zu tun; bewundernswert, wie diese empfindsame Frau mit ihren 4 Kindern dies alles bewerkstelligte. Harvey schonte niemanden, sich selbst am allerwenigsten. ‚Der Schlüssel, der zum Erfolg, und zur schnellen Entwicklung der Glas-Bewegung führte, waren die Glass-Art-Departments an den Kunstschulen', sagte er bei einem Treffen der Museumsleute in Pilchuck im vergangenen Herbst. Als Professor, als Chairman des Art-Departments an der Universität in Madison, kannte er die Möglichkeiten an den Schulen, und er war unermüdlich bestrebt, die Keramiker und Bildhauer vor allem zur Gründung einer Glasabteilung zu bewegen. Harvey Littleton als Promoter, Dilettanten und Autodidakten in Sachen Glasmachen waren die treibende Kraft. Das Unvollkommene und neugierige Suchen war das Tor, war das ‚gatehouse' dieser Bewegung. Wenn ich Ihnen diese Details erzähle, dann möchte ich, daß Sie aus erster Hand, im Originalton sozusagen, erfahren, wie dies in den Anfängen der 60er Jahre war; wie klein und unscheinbar dies alles angefangen hat. Weil der erste Brenner die Temperatur in Harvey's Ofen nicht über 1000 Grad Celsius brachte, darum setzten wir immer mehr Flußmittel, Soda, Pottasche, dem Gemenge zu mit dem Resultat, daß die Gläser nach ein paar Wochen bereits zu schwitzen anfingen, sich wieder aufzulösen begannen. Der Beriff ‚sterbende Kunst', ‚dying-art' war geboren. Aus der Not eine Tugend machen – nennt man dies.

Daß aus diesen primitiven Anfängen inzwischen eine weltweit vitale Bewegung geworden ist, wissen Sie alle. Das Symposium hier in Frauenau ist nur eine von vielen Aktionen, die heuer stattfinden. (. . .)

Ich habe von 1965–1975 im Erdgeschoß der Glashütte einen eigenen Schmelzofen betrieben, und dann gab es einen regen Austausch. Viele Glaskünstler haben hier gearbeitet, und ich selbst war inzwischen 7 mal als Istructor in den USA. Littleton kennt die deutsche und europäische Glasszene in allen Details, und Frauenau ist ihm, wie er selbst sagt, zu einer zweiten Heimat geworden."

von künstlerischem Glas entwickeln und verwirklichen – unterstützt von jeweils zwei Glasmachern, die bereit und flexibel genug waren, sich auf seine Ideen einzulassen. Karl Paternoster, der Erwin auch einmal in die USA begleitete, arbeitete eine Zeitlang dort, ebenso Reinhard Döringer, Josef Pscheidl und Karl Straub.

Während also oben in der Ofenhalle serienmäßig traditionelle Kelchgläser produziert wurden, entstanden unten im Keller bunte Vasen und Schalen und antifunktionelle Glasplastiken, die Erwin Eisch über Galerien zu verkaufen versuchte – wenn auch viele von ihnen in den ersten Jahren kartonweise in diversen Schuppen oder gar im Hühnerstall der Tante Mariechen landeten.

Viele Sommer hindurch trafen sich auch Freunde aus der Studioglasbewegung, vor allem junge Amerikaner, in Frauenau, um an dem kleinen Ofen zu arbeiten. Mit amüsierter Gelassenheit erlebte der biedere Glasmacherort nun auffällig bunte Künstlernaturen der Hippie-Zeit, die mit amerikanischer Unbekümmertheit auch mal im Wald ihre Zelte aufschlugen, und Frauen, die am Glasofen verrückte Objekte bliesen. Die jungen

Erwin Eisch, Das Paar, 1967.

Leute waren froh über diese Chance, frei experimentieren zu können, und trugen wesentlich dazu bei, Frauenau zu einem Zentrum der Studioglasbewegung zu machen.
In den siebziger Jahren aber verlagerte sich Erwin Eischs Interesse am Glas zunehmend auf die verschiedenen Kaltglastechniken - die Möglichkeiten des Freihandglases erschienen ihm begrenzt und nach jahrelangem Experimentieren weitgehend ausgeschöpft. Der Aufwand, der durch die inzwischen eingetretene gewaltige Energiepreissteigerung mit dem kleinen Ofen verbunden war, lohnte sich nicht mehr, so daß er nach fast zehnjährigem Betrieb gelöscht wurde. Erwin bläst seitdem seine Gläser am großen Hüttenofen, um sie anschließend mit anderen Mitteln weiterzubearbeiten - wenn er nicht ohnehin die Beschäftigung mit der Malerei vorzieht.
Seine Versuche der sechziger und siebziger Jahre am Studioofen haben sich aber als sehr fruchtbar für den Betrieb erwiesen. Viele Formen sind heute in etwas traditionellerer Machart in die Hüttenproduktion integriert, wo man sie, vor allem unter dem Begriff „Poesie in Glas", kreativ weiterentwickeln will. Aber davon soll später noch ausführlicher die Rede sein.

Und noch ein neuer Glasofen

Am 26. 12. 1972 wurde mit einem Hüttenfest das zwanzigjährige Bestehen der Glashütte gefeiert. Die Geburtstagsfeier fand in einer völlig neuen Ofenhalle statt, die vorne an die alte angebaut worden war, und galt auch einem neuen Schmelzofen, der an diesem Tag zum ersten Mal befeuert wurde. Der Neubau, flüssiggasbeheizt und mit rekuperativer Luftvorwärmung, war als „Verstärkung“ des großen Zwölfhafenofens gedacht, wenn er auch nicht dessen Ausmaße erreichte; eine Fünfhafenanlage - genauer: ein Glasofen mit einem Hafen, zwei Satzeln und zwei Farbtiegeln und dazu ein weiteres Kühlband waren Erweiterung genug.

Diese etwas ungewöhnliche Mischung verschiedener Hafenarten hatte ihren Grund darin, daß man zu einer möglichst hohen Differenzierung der Produktion kommen wollte - einerseits in bezug auf die Farbgebung, andererseits hinsichtlich der Stückgrößen. Am großen Schmelzofen war es beispielsweise immer schwierig gewesen, große Dinge wie Bowlen oder Krüge zu blasen, da für diese die Glasmasse zäher und damit die Ofentemperatur niedriger sein muß als für die kleinen Trinkgläser. Mit dem einen sehr großen Hafen des neuen Ofens konnte nun dieses Problem weitgehend gelöst werden.

In seiner Jubiläumsrede, die das Hüttenfest einleitete, betonte Erich Eisch, daß der Schmelzofenbau trotz der immer problematischer werdenden Situation der Mundglashütten, die zunehmend von maschinellen Kelchglasherstellern in die Ecke gedrängt würden, erfolgt war.[2] Die Erweiterungsmaßnahme war also als eine Art „Flucht nach vorn“ anzusehen, in dem Sinne, daß man dem Maschinenglas eine möglichst vielfältige Palette handgearbeiteter Gläser entgegensetzen wollte, die die Maschine (noch) nicht so einfach nachahmen kann. Die Mehrproduktion, die sich nun ergab, und die ca. 25 Prozent der vorherigen Gesamtproduktion ausmachte, konnte zwar nicht ohne weiteres sofort auf dem Markt untergebracht werden, langfristig aber hat sich diese Investition als richtig erwiesen.

Ein anderer Anstoß zum Bau eines weiteren Schmelzofens aber ist in einem für Frauenau sehr tragischen Ereignis zu sehen, nämlich im Ende der Gistl-Fabrik als Mundglashütte.

Bekanntlich hatte Isidor Gistl nach seinem Tod 1950 das Unternehmen seiner dritten Frau Pauline als Alleinerbin vermacht. Diese führte den Betrieb zusammen mit einem technischen und

Aufbau des Kammersystems des neuen Glasofens, Herbst 1972.

kaufmännischen Direktor fast 10 Jahre lang, bis sie 1959 unerwartet und ohne Testament starb und ihr Erbe einer weitverzweigten Erbengemeinschaft hinterließ. Die Familie Meißner aus Konstein, die zu den Erben zählte, konnte die Firma noch die sechziger Jahre hindurch weiterführen, sah sich aber schließlich zum Verkauf gezwungen. 1970 wurde die Gistl-Hütte daher der Kristallglasfabrik Spiegelau GmbH angegliedert, die Weihnachten 1971 den letzten Ofen löschte und in der Ofenhalle den „Eisernen Mann“ installierte. Der Betrieb behielt nicht einmal seinen alten Namen - aber der größte Teil der Gebäude, ein einzigartiges Industriedenkmal der zwanziger Jahre, steht noch und erinnert an das Werk Isidor Gistls.

Für den Frauenauer Arbeitsmarkt bedeutete die Stillegung und Umrüstung auf Maschinenproduktion einen schweren Einbruch. Einige der ehemaligen Gistl-Arbeiter pendelten von nun an nach Spiegelau, wo noch handwerklich Glas geblasen wird, eine große Anzahl von ihnen aber wurde arbeitslos.

Wenigstens ein Teil dieser Arbeitslosen konnte nun durch den Schmelzofenbau bei Eisch wieder einen Arbeitsplatz in Frauenau erhalten, während sich für die Eisch-Brüder die Möglichkeit ergab, den neuen Ofen von Anfang an mit erfahrenen Fachkräften zu besetzen.

Fast 15 Jahre lang wurde hier Glas gemacht, bis

Neubau desselben Schmelzofens 1987. Vorne der Glasofenbaumeister Fritz Wagenbauer aus Zwiesel (von hinten).

man sich zu einem Neubau auf dem Platz des inzwischen baufällig gewordenen Ofens entschloß. Durch die hohen Temperaturen, die auf das Schamottematerial einwirken, muß jeder Glasofen von Zeit zu Zeit neu aufgebaut werden. 1987 aber handelte es sich beileibe nicht um einen „Routineneubau", denn während die große Schmelzanlage von 1956/57 bis heute nur in ihrem oberen Teil erneuert zu werden brauchte, riß man die kleinere und jüngere vollständig ein und ersetzte sie durch einen Ofen mit großdimensioniertem Steinrekuperator und warmer Glastasche, baute eine neue Brennanlage für Erdgas und leichtes Heizöl und erreichte einen wesentlichen Fortschritt in punkto Energieausnützung und Lebensdauer. Durch den Einbau besonders großer Häfen sowie durch ein Satzel und zwei Tiegel ist der Schmelzofen wieder auf die Herstellung von Großzeug und Farbglas spezialisiert. Wirklich interessant auch über den Rahmen der Eisch-Hütte hinaus aber machte ihn eine Besonderheit: Die vier Häfen haben nämlich jeweils zwei Arbeitsöffnungen, wodurch jeder mit zwei Werkstätten besetzt werden kann. Dadurch lassen sich die Fixkosten auf mehrere Schultern verteilen, was Spielraum für eine preisgünstigere Kalkulation läßt - ein energiesparendes System, das aber, so einfach und einleuchtend es wirkt, weithin als technisch nicht umsetzbar galt.

Glas und Energie: Vom Kohlengaserzeuger zum Erdgas

Nicht nur historisch gesehen ist das Problem des Brennmaterials, der Energieversorgung von grundlegender Bedeutung für die Gründung und den Betrieb von Glashütten. Besonders auf diesem Gebiet hat die Industrialisierung eine Reihe gravierender Umwälzungen gebracht, die sich auch am Beispiel der Eisch-Hütte nachzeichnen lassen:

Der Schürer Josef Gramlinger schaufelt zum letzten Mal Kohlen in den Trichter des Generators ein.

Nach den wenig glücklichen Versuchen mit der damals noch unausgereiften Ölfeuerung zwischen 1952 und 1957 griffen die Eischs auf Generatorgas in Verbindung mit der Regenerativfeuerung zurück. Diese Feuerungstechnik war über ein Jahrhundert hinweg dieselbe geblieben und war in den Glashütten bei weitem am gebräuchlichsten; sie war es, die gegen Ende des 19. Jahrhunderts für einen wesentlich kürzeren Schmelzprozeß und damit erst für einen fabrikmäßigen Arbeitsrhythmus gesorgt hatte. In den späten sechziger Jahren dann gingen manche Bayerwald-Glashütten dazu über, ihr Glas mit Hilfe von Flüssiggas zu schmelzen. Vor dem Hintergrund, Bayern unabhängiger von Kohleeinfuhren zu machen und eine Absatzmöglichkeit für in den bayerischen Erdölraffinerien anfallendes Propan und Butan zu schaffen, wurde eine Inselgasversorgung auch für den Bayerischen Wald mit einer Flüssiggas-Luft-Mischanlage in Frauenau durch die GASOB (einem Tochterunternehmen der OBAG Regensburg) eingerichtet.

Den Eischs erschien es nicht lohnend, den gesamten Schmelzbetrieb daraufhin umzustellen, da das eigene Generatorgas in bezug auf Rentabilität und Qualität durchaus mit dem Flüssiggas konkurrieren konnte. Zur Befeuerung des Studioglasofens und der Nebenöfen (Kühlband, Auftreibtrommeln, Abspreng- und Verschmelzmaschinen und die Werksheizung) aber schloß sich die Firma 1969 dem neugeschaffenen Verteilernetz an und bezog ab 1972 auch für den oben beschriebenen neuen Schmelzofen Flüssiggas. Die vorhandenen Kapazitäten des Kohlengasgenerators hätten für die Befeuerung dieses zweiten Ofens nicht ausgereicht.

Außerdem begann sich bald eine Entwicklung abzuzeichnen, die die – technisch und finanziell durchaus brauchbare – Inselgasversorgung letztendlich zu einer bloßen Übergangslösung machte: Die Umstellung auf Erdgas. Als Anfang der siebziger Jahre, unter dem Schock der Ölkrise, die Planungen für eine Rohrleitung für russisches Erdgas von Waidhaus in den Bayerischen Wald anliefen, und die Bayerwaldhütten so die Möglichkeit des Anschlusses an die Transitlinie aus der UdSSR erhalten sollten, wollte auch die Eisch-Hütte nicht die Augen vor dieser neuen Energiequelle verschließen. Allzu offensichtlich sind ihre Vorteile, wie Alfons Hannes sie 1977 schilderte:

„Wenn auch die Feuerung mit dem betrieblichen Gas-Erzeuger immer einwandfrei funktionierte, so bringt die Erdgas-Versorgung für die Glashütte einen technisch zweifellos verbesserten und auch vereinfachten Wärmebetrieb. Allein die Heizwerte zeigen beträchtliche Unterschiede. Erbrachte der Kubikmeter Generatorgas etwa 1400–1500 kcal, so liefert das russische Erdgas mit über 9000 kcal mehr als die sechsfache Wärmemenge. Von der Kostenseite gleicht sich allerdings der mengenmäßige Minderverbrauch weitgehendst aus, obwohl bei den in letzter Zeit sehr angestiegenen Kohlepreisen die Erdgas-Versorgung gegenwärtig auch finanziell günstiger ist.“ [3]

Aufgrund solcher Überlegungen unterzeichnete Erich Eisch 1974 einen Erdgasliefervertrag mit der Ferngas Nordbayern, die die Anlagen und Aktivitäten der GASOB übernahm. 1975 wurde die Zuleitung fertiggestellt, und in der Eisch-Hütte machte man an dem kleineren Schmelzofen erste Versuche mit Erdgas. Schließlich, am 15. Februar 1977, wurde der Generatorbetrieb eingestellt und auch der große Ofen mit geringfügigen technischen Eingriffen der Erdgasbefeuerung angepaßt. Alle Feuerungsanlagen der Hütte werden seitdem mit Erdgas betrieben.

„500 Jahre Holz als Brennstoff; 100 Jahre Kohlen-Feuerung – und die letzten 25 Jahre Öl, Flüssiggas und Erdgas in rascher Folge. Auch wenn er keine historische Dimension berührte, so war es wohl doch ein erinnerungswerter Augenblick, als der Schürer Josef Gramlinger dem letzten ‚generatorgas-geschmolzenen', im Bayerwald hergestellten deutschen Hohlglas die allerletzte Schaufel Kohlen nachwarf." [4]

Glas und Umweltschutz: Wasser, Luft – und die „Schönheit" des Bleikristalls

Eine Industriegesellschaft basiert wesenhaft auf einem Naturverständnis, das Natur und Umwelt als ein Reservoir technischer Möglichkeiten begreift, die es gilt, nach den Regeln technisch-instrumenteller Rationalität und ökonomischer Rentabilität in den Griff zu bekommen, für die eigenen Zwecke nutzbar zu machen. Ebenso unweigerlich aber muß dieses Denken und Handeln (auch wenn es, wie es bei den Mundglashütten der Fall ist, stark handwerkliche Züge trägt) in Konflikt geraten mit einer Natur, die sich diesen Gesetzen und Wünschen nicht ohne weiteres beugt, und die immer mehr beginnt, fatal auf ihre bloße technische Ausnutzung zu reagieren.

Die Glashütten, die als Brennmaterial und mehr noch zur Pottaschegewinnung ungeheure Mengen an Holz verschlangen, kannten dieses Problem schon Jahrhunderte vor der „Erfindung" des Umweltschutzes. Durch ihre Geschichte ziehen sich Rangeleien um Holznutzungsrechte mit Waldbesitzern, die um ihre Wälder fürchteten, Existenzschwierigkeiten wegen zu hoher Holzpreise, Stillegungen oder Standortwechsel, wenn die Umgebung nichts mehr hergab. Trotzdem standen hier stets die Angst um die eigene Existenz, die ökonomischen Interessen der Hütten-, bzw. Waldbesitzer im Vordergrund. Heute dagegen heißt es, ein Verantwortungsbewußtsein zu entwickeln, das über die Belange des Betriebs und der dort arbeitenden Menschen hinausgeht (und das vielen Unternehmen oft genug nur mit Hilfe staatlicher Verordnungen abgerungen werden kann). Dabei haben es die Glashütten noch relativ leicht, denn sieht man einmal von wenigen möglichen Zusätzen und der Erzeugung von Bleikristall ab, so ist der Werkstoff Glas selbst auf all seinen Entstehungs- und Verarbeitungsstufen kaum umweltgefährdend. Problematischer sind die Abgase aus der Gasverbrennung und die Abwässer, besonders diejenigen aus der Säurepolieranlage. (Geschliffene Gläser werden mit Hilfe von Fluß- und Schwefelsäure poliert, da andernfalls der Schliff matt bleiben würde wie bei Gravuren).

Der Schürer Ludwig Schönberger beim Ausschaufeln der Schlacke am 13. 2. 1977, dem letzten Betriebstag des Kohlengaserzeugers.

In den ersten beiden Jahrzehnten erhielten geschliffene Eisch-Gläser ihren Glanz durch zeitraubende Handpolitur. Erst 1965, nach dem Bau der großen Schleifereihalle, richtete man dort auch eine Säureanlage ein. Auf Lizenz nutzte die Firma das „Sälzle-Verfahren", das es erlaubt,

Glaserzeugnisse umweltfreundlicher als üblich, d. h. mit einem wesentlich geringeren Säurebedarf zu polieren. Die verbleibenden Altsäuren wurden mit Ätznatron neutralisiert.

Hundertprozentigen Erfolg versprach diese Methode der Abwasserentsäuerung noch nicht. Bis aber der Umweltschutz im Denken der Behörden sowie der Industrie halbwegs einen festen Stellenwert gewonnen hatte, dauerte es noch, so daß es erst gegen Ende der siebziger Jahre bessere technische Mittel, und mit ihnen entsprechende gesetzliche Bestimmungen und Kredithilfen gab. 1979 schließlich entschloß man sich in der Eisch-Hütte zum Bau einer aufwendigen Neutralisationsanlage, in der mit Hilfe von Kalkhydrat vollständig neutralisiert werden kann. Der entstehende Neutralisationsschlamm wird in einer Kammerfilterpresse zu Wasser und Gips getrennt.

Für 1988 ist außerdem der Bau von Vorrichtungen zur Entsorgung der Schleifereiabwässer geplant; der an den Schleif- und Gravurmaschinen entstehende Glasstaub und darin enthaltenes Blei und Arsen können dann in schwer wasserlösliche chemische Verbindungen umgewandelt werden, die für die normale Hausmülldeponie geeignet sind.

Aber auch in Hinsicht auf die Abgase aus den Fabrikschloten kam es auf politisch-administrativer Ebene allmählich zu intensiveren Bemühungen. Für 1985 war eine Verschärfung der Grenzwertbestimmungen der TA Luft zu erwarten, außerdem hatten die Ereignisse in Neustadt/Waldnaab beträchtliche Nervosität in der Öffentlichkeit hervorgerufen: Anfang 1984 nämlich war bekannt geworden, daß die Abgase einer Maschinenglasfabrik, die vorrangig Bleikristall herstellt, die Umgebung der oberpfälzischen Stadt jahrelang mit Blei und anderen Schwermetallen verseucht hatten. Am 10. Juli 1984 nun ging vom Landratsamt Regen aus ein Bescheid an die Glashütten des Landkreises, in dem für alle Öfen, in denen auch Blei geschmolzen wird, bis zum 31. 12. 1984 zwin-

Das Löschen des Generators und die Umstellung auf Erdgas durch Willi Halserer, Franz Haslinger und Hans Garhammer am 14. 2. 1977. Vorne: Erich Eisch.

gend der Einbau einer hochwertigen Entstaubungsanlage gefordert wurde.[5]
Die Kosten für diesen Einbau waren mit rund DM 460 000,- gewaltig, aber mit Hilfe von Darlehen konnten wenigstens die sofort aufzubringenden Eigenmittel auf ein Viertel reduziert werden. Von Oktober bis November 1984 fanden an der Stelle des Studioofens von Erwin Eisch die Montagearbeiten statt, wobei die Anlage fast unsichtbar in das bestehende Gebäude integriert werden konnte.
Insgesamt handelt es sich um eine Entstaubungsanlage mit Kühler und Filterteil. Dem vorgeschaltet ist ein Wärmetauscher, der in die Rücklaufleitung der Warmwasserheizung eingebaut ist. Die mit einer Temperatur bis zu 300 Grad Celsius ankommenden Abgase können so das Wasser für die Raumheizung des Betriebs sowie das Brauchwasser erwärmen. Für den Fall, daß eine Abwärmeausnutzung nicht möglich ist, übernimmt der Kühler der Entstaubungsanlage die Aufgabe, die Abgase auf etwa 110 Grad Celsius abzukühlen, ehe diese in den Filterteil gelangen. Das ist notwendig, weil die Filtertücher nur eine maximale Temperatur von 120-130 Grad Celsius aushalten.
Obwohl die Anlage gerade rechtzeitig zu dem vom Landratsamt angegebenen Termin fertig geworden war, war die Glashütte Eisch nun die erste Hütte mit Hafenofenbetrieb im Bayerischen Wald, die über eine derartige Möglichkeit der Abgasreinigung verfügte. Im Februar 1985 wurde Erich Eisch eine Umweltmedaille des Bayerischen Staatsministeriums für Landesentwicklung und Umweltfragen verliehen - aufgrund des fristgerechten Einbaus sowohl der Entstaubungs- als auch der Neutralisationsanlage.
Was den Effekt der Filterung betrifft, so konnte der vom Landesamt für Umweltschutz München im Sommer 1983 gemessene, mit den Hüttenabgasen freiwerdende Gesamtstaubanteil auf 18 mg/cbm gesenkt werden, während die neue TA Luft noch 50 mg/cbm zuläßt. Die bis dahin an die Umwelt abgegebenen Staubemissionen enthielten in geringen Mengen u. a. Arsen, Antimon, Fluorverbindungen und Stickoxid, zu einem

Josef Eickhoff vor dem Säureautomaten. Aufnahme von 1981.

knappen Drittel aber bestanden sie aus Blei, das bei der Schmelze von bleioxidhaltigem Glasgemenge frei wird.[6] Diese Schwermetalldämpfe werden nun weitgehend von den Filtern abgefangen.
Dem Rummel ums Bleikristall - meist schweres, stark geschliffenes Glas mit einem Mindestbleigehalt von 24 Prozent PbO - sollte man aber nicht nur der giftigen Abgase wegen mit Skepsis begegnen, und auch nicht nur deswegen, weil hier wertvolle und knapper werdende Ressourcen verheizt werden, oder weil bei hohem Bleigehalt geringe Schwermetallmengen durch saure, ätzende Flüssigkeiten herausgelöst werden können.
Bleioxid, das dem Gemenge statt Kalkmehl zugegeben wird, bewirkt eine höhere Lichtbrechungsfähigkeit, senkt den Schmelzpunkt und macht das Glas weicher und damit leichter durch Schliff zu bearbeiten. Die weit verbreitete, hohe Wertschätzung des Bleikristalls aber gründet in den Traditionen vermögender Schichten, teuer geschliffene Gefäße, Kronleuchter usw. zur Statusrepräsentation zu verwenden - und im werbewirksamen Ausnutzen dieses Prunkbedürfnisses quer durch die Bevölkerung. Dieser Material-und Glitzerfetischismus aber muß jegliches Gespür für sensibles Dekor verdrängen. Die tief geschliffenen Pokale, Vasen usw. zeugen zwar vom Können des Schleifers, lassen aber kaum eine persönliche Handschrift des Handwerkers oder Entwerfers erkennen und verwischen so die Unterschiede zwischen handwerklich gefertigten Gläsern

Die Glashütte Eisch im Herbst 1987.

und billigem Preßbleikristall.
Die Eisch-Hütte legt daher keinen Wert auf das Image eines Bleikristallherstellers und schmilzt kein hochprozentiges Bleiglas mehr.

EINE BAYERWALD-GLASHÜTTE IN DER GEGENWART

VI. Die Glashütte als soziales und kulturelles Gefüge

„Ein Brautgang" von Erwin Eisch, 1988. Die Zeichnung spielt auf die Heirat seiner Mutter und auf den Umzug der Familie in einen eigenen Haushalt im September 1928 an.

Frauenauer Glasarbeiterkultur

Ohne das besondere ökonomische und soziale Umfeld der Glaslandschaft Bayerischer Wald gäbe es keine Glashütte Eisch. Das ist banal, zeigt aber auch, daß es bei weitem nicht genügt, isoliert die Geschichte einer Unternehmerfamilie zu untersuchen, wenn das Phänomen „Glashütte" halbwegs in seiner Komplexität sichtbar werden soll.

Will man die Entwicklung der Eisch-Hütte verstehen, so muß man auch einen Blick auf den Ort Frauenau werfen und fragen, ob der Aufbau des Betriebes so hätte gelingen können außerhalb des spezifischen Milieus des „roten Glasdorfes", das Arbeiter mit dem Selbstvertrauen einer Therese

Deckenfresko Franz Anton Rauschers von 1758/59 in der Frauenauer Pfarrkirche.
Von der ehemaligen Marienwallfahrt hat Frauenau nicht nur den Namen und das alljährliche Volksfest zu Maria Himmelfahrt, denn auch Barockkultur und Marienkult schlagen sich in der Mentalität der Frauenauer nieder.

und eines Valentin Eisch und mit der Einsatz-und Risikobereitschaft der Glasschleifer und Glasmacher der ersten Stunde hervorbringt.

Worin aber besteht dieses „Frauenauerische", wenn man nicht gerade in heimattümelnde Idealisierung verfallen will? Natürlich ist es in diesem Rahmen nicht möglich, dem vielschichtigen Gefüge gesellschaftlicher Hintergründe samt ihrer historischen Wurzeln nachzugehen; unbestreitbar aber ist es das Glas, das Lebensweise und Traditionen der Gemeinde in allen Lebensbereichen mitgeformt hat.

Frauenau wird - den Nachforschungen Roman Eders zufolge - bereits 1420 erstmals urkundlich als Glashüttenstandort erwähnt.[1] Die frühen Hütten waren kurzlebige Wanderhütten, über die nur wenige Quellen erhalten sind - abgesehen von den Glasscherben, die sich an den Hängen rund um den Ort zutage fördern lassen. 1605 begann mit dem Hüttenkauf des Paulus Poschinger die Zeit der Frauenauer Poschingers, die mit ihren Hohl- und Tafelglashütten über 380 Jahre lang für die wirtschaftliche Basis wie auch für das Prestige Frauenaus als Glasmacherort sorgten. Als massive Stärkung dieser gläsernen Lebensgrundlage, aber auch als krasser Einbruch in eingefahrene Machtstrukturen ist die Gründung der Glasfabrik Isidor Gistls in den zwanziger Jahren dieses Jahrhunderts zu bewerten, die viele Glasarbeiterfamilien - darunter die Eischs - in den Ort zog und für einen sprunghaften Anstieg der Arbeiterbevölkerung sorgte. Als dann 1952 die dritte Glashütte den Betrieb aufnahm, konnte schon lange von einer ökonomischen Monokultur gesprochen werden, wie sie Alfons Hannes 1954 eindringlich schilderte:

„Was eine anhaltende Krise in der Glasindustrie für Frauenau bedeuten würde, ist der Bevölkerung des Ortes klar. Bekommt doch die Hälfte aller Einwohner ihr Brot direkt von den Hütten, während alle übrigen weitgehend davon abhängig sind, ob die Fabrikschlote rauchen oder nicht. Der uneingeschränkte Fortbestand der Glasfabriken ist eine Existenzfrage für den ganzen Ort.
In Frauenau weiß der Einträger, der Glasmachermeister und der Veredler, aber auch der Geschäftsmann und der Handwerker, daß für ihn in doppeltem Sinne das Wort gilt: 'Glück und Glas, wie leicht bricht das!' "[2]

Wen wundert es angesichts einer solchen wirtschaftlichen Dominanz der Glashütten, wenn infolge dieser die Mentalität und Lebensweise der Glasleute immer stärker das kulturelle Selbstbewußtsein der ganzen Bevölkerung prägten? Keiner anderen Gruppe wäre es in der Vergangenheit Frauenaus möglich gewesen, so selbstbewußt und eigenständig im Dorfleben aufzutreten. Eine ausgeprägte bäuerliche Kultur beispielsweise konnte sich hier nicht entwickeln, weil das rauhe Klima und die zum größten Teil bewaldeten Hanglagen nur wenigen Vollerwerbslandwirten den Lebensunterhalt gewährleisteten. Und die Wald- und Gutsarbeiter, die ja einen relativ hohen Bevölkerungsanteil stellten, lebten in weit schlimmerer Abhängigkeit als die Hüttenleute und hatten es dadurch schwerer, im Ort aufzu-

Die „Eischn-Musi" genannte Blechmusikkapelle in den zwanziger Jahren, die von Isidor Gistl finanziert und gefördert wurde und deshalb nur bei Gistl beschäftigte Frauenauer aufnehmen durfte. Fehlende Spieler mußten so vor allem aus der Ortschaft Althütte bei Klingenbrunn geholt werden.
Von links, stehend: Anton Schönberger aus Althütte (bekannt als „Lugisn Toni"), Anton Hieke, Schleifer bei Gistl, Gustl Eder aus Althütte, Georg Weber, Glasmacher bei Gistl (bekannt als „Woidhiata Schos"), Valentin Eisch, Graveur bei Gistl, Otto Bergmann aus Althütte, als Dirigent Anton Eisch, Graveur bei Gistl.
Von links, sitzend: Fritz Nachtmann, Glasmacher bei Gistl, Josef Linzmaier, Glasmacher bei Gistl, Michael Marik, Schleifer bei Gistl, Hugo Bergmann aus Althütte, Willibald Eder aus Klingenbrunn.
Aufnahme ca. 1926–1928.

trumpfen und sich gesellschaftliches Gewicht zu verschaffen.

Die Glasmacher hingegen galten bis ins zwanzigste Jahrhundert hinein als stolze und selbstbewußte Leute. Geschickte Glasmacher- und Glasschleifermeister wußten im allgemeinen ihren Wert den Hüttenherren gegenüber geltend zu machen, und viele zeigten wenig Hemmungen, von heute auf morgen die Hütte zu verlassen, wenn ihnen der Arbeitsplatz nicht mehr zusagte, oder ein anderer Fabrikbesitzer bessere Bedingungen bot. Alte Glasmacher wissen häufig noch von Kollegen zu erzählen, die auf diese Weise durch den halben Kontinent, insbesondere in die Hütten in Ost- und Südosteuropa, gekommen sind.

Allerdings: In Form von bloßer Besitzlosigkeit konnte diese Unabhängigkeit auch bei den Glasleuten leicht in ihr Gegenteil umschlagen. Roman Eder warnt daher mit Recht vor jeglicher Idealisierung der Glasmacherei:

„Eines freilich machte diese Glasmacher zu Handwerkern eigener Spezies: sie waren Besitzlose und daher in ihrer gesellschaftlichen Stellung den Inleuten gleich. In vielen Schriftsätzen Franz Poschingers ist von den Inhäusln der Glasmacher die Rede. Die Inhäusl aber und die wenigen dazu gehörigen Feld- und Wiesengründe wurden auf Freistift verpachtet: jederzeit kündbar, wenn nicht ein befristetes Pachtverhältnis abgeschlossen war."[3]

Ohne die relative Sicherheit eines offiziellen Handwerkerstatus (Glasmachen galt und gilt als Gewerbeberuf) oder bäuerlichen Eigentums entstand mit den Glasmachern schon lange vor der eigentlichen Industrialisierung eine ländliche Arbeiterschaft; Rationalisierungen des 19. Jahrhunderts verschärften diese Entwicklung nur. Unter diesen Umständen mußte sich eine für ländliche Verhältnisse ungewöhnliche Mentalität entwikkeln, die ihren vielleicht offensichtlichsten Ausdruck im politischen Klima in Frauenau nach dem Ersten Weltkrieg fand. Ann Thönnissen hat der Frauenauer Chronik die Ereignisse des – zugegebenermaßen extrem spannungsgeladenen – Jahres 1918 entnommen, die hier als kurze Illustration wiedergegeben werden sollen:

„1918 war es noch weit radikaler zugegangen. Ein kommunistischer Arbeiterrat, dem fast alle Männer des Dorfes beitraten, ging entschlossen gegen die Hüttenherren vor, die Enteignung des Großkapitals wurde beantragt. Sie fühlten sich bedroht, der Kommerzienrat Gistl und der noch vermögendere Freiherr von Poschinger, der neben seiner Fabrik auch die Hälfte der Gemeindeflächen besaß und als Herr über mehr als 14000 Hektar (ca. 3000 ha Grundbesitz – hier dürfte es sich um einen Irrtum handeln, d. V.) zu den größten Waldbesitzern der Bundesrepublik gehört)." [4]

An solche Aktionen denkt heute kein Frauenauer mehr, trotzdem aber wird viel „Frauenauerisches" erst vor diesem Hintergrund verständlich (z. B. auch die Wahlergebnisse, die bayerische Verhältnisse regelmäßig auf den Kopf stellen). Wenn also eine Berufsgruppe, die man anderswo auf einer der unteren Stufen sozialer Hierarchie vermuten würde, nicht nur zahlenmäßig dominiert, sondern sich auch mit einem gewissen Selbstbewußtsein zu behaupten weiß, ist klar, daß hier die „Dorfkultur" eine andere sein muß als in Orten, wo sich die üblichen Wertungs- und Machtgefälle stärker durchsetzen können. „Kultur" – das bedeutet hier nicht „Brauchtum" im Sinne einer normierten Brauch- oder Heimatpflege von Fremdenverkehrs- und Heimatvereinen, sondern umschreibt Bewertungsmuster, lebendige Verhaltens- und Verständigungsformen, wie vielleicht einen speziellen Humor, eine besondere Wertschätzung der Musik, politisches Mißtrauen, häufig auch eine größere Aufmerksamkeit gegenüber Veränderungen und anderes mehr. Auf jeden Fall sind Glasmacher selten Spießbürger gewesen.

Der Prestigeverlust der Glasberufe

Man sollte aber nicht dieses Bild lebendiger Glasmachertradition aufbauen, ohne darauf hinzuweisen, daß es spätestens in der zweiten Hälfte des 20. Jahrhunderts auch seine Brüche und Sprünge abbekommen hat. Die alten Glasarbeiterfamilien in Frauenau, in denen mit Selbstverständlichkeit Glasberufe von den Vätern auf die Söhne weitergegeben werden, sind erheblich im Abnehmen begriffen; eine Erscheinung, die symptomatisch ist für einen massiven Ansehensverlust der Glashüttenarbeit in der Nachkriegszeit. Bis in die siebziger Jahre hinein schlugen fast nur noch diejenigen die Hüttenlaufbahn ein, die keine anderen Berufschancen mehr für sich sahen, und das waren aufgrund der gestiegenen Mobilität und des gigantischen wirtschaftlichen Aufschwungs in anderen Branchen nur noch wenige. Wie mühsam mußte Erich Eisch 1957 für seinen neuerbauten Glasofen einen bunten Haufen von Glasmachern von überall her anwerben, und wie langsam entstand daraus ein fester und zuverlässiger Mitarbeiterstamm! Gegen Ende der sechziger Jahre wurden sogar sechs türkische Glasmacher in die Hütte geholt, die sich aber nur schwer auf die handwerklichen Besonderheiten und Anforderungen sowie auf die Mentalität innerhalb einer Bayerwald-Glashütte umstellen konnten und den Betrieb nach kurzer Zeit wieder verließen. Noch 1970 klagte Friedrich Holl, der inzwischen verstorbene Glastheoretiker und Fachlehrer an der Glasfachschule in Zwiesel:

„Die Nachfrage nach dem mundgeblasenen, noch mehr nach dem freihandgeformten Glas wird . . . nicht geringer, sondern stärker. Damit wird die Sorge um den guten Glasmachernachwuchs immer größer. Zur Zeit ist die Abwanderung aus diesem Beruf bereits größer als der Zugang; das ist eine kaum leugbare Tatsache (. . .) Der Glasmacherberuf ist ein schönes und einträgliches Handwerk und von ihm hängt es ab, wie weit wir mit dem Ansehen unseres Glases noch kommen. Leider hat man ihn auch in den Augen des Waldlervolkes abgewertet und das muß wieder gutgemacht werden. Das geht aber nicht damit, daß ein Volksschullehrer eines Glasmacherortes seine Schulbuben davor warnt, in die „Hütte" zu gehen, oder daß ein Berufsschuldirektor völlig abwegig an die Regierung berichtet, daß es hier gar keine Glasmacherlehrlinge, sondern nur Hilfsarbeiter in seiner Berufsschule gäbe.[5]

Glasmacher hatten – nicht immer zu Unrecht – den Ruf derber Burschen, denen Bier und Wirtshaus wichtiger waren als Frau und Kinder. Außerdem erhofften sich die Schulabgänger der fünfziger bis siebziger Jahre von neuen, technisierten

Der Rundofen in der Eisch-Hütte von oben. Aufnahme von 1976.

Valentin Eisch am Gravurwerkzeug (Aufnahme vom 14. 2. 1977) und Therese Eisch an ihrem Arbeitstisch im Betrieb (März 1987).

Familienfoto zur Goldenen Hochzeit am 5. 5. 78: Valentin und Therese Eisch mit Kindern, Schwiegerkindern und den 20 Enkeln.

Besinnung auf die eigenen Grundlagen: Im Glasmuseum Frauenau, das 1975 auf das Betreiben von Alfons Hannes und mitgeprägt von den Anregungen Erwin Eischs eröffnet wurde, soll nicht nur Glashistorie dokumentiert, sondern auch auf moderne Entwicklungen aufmerksam gemacht werden.
Im Vordergrund der ehemalige Glasmacherbrunnen der Gistl-Hütte.

Industrien und von der Beschäftigung in weniger abgelegenen Gegenden bequemere und besser bezahlte Arbeitsplätze. Und was auch eine Rolle spielte: Eine traditionelle, handwerkliche Tätigkeit wie die Glasmacherei wirkte einfach nicht modern genug, in den Augen der jungen Leute haftete ihr der Makel der Rückständigkeit an. Die Fortschrittseuphorie und die Wertsysteme des Wirtschaftswunders wollten mit dem alten Erscheinungsbild des Bayerischen Waldes nicht zusammenpassen. Das Gebiet, das so lange als bayerisches Armenhaus gegolten hatte, wurde deshalb ab den fünfziger Jahren von einer beispiellosen Modernisierungswelle ergriffen, die bis heute noch nicht abgeebbt ist, und die sich zum Ziel setzt, den Bayerischen Wald von allen Spuren wirtschaftlicher Zurückgebliebenheit, von allem, was nach außen irgendwie den Ruf des „Hinterwäldlerischen“ bestätigen könnte, zu säubern. Die Folgen waren tiefgreifende soziokulturelle Veränderungen, die fast vollständige Zerstörung der alten Hauslandschaft und der Ortsbilder ebenso wie alteingesessener Hausindustrien und Handwerkszweige, soweit sie nicht touristisch ausbeutbar waren – und daran dachten in bezug auf die Glashütten lange Zeit nur wenige.

All das legt den Schluß nahe, daß nicht zuletzt der Wunsch nach Verdrängung jeglicher Erinnerung an die einstige Armut und vor allem des Images der „Rückständigkeit“, also eine Art kollektives Minderwertigkeitsgefühl, zum Prestigeverlust der Bayerwald-Glashütten als Arbeitgeber geführt haben könnte.

Neben solchen historisch und psychologisch bedingten Abwehrhaltungen gab es aber für junge Leute, die „etwas Gescheites lernen“ wollten, noch einen sehr viel offenkundigeren Grund, die Hüttenarbeit abzulehnen: Für Glasmacher gab es

Teil der Belegschaft der Veredelungs-, Nachbearbeitungs- und Versandabteilungen im Herbst 1985. Hauptsächlich rechts im Bild stehen die Glaskugler, Graveure und die Scheibenschleifer, links vorne Frauen aus Nachbearbeitung und Versand, hinten Glasmalerinnen und -maler.

keine geregelte Ausbildung und keine verbrieften Berufsabschlüsse. Die Glasmacherei war im Laufe der Zeit zu einer anstrengenden Industriearbeit geworden - nichts weiter.

Reinhard Haller ist dieser Entwicklung nachgegangen:

„Noch im 18. Jahrhundert und bis um 1845 ist die Lehrzeit in den Hütten verbindlich, d. h. schriftlich-urkundlich auf drei bis fünf Jahre festgelegt. Mit der schrittweisen Auflösung der handwerklich-zünftigen Ordnungen seit dem ersten Drittel des 19. Jahrhunderts aber werden die Lehrverträge in den Glashütten immer lockerer formuliert und schließlich abgeschafft. Im April 1844 stellt der Theresienthaler Hüttenschreiber die Abfassung der 'Verträge der Fabrick-Arbeiter' ein. Fortan werden zwar noch 'Arbeitsverträge' für bereits ausgelernte Hüttenleute, für Glasmacher und Veredler, nicht mehr aber 'Lehrverträge' ausgefertigt. Spätestens um 1860 scheinen in den meisten Hütten die alten Glasmacherreglements von formlosen und willkürlichen Anlern- und Bewährungsbestimmungen mündlicher Natur abgelöst worden zu sein."

(Durch Kapazitätserweiterungen und Massenproduktion) „ist keine Zeit mehr für die individuelle Betreuung der Buben vom ersten Tag an. Diese müssen sehen, wie sie am ehesten zum Erfolg kommen (. . .) Das Moment der vertraglichen Garantie, nach Erfüllung der Ausbildungsvorschriften, etwa derer von Theresienthal, zum Glasmachergesellen freigesprochen zu werden, wird durch das lose Prinzip der Hoffnung ersetzt."[6]

Was so im 19. Jahrhundert begonnen hatte, verschärfte sich noch im 20. Jahrhundert, besonders nach dem Zweiten Weltkrieg. Auf Kosten der Arbeiter und ihrer Kunstfertigkeit glaubte man, die Mundglashütten ins Industriezeitalter hinüberretten zu müssen. Friedrich Holl schimpfte 1965:

„Zwar kann man allgemein feststellen, daß die Hohlglaserzeugung und -veredelung handwerkliches Können verlangen, aber das Wachstum des Bedarfs zieht die Hohlglashütten unaufhaltsam zur großen Zahl. Die erforderliche Arbeitsteilung läßt den vollausgebildeten Handwerker, ob Glasmacher oder Veredler, nicht mehr zum Einsatz kommen. Die Teilausbildung genügt, die Facharbeiterstellung der Veredelungszweige läßt man noch gelten, zum Teil genügt der Anlernling. Dem Glasmacher, dem ehemals kunstreichen Herrn und Könner, wird sein umfassendes Schaffen durch die Teilarbeit zerschlagen. Man gönnt ihm gerade im Zwieseler Winkel nicht einmal mehr die Facharbeiterprüfung, geschweige denn die Erringung eines Meistertitels, den er als Kunsthandwerker verdient."[7]

Die Glasmacher der Eisch-Hütte, Herbst 1985 (ungefähr ein Drittel der rund um die Glasöfen Beschäftigten fehlt auf dem Bild).

Zwischen Handwerk und Industrie

So berechtigt die Klage Holls über die Ausbildungsmisere und den Verlust des breitgefächerten handwerklichen Könnens der alten Glasmacher und -veredler ist, so bedarf seine Kritik an der „Teilarbeit" doch einer Modifizierung; sie verbirgt nämlich, was die Glasmacherei nicht erst seit den fünfziger oder sechziger Jahren prinzipiell vom Handwerk im strengen historischen Sinn trennt.

Denn schon die Vielzahl verschiedener Berufe, die alle in und um die Glashütten zu finden sind und - mehr noch - waren, deutet darauf hin, wie sehr die Glasherstellung hierzulande schon vor der Industrialisierung auf Arbeitsteilung angewiesen war - auf eine Arbeitsteilung, die sich nicht nur auf so verschiedene Tätigkeiten wie z. B. das Aschenbrennen und das Glasschleifen erstreckte, sondern bis hinein in die hierarchisch gegliederte Zusammenarbeit innerhalb einer Glasmacherwerkstatt am Glasofen reichte. Mehr als es bei den meisten Handwerkszweigen der Fall ist, ist das Glasgewerbe an umfängliche personelle sowie materielle Voraussetzungen gebunden. Die Aufwendigkeit der zur Glaserzeugung unumgänglichen Produktionsmittel - angefangen mit den Hütten- und Ofenanlagen, der teuren Brenn- und Rohstoffversorgung - wuchs mit der Entwicklung ihrer technischen Möglichkeiten und den Ansprüchen des Markts; und diese technischen und finanziellen Vorbedingungen erforderten einerseits einen verantwortlichen und wirtschaftlich geschickten Hüttenbesitzer oder -pächter, zum anderen banden sie eine vielköpfige Belegschaft an die Hütte, die die Anlagen rentabel zu nutzen verstand. Das erklärt, warum die Glasmacher spätestens ab der Neuzeit immer we-

Maschinen in der Nachbearbeitung: Josef Graßl an der Verschmelzmaschine, wo die Glasränder rund geschmolzen werden.

niger über einen gesicherten Handwerkerstatus verfügten; was sie zusammenhielt und aneinanderband, war die Hütte, der gemeinsam genutzte Ofen, nicht eine zunftmäßige Organisation. Ein selbständig mit wenigen Gesellen arbeitender Glasmeister war kaum denkbar - es sei denn, er baute oder pachtete eine ganze Hütte mit all ihren Voraussetzungen und Konsequenzen.

Die materiell bedingte Sonderstellung der Glashüttenarbeit betont auch Josef Blau:

„Im 14. Jahrhundert, als die Glasmacherei in Bayern noch auf niedriger Stufe stand und handwerksweise ausgeübt wurde, bestand 1363 eine Glasmacherzunft in Augsburg und 1373 eine Spiegelmacherzunft in Nürnberg. Dann gab es später in einzelnen Städten eigene Glaserordnungen wie in Burghausen (1577), Straubing (1601) und München (1639). (...) In den letzten Jahrhunderten waren jedoch weder die Glasmeister noch ihre Gesellen zunftmäßig zusammengefaßt. Es bildete ja ohnedies jede Hütte ihren in sich geschlossenen, streng gegliederten Organismus. Im Jahre 1727 war die Frage aufgeworfen worden, ob die Glasmacher zu den Handwerkern zu rechnen wären. Es wurde mit einem bestimmten Nein geantwortet: 'Das Glasmeistergeschäft besteht nur so lange, als die herrschaftlichen Wälder gegen Zins dazu vergonnet.' "[8]

Wie dem auch sei, in den Glashütten ist das Prinzip der Manufaktur von vorneherein angelegt, und dieser Charakter trat im Laufe der Geschichte immer mehr zutage. Auch sozial, denn die allmähliche Herausbildung von Glasmeistergeschlechtern, die nur noch die Fabrikherren, nicht mehr aber selbst Glasmacher stellten, führte spätestens ab dem 18. Jahrhundert zu einer unübersehbaren Kluft und zu offenen Konflikten zwischen einer Arbeitnehmer- und einer Arbeitgeberschaft. So entstand schon früh die Mentalität des Lohnarbeiters unter den Glasleuten (was u. a. auch die geringe Identifikation mit dem Betrieb und die lebenslange Wanderlust vieler Glasarbeiter begründet); und daraus wird verständlich, warum Blau schreiben kann: „Mit Ausnahme des Berg- und Hüttenwesens weist die Glasmacherei die ältesten Überlieferungen aller anderen Industriegruppen auf."[9]

Dabei tauchte eine industrielle Umformung der Hüttenarbeit im technischen Sinn erst relativ spät in der Mitte des 19. Jahrhunderts auf. Im Bayerischen Wald vollzog sich hauptsächlich in den siebziger und achtziger Jahren die Umstellung der Hütten von der Direktfeuerung mit Holz zur Regenerativfeuerung mit Generatorgas nach Siemens, zunächst noch mit der Vergasung von Holz, und nach dem Eisenbahnbau allmählich auch zur Kohle als Hauptenergieträger (die Bahnlinie Zwiesel-Grafenau über Frauenau wurde 1890 eröffnet). Die dadurch auf die Dauer einer Nacht verkürzte Schmelzzeit setzte an die Stelle der periodischen Ofenarbeit von früher, bei der sich die Arbeitstage mit längeren Schmelz-und Reparaturpausen abgewechselt hatten, einen kontinuierlichen Arbeitsrhythmus, und die Hütten sowie die Zahl der dort arbeitenden Menschen wuchsen rapide. Der an und für sich nach wie vor handwerkliche Produktionsablauf erfuhr eine spürbare Mechanisierung; unter immer höherem Tempo mußte eine im Gegensatz zu früher quantitativ immens gesteigerte Produktionsleistung erbracht werden. Diese Entwicklung verstärkte sich, als die Maschine ab der Jahrhundertwende den Glashütten immer weitere Bereiche der Gebrauchsglaserzeugung abzunehmen drohte und erfuhr 100 Jahre nach der Erfindung der Regenerativfeuerung einen entscheidenden Schub, der vielen Hütten zum Todesstoß wurde: Die Inbetriebnahme des ersten „Eisernen Mannes" zur maschinellen Kelchglasproduktion in Deutschland, im Jahre 1961 in Zwiesel.[10] Denn nun glaubten viele Mundglashütten, in Perfektion und Produktausstoß der Maschine nacheifern zu müssen - wohl wissend, daß der ungleiche

Kampf von vorneherein verloren war.
Ausgerechnet der Glasmacherei Handwerksromantik und -folklore andichten zu wollen, ist also fehl am Platz, sowohl in Hinsicht auf ihre historische Entwicklung als auf die gegenwärtige Organisation der Hüttenarbeit. Allein die Tatsache, daß sowohl am Glasofen als auch in den meisten Veredelungswerkstätten der Eisch-Hütte, wie in den Glashütten allgemein üblich, im Akkord gearbeitet wird, paßt nicht in dieses Bild. Der handwerklich-künstlerisch und relativ unabhängig arbeitende Glasmacher ist eine sehr junge Erscheinung der letzten Jahre, möglich geworden durch die Studioglasbewegung und die Entwicklung handlicher und verhältnismäßig billiger Studioglasöfen.
Trotz allem aber, und zugleich, sind die Mundglashütten von handwerklichen Strukturen geprägt, deren Vernachlässigung oder Zerschlagung höchst problematisch ist. Natürlich müssen auch sie rationalisieren, um wettbewerbsfähig bleiben zu können; besonders in den Bereich der Nachverarbeitung dringt eine Vielzahl von Automaten ein, die häufig ungelernte Arbeiter, und vor allem Arbeiterinnen, verdrängen. Vieles ist heute leichter geworden – so z. B. dadurch, daß das mühsame Kistenschleppen von früher durch den Fließbandtransport ersetzt wurde. Wer aber meint, den Glashüttenarbeitern einen maschinellen Rhythmus aufzwingen zu müssen, indem beispielsweise die Zusammenarbeit innerhalb der Glasmacherwerkstatt nach technisch-rationalen Gesichtspunkten der Zeitersparnis und Produktionssteigerung programmiert wird, der zerstört soziale Strukturen und gewachsene Fähigkeiten der Teamarbeit und gefährdet damit die Kreativitätspotentiale, auf die die Mundglashütten heute so sehr angewiesen sind. Das gilt nicht nur für die Glasmacher, sondern auch für die Veredler. In den sechziger Jahren wurde es Mode, die Schleifer und Graveure hintereinander in große Schleifereihallen zu setzen, während die Eischs 1964 auch innerhalb des großen Schleifereineubaus einzelne Werkräume bauten, in denen nach wie vor die Meister mit den Gesellen und den Auszubildenden zusammenarbeiten – durch die hand-

Blick in eine Kuglerwerkstatt.
Von links: Herbert Jakob, Josef Peterhansl, Josef Weiderer.

Alfons Eisch, geschliffene Vase als Geschenk an die Schwiegermutter, um 1980.

werkliche Verwurzelung der Eisch-Familie (an Stelle einer unternehmerischen Erziehung und Ausbildung) kam niemand, und am wenigsten wohl Valentin und Alfons Eisch, auch nur auf die Idee, das traditionelle Werkstättenprinzip aufzugeben. Auch wenn sich die eigentliche Tätigkeit an der Schleif- und Gravurmaschine dadurch nicht verändert, bleibt der einzelne in eine Gruppe eingebunden, in der auch Kommunikation möglich ist.

Rationalisierung in der Glashütte bedeutet also eine schwierige Gratwanderung zwischen Industrie und Handwerk; hier zeigen die Mundglashütten ein doppeltes Gesicht, das sie jedoch behalten müssen, um überleben zu können. Die Menschen in den Hütten sind kooperierende Handarbeiter und sollen es bleiben. Es hat sich gezeigt, daß durch übertriebene Mechanisierung nicht nur eine große Zahl der oft zeitraubenden überlieferten Techniken und der spielerische Reiz alter Gläser verlorengegangen sind, sondern viele Glashütten sich durch die Preisgabe der handwerklichen Kreativität und damit der Würde der Glasmacher und -veredler ihr eigenes Grab geschaufelt haben.

Die Rückkehr zur handwerklichen Ausbildung

Verhältnismäßig spät begann man sowohl in den Glashütten, als auch auf staatlicher Seite, dem Ansehensverlust der Glasberufe und dem Absinken der handwerklichen Fähigkeiten Rechnung zu tragen. Um 1970 kam es zu einer umfassenden Neuregelung der Ausbildung; daneben dürften aber auch Veränderungen der Arbeitsmarktsituation in anderen Branchen, und besonders die zunehmenden Schwierigkeiten, im Bayerischen Wald Arbeit zu finden sowie ein Tendenzwandel in der allgemeinen Einstellung zur Handarbeit mit dafür verantwortlich sein, daß Glasberufe wieder vermehrten Zulauf erfahren. Die Aufklärungsarbeit engagierter Glasleute, Bayerwald-Volkskundler und Kommunalpolitiker könnte zu dieser Bewußtseinsänderung mit beigetragen haben, und vielleicht auch der Tourismus - wenn dieser auch oft in zweifelhafter Weise das traditionelle Bild des Glasmachers folkloristisch ausbeutet und verfremdet.

Wie dem auch sei, wichtig für die Glasarbeiter war eine gewisse berufliche Sicherheit und die Anerkennung ihres Könnens, und das sollten den Glasmachern und Veredlern die Wiedereinführung der Lehrverträge und die Ausstellung von Facharbeiterbriefen gewährleisten.

Die erste Initiative in dieser Richtung ging zweifellos nicht von den Glashütten aus, sondern von den hohlglasveredelnden Betrieben Niederbayerns und der Oberpfalz, die nach dem Krieg von deutschböhmischen Vertriebenen und einzelnen alteingesessenen Glasschleifern und -graveuren wie Valentin Eisch gegründet worden waren. Diese neuen, selbständigen Werkstätten schlossen sich schon 1947 unter Emil Rimpler als Obermeister zu einer eigenen Fachorganisation nach dem Vorbild sudetendeutscher Traditionen zusammen und setzten die Eintragung der hohlglasveredelnden Betriebe in die Handwerksrolle durch. Anliegen dieser „Innung des Glasveredelnden Handwerks in Bayern“ sind vertraglich geregelte Lehrzeiten und „eine sorgfältige, eigene, kontrollierte Fachausbildung“.[11] Sie stellt Prüfungskommissionen für Meister- und Gesellenprüfungen auf und fungiert als prüfungsausführende Organisation der Handwerkskammer. Die Innung baut ideologisch und praktisch auf der Tradition straff organisierter und kontrollierter Handwerksordnungen, auf dem Gedanken, handwerkliche Überlieferungen und handwerklich-technische Qualität durch ein hierarchisch geregeltes Ausbildungssystem zu schützen und zu garantieren.

Die Innung konnte ihre Forderungen zwar innerhalb der hohlglasveredelnden Betriebe verwirklichen, sie hat aber keinen Einfluß auf die Ausbildungspraxis in den Glashütten, die als Industriebetriebe nicht bei der Handwerkskammer, sondern der Industrie- und Handelskammer organisiert sind.[12] In den Fabriken kam es daher erst zu einer Änderung der Lehrverhältnisse und zu verbrieften Berufsabschlüssen, als zwei Glashütten – die Riedlhütte und, kurz darauf im Jahre 1970, die Eisch-Hütte – begannen, Facharbeiterlehrgänge für Glasmacher und für Veredler, die bislang keinen Gesellen- oder Facharbeiterabschluß hatten, anzubieten.

„Anlaß dazu war eine Betriebsversammlung, in deren Verlauf die Arbeitnehmer der Firma (Eisch, d. V.) auf die versicherungs- und arbeitsrechtlichen Grenzen und Möglichkeiten als Facharbeiter beziehungsweise als Hilfsarbeiter hingewiesen wurden.

Etwa 30 Arbeiter der Firma erklärten sich nach dieser Versammlung durch Unterschrift bereit, bei gegebener Möglichkeit den Status des Facharbeiters zu erwerben. Die Firmenleitung wurde daraufhin initiativ und erkundete bei den zuständigen Stellen die Chancen der Durchführung eines Fortbildungslehrganges für Glasmacher mit dem Ziel der Facharbeiterprüfung, entsprechend den Forderungen der Industrie- und Handelskammer. Und der Versuch gelang.“[13]

27 Beschäftigte der Eisch-Hütte meldeten sich für den Kurs und drückten einen Monat lang an zwei Abenden pro Woche die Schulbank in der Betriebskantine. Gewiß eine komische Situation für die „Schüler“, von denen ja alle bereits mindestens sechs Jahre in ihrem Fach gearbeitet hatten – diese Berufserfahrung sowie die Absolvierung eines Vorbereitungslehrgangs waren als Voraussetzung für die Teilnahme verlangt worden. Die meisten der zwischen 21 und 45 Jahre alten Interessenten waren Glasmacher, ein kleiner Rest setzte sich aus Glasschleifern und -graveuren, die nicht schon bei Valentin Eisch in die Lehre gegangen waren und bei ihm einen Gesellenbrief erworben hatten, zusammen.

Die Feier zum Abschluß des Facharbeiterkurses im Juli 1970. Vorne links Direktor Pfüller vom Arbeitsamt Deggendorf, daneben Bürgermeister Alfons Hannes. Zweiter von rechts Berufsschullehrer Josef Schmidt, rechts neben ihm Paul Friedl, der Interesse für die Aktion zeigte.

Der praktische und vor allem der theoretische Unterricht waren äußerst umfangreich: Der Zwieseler Berufsschullehrer Josef Schmidt lehrte Fachkunde, Fachrechnen und Fachzeichnen und Hans-Jörg Tetzloff von der Hauptschule Zwiesel unterrichtete Wirtschaft- und Sozialkunde. Der Lehrgang wurde ein voller Erfolg, alle Teilnehmer bestanden die Abschlußprüfung „mit sehr erfreulichen Ergebnissen“, wie der Bayerwald-Bote berichtete.[14]

Die Prüfer von der IHK bekamen dabei eine Neuerung präsentiert: Ihre Prüflinge hatten sich nicht nur auf eine praktische und theoretische Prüfung vorbereitet, sondern von jedem von ihnen war auch ein eigenes Gesellenstück angefertigt worden, wie es eigentlich nur für den Handwerkerabschluß üblich ist – bunte, freigeblasene Gefäße fanden sich da neben aufwendigen Schliff- und Gravurstücken. Während andere

Blick in einen der drei Malereiräume, 1987.
Von links: Waldtraud Lerchl, Barbara Achatz, Eva-Maria Eisch, Stefan Stangl, Matthias Seuferling, Birgit Kammerer.

Hütten noch bestrebt waren, ihre Glasmacher und Veredler der industriellen Massenproduktion anzupassen, ging es den Eischs vorrangig um die Wiederanerkennung des Glasmachers als kreativem Handarbeiter. Damit ist keineswegs beabsichtigt, etwa industrielle Entwicklungen auf vorindustrielle Stufen zurückzuschrauben, sondern die „handwerklich-schöpferische Kraft des Glasmachers" soweit als möglich in die Akkordarbeit des Industriearbeiters einfließen zu lassen und sie der Maschine entgegenzusetzen, wie Erwin Eisch zur Feier des Kursabschlusses erklärte.[15]

Der Facharbeiterkurs bei Eisch - vom Bayerwald-Boten als „Initialzündung" bezeichnet - diente als Anregung, in den darauffolgenden Jahren unter der Trägerschaft der Gesellschaft der Freunde der Glasfachschule Zwiesel und finanziert vom Arbeitsamt Deggendorf weitere derartige Lehrgänge in Zwiesel abzuhalten.[16]

Die Glasfachschule in Zwiesel selbst verfügte seit ihrer Gründung im Jahre 1904 über eigene Fachklassen für Glasveredler, ihr Besuch war für junge Arbeiter allerdings nicht verbindlich. Das änderte sich erst mit der Einführung staatlicher Berufsbildungspläne für die Glasberufe. 1974 wurde die bisherige Berufsfach- und Fachschule zum „Staatlichen Berufsbildungszentrum für Glas" erweitert und nimmt seither die Berufsschüler für die Berufsziele Glasmacher, Hohlglasfeinschleifer, Glasgraveur und Glasmaler aus ganz Bayern zur Blockbeschulung auf. Der praktische Teil der Lehre dieser Berufsschüler findet hauptsächlich in den Betrieben statt; Zwiesel bietet aber auch die umfassende Ganztagsausbildung für Berufsfachschüler an.

Die Facharbeiterprüfungen, die am Ende der dreijährigen Lehrzeit stehen, werden in Zusammenarbeit der Schule mit der Industrie- und Handelskammer für Niederbayern in Passau durchgeführt, die für die praktischen Prüfungsbereiche Prüfungskommissionen aus fachlich kompetenten Ausbildern aus den bayerischen Glasbetrieben zusammenstellt. Zu ihnen gehört seit vielen Jahren auch Helmut Schneck, der Betriebsleiter bei Eisch; am 19. 5. 1988 wurde er von der Kammer in „Anerkennung seiner langjährigen und vorbildlichen Leistungen im Berufsbildungs- und Prüfungsdienst" mit der silbernen Ehrenplakette ausgezeichnet.[17]

Mit dem Facharbeiterlehrgang von 1970 begann bei Eisch die systematische Ausbildung zum

Glasmacher. Seit 1968 gibt es das staatliche Berufsbild des „Hohl- und Kelchglasmachers" (1986 vereinheitlicht zum Lehrgang „Glasmacher(in)" mit einem verbindlichen Berufsbildungsplan, an dem sich die Lehre im Betrieb orientiert. Die Auszubildenden haben heute die Chance und die Sicherheit, alle gängigen Glasmachertechniken systematisch zu erlernen (bei Eisch unter der Anleitung der Ausbilder Josef Fuchs und Josef Pscheidl), was vorher von ihrer Eigeninitiative, der Möglichkeit zu schinden und der Hilfsbereitschaft der Glasmachermeister abhing. Das harte Luftburschendasein der Einträgerbuben gehört weitgehend der Vergangenheit an.

Die Ausbildung zum Graveur oder zum Kugler hat dagegen in der Eisch-Hütte ohnehin Tradition. Valentin Eisch legte großen Wert auf eine fundierte Lehre, wie er selbst sie bei seinem Vater genossen hatte; auf die möglichst umfassende Vermittlung handwerklicher Kenntnisse, ohne dabei eine starre Fachgrenze zwischen Gravur- und Schlifftechniken zu ziehen. In diesem Sinne kümmert sich heute Alfons Eisch um die Auszubildenden. Seit Februar 1988, dem Ausscheiden von Horst Weber aus der Firma (der 1972 mit der Meisterprüfung ebenfalls die Ausbildungsbefugnis für Gravur und Schliff erworben hatte) ist er vorläufig der einzige Ausbilder für diese Berufe. Die Glasveredler können bei der Handwerkskammer Passau die Gesellen- und auch die Meisterprüfung ablegen.

Verglichen mit der Lehrtradition für Gravur und Schliff bei Eisch ist die innerbetriebliche Ausbildung einer größeren Anzahl von Glasmalern relativ neu. Von der „Poesie-Malerei", die 1979 auf die Initiative Erwin Eischs hin aufgebaut wurde, wird noch die Rede sein.

Bei Franz Linzmaier, dem Ausbildungsbefugten der Firma für Glasmalerei, haben die Auszubildenden jedenfalls die Möglichkeit, die traditionellen Fertigkeiten zur Dekoration von Serienglӓsern zu erlernen. Außerdem legte Eva-Maria Eisch, die Tochter Alfons Eischs, 1988 mit sehr gutem Erfolg die Meisterprüfung im Glasmalerhandwerk ab. Sie arbeitet in der „Poesie-Malerei", wo es um die Produktion von Unikaten für die Reihe „Poesie in Glas" geht. Hier versucht man ausdrücklich zu experimentieren, gestalterisch und technisch neue Wege zu gehen. Zuweilen aber wird auch hier die Problematik spürbar, daß die Erfüllung von Lehrplänen und deren Anforderungen an Traditionstreue und Perfektion schwer mit der Entwicklung von Ideen und einem unbekümmerten Erfahren handwerklicher Möglichkeiten in Einklang zu bringen sind. Jede Handwerksausbildung – und dessen ist man sich an Schulen und in den Betrieben nur selten ausreichend bewußt –, der es vorrangig um die Vermittlung eines gestalterischen Kanons aus Tradition oder Moderne geht, und die nach festen Kriterien handwerklich-technische Perfektion vom „Nicht-Können" abgrenzt, steckt in einem grundsätzlichen Dilemma: Sie grenzt damit zwangsläufig auch gestalterische Freiheit und technische Experimentierlust aus. Was als Erziehung zum vielseitigen und versierten Handwerker gedacht ist, blockiert diese allzu häufig und läßt das Handwerk zur starren Technikbeherrschung absinken, anstatt seine offene Weiterentwicklung zu fördern.

Das Glasmachen und die drei verschiedenen Arten der Hohlglasveredelung bilden aber nicht alle Lehrberufe, in denen die Glashütte Eisch selbst die praktische Ausbildung übernimmt. Ein Ausbildungsplatz ist in der Betriebsschlosserei vorhanden. Der Beruf des Holzformenmachers ist inzwischen abgeschafft worden, obwohl er in der Eisch-Hütte nach wie vor eine wichtige Funktion hat. Ebenso gibt es kein Berufsbild des Scheibenschleifers. Diese Leute können deshalb nur angelernt oder zusammen mit den Hohlglasfeinschleifern ausgebildet werden.

Insgesamt waren im Dezember 1987 26 Auszubildende in der Glashütte Eisch beschäftigt, die 10 Prozent der Gesamtbelegschaft ausmachten. Bisher konnten alle Auszubildenden nach Ablauf der Lehrzeit übernommen werden.

Die Arbeitsplätze in Frauenauer Glashütten

Viele Hütten haben in den letzten Jahren ihre

Frauen beim Gläsersortieren und Verpacken.
Von links: Martina Radlinger, Irmgard Graßl, Maria Garhammer, Helga Wallner, Maria Reif.

Öfen ganz oder teilweise gelöscht oder sind auf maschinelle Kelchglasproduktion umgestiegen und haben damit die Arbeitslosigkeit im Grenzgebiet Bayerischer Wald drastisch verschärft. Alfons Hannes, Frauenauer Bürgermeister und Geschäftsführer der IG Chemie-Papier-Keramik, Verwaltungsstelle Zwiesel, wies auf einer Betriebsversammlung in der Eisch-Hütte im Januar 1988 auf diese Entwicklung mit dem Hinweis darauf hin,

„... daß seit 1980 in der Glasindustrie des Bayerischen Waldes an die 1000 Arbeitsplätze verlorengegangen seien, so daß dieser für die Region so bedeutungsvolle Industriezweig derzeit nur mehr 3500 Beschäftigte aufweise.“ [18]

Frauenau ist für diesen Arbeitsplatzabbau ein trauriges Beispiel - gerade der Ort, der es bis vor wenigen Jahren in beispielloser Weise schaffte, mit Hilfe der Glashütten sowohl die eigene Bevölkerung als auch Glasarbeiterfamilien aus einem weiten Einzugsgebiet zu ernähren. In der Dorfchronik illustriert Hannes die Verschlechterung der Arbeitsmarktlage in Frauenau anhand der Statistik: Demzufolge standen im Jahre 1961 267 Einpendlern nur 95 auswärts arbeitende Frauenauer gegenüber, 1970 hielten sich 214 Einpendler mit 202 Frauenauer Auspendlern in etwa die Waage, und bereits 1973 kamen jeden Tag nur noch 134 Nicht-Frauenauer in den Ort zur Arbeit, 343 Ortsansässige waren dagegen zum Auspendeln gezwungen.[19] Im Juni 1988 schließlich hat Frauenau rund 600 Auspendler bei nur noch 100 Einpendlern.[20] Dieser Trend ist nur im Zusammenhang mit dem Schicksal der Glashütten verstehbar. In der Frauenauer Glasindustrie konstatiert Hannes sprunghafte Abnahmen des Arbeitsplatzangebots:

„Die Glasindustrie hatte in ihrer langen Geschichte den Beschäftigungszahlen nach ihren bisherigen Frauenauer Höhepunkt im Jahre 1965. Damals waren insgesamt 1115 Personen in den Glashütten Gistl (525), Poschinger (386) und Eisch (204) beschäftigt. Die Veränderungen in der Glasindustrie, insbesonders die Umstellung von der Mundblasfertigung auf vollautomatische Glaserzeugung im Nachfolgebetrieb der Firma Gistl, ließ die Arbeitsplätze zum Jahr 1973 fast um die Hälfte auf 591 absinken. Zu diesem Zeitpunkt erge-

Eröffnung des neuen Packraums 1987.
Von links: Gerda Frank, Brigitte Harant, Alfons Vogl, Inge Achatz, Elfriede Schmierer, Martin Bär, Therese Eisch beim Durchschneiden des Bandes, Susanne Sedlmeier, Angela Geiß, Annemarie Kainz, Ali Eisch, Erna Achatz, Erich Eisch.

ben sich nachstehende Beschäftigungszahlen:

Hippolyt Freiherr von Poschinger'sche Krystallglasfabrik	247
Glashütte Valentin Eisch KG	214
Kristallglasfabrik Spiegelau GmbH, Werk Frauenau	130"[21]

1988 ist eine weitere Verschärfung dieser Tendenz festzustellen: Bei Poschinger sind Anfang Juni nur noch 100 Arbeiter beschäftigt, am „Eisernen Mann" im Frauenauer Werk II der Kristallglasfabrik Spiegelau sind es 80, und nur bei Eisch stieg die Beschäftigtenzahl auf 258 Personen an.[22] Trotz verstärkter Bemühungen um den Fremdenverkehr schrumpfte die Einwohnerzahl von 3514 Personen im Jahre 1974 auf 2996 Frauenauer im Juni 1987.[23]

Aufgabe der folgenden Kapitel wird es unter anderem sein zu zeigen, wie es in der Eisch-Hütte – der allgemeinen Entwicklung in der Mundglasindustrie entgegen – möglich wurde, nicht nur von 1957 an einen relativ konstanten Beschäftigungspegel zu halten, sondern im Jahr 1988 den bisherigen Höchststand zu erreichen.

Belegschaftsstruktur und Tätigkeitsfelder

Wer sind nun diese 258 Arbeiter und Angestellten? Daß ein Betrieb, noch dazu einer, der in so hohem Maße auf Handarbeit und Zusammenarbeit angewiesen ist, nicht einfach als eine Ansammlung von Arbeitsplätzen mit dem dazugehörigen Personal, sondern als ein kompliziert strukturiertes Feld sozialer Beziehung zwischen einzelnen und Gruppen anzusehen ist, braucht wohl nicht eigens betont zu werden. Auf Frauenau bezogen kann man die Glashütten als Knoten-

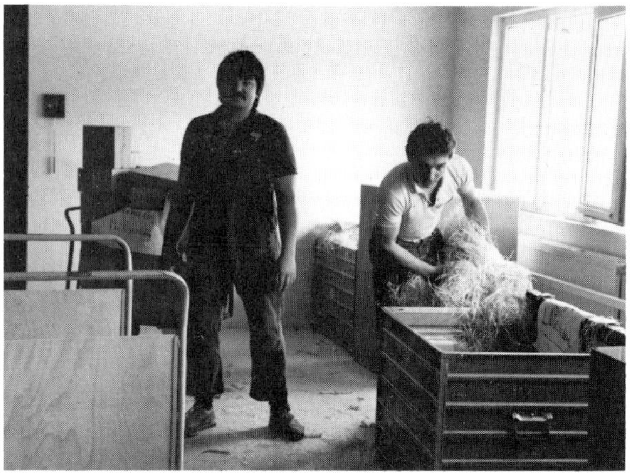

Versand und Packerei.
Links: Erna Achatz und Hildegard Haslinger.
Rechts: Martin Bär und Hans Stadler.

punkte von Kommunikation und Meinungsbildung betrachten - oder, in den Worten des Betriebsratsvorsitzenden Josef Fuchs ausgedrückt: „Wennst was losbringen willst - den Kirchenleuten erzählen oder den Hüttenleuten. Das ist die beste Zeitung in der Au!“[24] Die soziale Schichtung und Strukturierung des Dorfes durch Alters- und Berufsgruppen, durch Betriebszugehörigkeiten, Vereine und vieles mehr, setzt sich innerhalb des Betriebs weiter fort - die „Hüttenleut'“ sind keine homogene Masse.

Die beiden größten Gruppen ergeben sich durch geschlechtsspezifische Unterteilung. Denn - so erstaunlich das vielleicht klingen mag - ein Drittel der bei Eisch Beschäftigten sind Frauen. Von ihnen ist nur selten die Rede, wenn von traditionellen Glasberufen gesprochen wird, und noch seltener findet man sie in der Glasliteratur. Die Männer (allen voran die Glasmacher) dominieren in den Glashütten und in den traditionell patriarchalischen Hüttenhierarchien, die sich bis heute weitgehend erhalten haben. Trotzdem aber stimmt das historische Klischee nicht, das von reinen Männerbetrieben ausgeht. Auch in der Vergangenheit fiel den Frauen nicht nur die Aufgabe des mittäglichen Essentragens für die Männer und Söhne zu, sondern spätestens ab dem 19. Jahrhundert galten die meisten Tätigkeiten in der Packerei und der Nachbearbeitung als Frauenarbeiten (vom Scheibenschleifen, Kistenmachen und wenigen anderen Aufgaben abgesehen). Vereinzelt saßen auch Frauen an den Schleifwerkzeugen. In der Eisch-Hütte von heute sind es Arbeiterinnen, die, von einigen männlichen Pakkern unterstützt, das Lager und den Versand im Griff haben; vor allem Frauen stehen am kalten Ende des Kühlbands, an den Abspreng- und Verschmelzmaschinen, den Schleifbändern und Sandstrahlgeräten, sie waschen die Gläser aus, sortieren sie und vieles mehr. Mit von der Partie ist hier immer noch Therese Eisch - auch mit 84 Jahren kann sie es nicht lassen, täglich ab 6.00 Uhr morgens im Schleifereigebäude unter „ihren“ Hüttenleuten zu sein. In den Detailverkaufsräumen sind es ausschließlich Verkäuferinnen, die sich um den Touristenstrom kümmern (an den Samstagen springen Lisa Eisch und ihre Töchter für sie ein), und in den beiden Büros, dem Haupt- und Lohnbüro, sind - vom Lohnbuchhalter und EDV-Spezialisten Fritz Hoffmann abgesehen - acht weibliche Angestellte beschäftigt.

Nicht ganz einfach und nicht üblich ist es allerdings immer noch, außerhalb solcher traditionellen Frauenberufe - die zu einem großen Teil Hilfsarbeiterjobs sind - als Frau Fuß zu fassen.

Den Facharbeiterstatus besitzen in den Glashütten fast nur Männer; handwerklich ausgebildete Frauen bewerben sich dort nur in den seltensten Fällen. Eine wichtige Ausnahme stellt lediglich die Glasmalerei dar. Dieser Beruf erfreut sich vor allem bei Mädchen großer Beliebtheit, weshalb in den Malerwerkstätten der Eisch-Hütte die Malerinnen stets in der Überzahl sind. Die rein weiblich besetzte Kuglereiwerkstatt aber, die bei Gistl in den fünfziger Jahren eingerichtet wurde, wirkt noch heute eher als Kuriosität, denn als die Einleitung eines neuen Kapitels bayerwäldlerischer Sozialgeschichte. Und erst recht traute sich bis heute keine Frau an den Ofen einer Hütte. An den Anstrengungen der Ofenarbeit allein dürfte es kaum liegen – machen doch seit Jahren amerikanische und europäische (und darunter auch waldlerische) Glaskünstlerinnen an Studioglasöfen vor, daß Frauen den Anforderungen des Glasblasens durchaus gewachsen sein können. Alfons Hannes weiß anschaulich zu erzählen, wie es die Glasmacher in der Gistl-Hütte als krassen Einbruch in ihren männlich geprägten Hüttenalltag empfanden, als dort Mitte der fünfziger Jahre erstmals eine Frau als Einträgerin arbeitete. Diese Neuerung aber wurde bei Eisch ab der Inbetriebnahme des großen Glasofens 1957 übernommen, und die Glasmacher kommen inzwischen ganz gut damit zurecht, daß ihnen auch Frauen die fertigen Gläser abnehmen, um sie auf die Kühlbänder zu tragen.

Aber nicht nur in Hinsicht auf Männer- und Frauenarbeiten ist es häufig schwer möglich, die Tätigkeitsfelder und Zuständigkeiten klar voneinander abzugrenzen. Das gilt besonders für die vielfältigen Arbeiten außerhalb der Glasmacher- und Veredlerwerkstätten; die Beschäftigten in Packerei und Versand, in der Scheibenschleifermannschaft und den anderen Nachbearbeitungsabteilungen müssen flexibel Hand in Hand arbeiten und häufig auch bereit sein, dort einzuspringen, wo es gerade Engpässe gibt.

Stärker spezialisiert arbeiten natürlich die 23 Kugler und 8 Graveure an ihren Werkzeugen; ebenso die Maler, die zwei verschiedenen Abteilungen zugeordnet sind: Der Malerei Franz Linzmaiers, die sich um Goldränder, Malereidekors usw. von Trinkglasgarnituren kümmert und der Unikat-Werkstatt für „Poesie in Glas“.

Der Schmelzergehilfe Bernhard Wessel beim Einlegen von Scherbenmaterial.

Eine Reihe von Leuten nehmen im Schleifereigebäude „Scharnierfunktionen“ zwischen Arbeiterschaft, Betriebsleitung und Kundschaft wahr. Abteilungsleiter ist dort Josef Stockbauer, der seinen beruflichen Werdegang als Lehrling in der Eisch-Hütte begann. 1988 übernahm er als Nachfolger von Horst Weber die Aufgabe, die verschiedenen Produktionsbereiche der Nachbearbeitung und Veredelung innerhalb der gesamten Werkhalle zu koordinieren.

Lediglich die Leitung der „Poesie-Malerei“ ist Gretel Eisch vorbehalten. Diese arbeitet eng mit ihrer Schwägerin Annemarie Kainz zusammen, die Produktion und Verkauf der „Poesie“-Gläser organisiert. Alfons Eisch schließlich ist fast Tag und Nacht um einen reibungslosen Ablauf in den Veredelungs- und Nachbearbeitungswerkstätten besorgt, er kümmert sich um die Lehrlingsausbildung wie um die Entwicklung neuer Schliff- und Gravurmuster und springt nebenbei als Hüttenführer, Packer oder bei personellen Ausfällen irgendwo im Schleifereigebäude ein.

Nicht ganz so komplex und verschiedenartig sind die Arbeitsbereiche, die im zweiten Trakt der Fabrik, der eigentlichen „Hütte“, ineinanderspielen. Hier dominieren eindeutig die 74 Glasmacher und die Einträger rund um die beiden Glasöfen. Eine Schlüsselstellung aber nehmen der Schmelzer Herbert Harant und seine beiden Gehilfen Bernhard Wessel und Manfred Bayerl ein; von ihrer verantwortungsvollen und schweren Arbeit am Anfang des Produktionsprozesses, der Glasschmelze, hängt augenfällig der ganze Glashüttenbetrieb ab. In einer gesonderten Werkstatt, aber unentbehrlich für die Glasmacher arbeitet der Formenmacher Franz Lanzinger, Nachfolger des langjährigen „Draxlers“ Max Graßl. Er drechselt die „Modl“ aus Buchenholz oder Kohlekörper, die für die Formgebung der meisten Gläser gebraucht werden.

Die Arbeit an den Glasöfen selbst leitet der Glasmachermeister Josef Pscheidl, der 1985 in der Nachfolge von Helmut Schneck dieses Amt des Hüttenmeisters antrat. Hinter dem großen Ofen jedoch wird auch noch auf sehr viel andere Art und Weise Glas geblasen: Hier sitzt der Frauenauer Allround-Musikant Reinhold Simmeth mit einem Auszubildenden und fertigt vor der „Lampe“ (einem Gasbrenner, der ansonsten zur Herstellung von Apparateglas Verwendung findet) dünnwandige, elegante Ziergefäße an.

Als die „Feuerwehr“ des Betriebs könnte man schließlich das Trio des Schlossers Franz Haslinger, des Elektrikers Werner Reissner und des Hüttenmaurers Georg Hackl bezeichnen, die überall gebraucht werden, wo immer es etwas zu reparieren, umzubauen, einzurichten oder zu „basteln“ gibt.

An exponierter Stelle stehen Rosa Schneck im Portierhäusl und die Hüttenführer, die jährlich den Informationswünschen Tausender von Touristen nachkommen müssen, ohne daß dies die Arbeit im Betrieb allzu sehr beeinträchtigt.

Eine ganz andere Gruppe aber verdient hier auch noch erwähnt zu werden: Die neun Schwerbehinderten, die in verschiedenen Abteilungen arbeiten und mit großer Selbstverständlichkeit in die Belegschaft integriert sind. Obwohl diese Behindertenplätze gesetzlich vorgeschrieben sind, ist es in den Glashütten leider noch nicht allgemein üblich, sie auch tatsächlich zu besetzen.

Und noch ein Wort zur Firmenleitung: Chefs der

Glasblasen vor der Lampe (Reinhold Simmeth).

Hütte im engeren Sinne sind Erich Eisch als kaufmännischer Leiter und Helmut Schneck als Betriebsleiter, der für die innerbetrieblichen Aufgaben zuständig ist. Charakteristisch für die Eisch-Hütte ist es aber, daß die Eisch-Geschwister und die leitenden Angestellten nicht sämtliche Entscheidungsbefugnisse klar untereinander aufgeteilt haben. Das kann unter Umständen für Verwirrung sorgen, bringt aber andererseits vielerlei Ideen und kontroverse Ansichten in Entscheidungsprozesse ein und zwingt zur Verständigung und Absprache.

Die Glasmacherwerkstatt

Die Tätigkeit der Glasmacher ist wohl die für den Außenstehenden faszinierendste, gleichzeitig aber auch die am schwersten durchschaubarste, weshalb es angebracht ist, sie etwas eingehender zu beschreiben. In den Glashütten im Bayerischen Wald ist es gewöhnlich eine „Werkstatt“ (oder „Werkstelle“) für jeden Hafen, in der fünf Arbeiter genau aufeinander abgestimmte Arbeitsschritte ausführen. Eine Kelchglaswerkstatt besteht aus einem Einträger, zwei Anfängern zum Kölblmachen und Einblasen, dem Kaier für Stiel- und Bodenglas und dem Meister, der einen separaten Arbeitsplatz auf seinem „Bankl“ abseits der Arbeitsbühne, die sich um den Glasofen zieht,hat. Am Anfang des Produktionsprozesses steht der Kölblmacher, der als erster mit der Glasmacherpfeife, einem langen, dünnen Eisenrohr, in den Hafen einsticht und etwas Glasmasse herausholt. Er bläst diese zu einer kleinen Kugel, dem „Kölbl", auf und gibt die Pfeife anschließend an den Anfänger weiter. Dieser übersticht das Kölbl nochmals, d. h. er umhüllt es mit flüssigem Glas, formt den so entstandenen Glasposten gleichmäßig vor und bläst ihn - wenn er nicht vom Meister frei geformt werden soll - in einen Modl ein, dessen Material Buchenholz oder Kunstkohle für die glatte und damit glänzende Oberfläche des Glases sorgt. Bei der Kelchglasproduktion ist nun der eigentliche Kelch, die Kuppa, fertig. Die Pfeife sitzt an der Kappe an, die beim Einblasen aus der Negativform gequollen ist, und die später, bei der Nachbearbeitung, vom Glasgefäß abgesprengt werden muß. Für die nächsten Schritte wird die Glasmacherpfeife dann vom Meister übernommen. Auf der Bank sitzend, das Eisenrohr ständig auf den Seitenlehnen hin- und herrollend, zieht er einen kleinen Glasposten, den der Kaier an den Kelch angesetzt hat, zum Stiel aus. Der Kaier bringt nochmals etwas Glasmasse, und der Meister formt daraus die Bodenplatte. Dann wird das fertige Kelchglas von der Pfeife abgeschlagen, vom Einträger mit einer Gabel aufgenommen und zum Kühlband getragen.

Es gibt eine unendliche Vielfalt alter und neuer Ofentechniken, Tricks und Feinheiten, aus der die Eisch-Hütte schöpft, daher ist diese Darstellung natürlich äußerst grob. Außerdem ist sie vor allem auf die Arbeitsweise einer Kelchglaswerkstatt zugeschnitten. Bei anderen Werkstellenty-

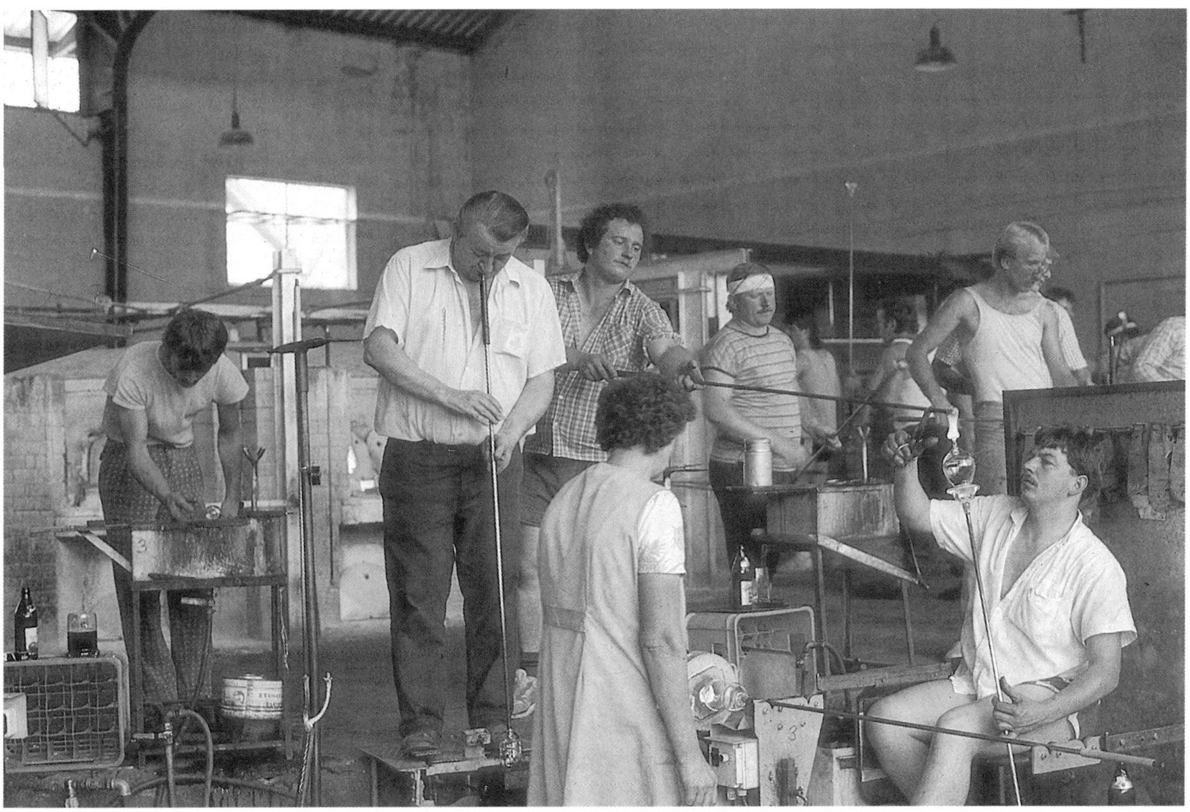

Eine Glasmacherwerkstatt am großen Zwölfhafenofen in der Eisch-Hütte.
Von links: Martin Fuchs beim Kölblmachen, Alois Hruschka beim Einblasen, Michael Kreutzer als Kaier und der Meister Johann Auerbeck, sitzend. Vorne die Einträgerin Aurelia Sitzberger, rechts Heinrich und Erwin Peschl, die zur benachbarten Werkstatt gehören.

Das Anritzen und Absprengen der Kappen, hier durch Betty Zens.

pen, d. h. wenn Becher, große Stücke, Geschenkartikel oder „Poesie"-Unikate gefertigt werden, ändert sich das Vorgehen der Glasmacher entsprechend, in ihren Grundzügen aber bleibt die Kooperation innerhalb einer Werkstatt dieselbe. An den beiden Glasöfen der Glashütte Eisch sind insgesamt 19 solcher Glasmacherteams beschäftigt.

Sie alle arbeiten nach der halbrheinischen Produktionsweise, einer Mischform zwischen der alten böhmischen Machart mit achtköpfiger Werkstatt und der neueren rheinischen, die mit fünf Arbeitern und ohne Kölbl auskommt und eher zur Massenfertigung von einfachem Gebrauchsglas gedacht ist. In der alten Hütte von 1952 wurde auch bei Eisch noch „böhmisch" produziert. Dieses System war aufwendiger, aber damals noch das im Bayerischen Wald gebräuchliche und es ermöglichte die Herstellung besonders dünnwandiger Gläser mit einem Höchstmaß an Präzision und Feinfühligkeit. Die sehr flexible halbrheinische Machart vereint dieses sensible Arbeiten über ein Kölbl mit der rationelleren Fertigung in der kleineren Gruppe; sie ermöglicht es, modische Trendwechsel mitzumachen und auch alte Techniken - die raffinierten Feinheiten der böhmischen Arbeitsweise - in die Hüttenproduktion zu integrieren.

Voraussetzung dafür ist allerdings, daß die Glasmacher bereit und in der Lage sind, sich immer wieder auf neue technische Variationen einzulassen. Insbesondere mit dem Meister, dessen handwerklichem wie auch organisatorischem und pädagogischem Geschick steht und fällt die Arbeit einer Werkstatt. Schon sein äußerlich hervorgehobener Platz abseits vom Ofen spiegelt einerseits sein besonderes Können, andererseits seine Funktion als für die Produktion der Gruppe verantwortlicher Werkstellenleiter und unter Umständen auch als Ausbilder. Nur durch besondere Geschicklichkeit und durch Engagement ist es daher möglich, sich zum Meister zu qualifizieren - wobei auffällig ist, daß in der Eisch-Hütte viele junge Glasmacher auf dem „Glasmacherbankl" sitzen. Trotzdem aber ist der Einfluß der Glasmachermeister heute - verglichen mit Vorkriegszeiten - stark geschmälert. Von dieser Macht über die Werkstattmitarbeiter und die jeweiligen Produktionsmittel rührt u. a. wohl auch das vielzitierte Selbstbewußtsein der Glasmacher her. Karl Lautscham und Georg Köppl hatten noch viel vom Nimbus der alten Glasmachermeister - sie wußten, wie sehr die junge Hütte auf ihre Fähigkeiten und auf ihr Durchhalten angewiesen war, und das zeigten sie auch.

Akkordarbeit und Schinden

Die harte Arbeit am Glasofen erfordert zu allererst gute Teamarbeit. Deshalb werden die Glasmacherlöhne nach Gruppenakkord berechnet: Der von der Werkstatt erarbeitete Akkordlohn wird prozentual nach der Werkstellenhierarchie vom Kölblmacher aufwärts bis zum Meister (die den Schwierigkeitsgraden der Arbeit entspricht) unter den vier Glasmachern aufgeteilt. Die Akkordrichtsätze sind tariflich festgelegte Mindestlöhne bei durchschnittlicher Akkordleistung, welche 20 Prozent über den Zeitlöhnen liegen. Dieser Tariflohn beträgt bei Glasmachermeistern DM 2867,–. Die anderen Facharbeitergruppen innerhalb des Betriebs, die Kugler, Graveure und Glasmaler (mit Ausnahme der „Poesie"-Maler) arbeiten ebenfalls im Akkord und verdienen ei-

Buntglas (unten) und Freihandgläser (links, vorne fünf Formen aus der Serie Pfauenauge) trugen in den fünfziger und sechziger Jahren wesentlich zum Ruf der Eisch-Hütte bei. (Aufnahmen um 1967).

Poesie in Glas: Durch Bemalung (oben) und verschiedene Ofentechniken (unten) gestaltete Unikate aus den Jahren 1987/88.

nen Mindestlohn von DM 2631,–, der auch dem der Glasmachergehilfen entspricht. Für die Werkstellenleiter in den Veredelungsabteilungen erhöht sich dieser auf DM 2801,–.[25]
Während man in den meisten Hütten heute auf Zeitakkord umgestiegen ist, werden die Akkordsätze in der Eisch-Hütte noch nach Stückpreis berechnet. Der Stückakkord in den Glashütten stammt bereits aus vorindustriellen Zeiten, wenn man auch früher nicht nach Einzelstücken, sondern „Schock" rechnete. Der Preis eines Schocks war eine feste Größe, und je nach Kosten und Arbeitsaufwand wurde festgelegt, wieviele Gläser einer Sorte jeweils ein Schock ausmachten. Auch in der Eisch-Hütte wurden die Glasmacherlöhne bis kurz nach Inbetriebnahme der neuen Hütte noch nach diesem System berechnet.
Heute werden zwischen der Betriebsleitung und der Preiskommission (am Akkord beteiligte Arbeiter und Vertreter des Betriebsrats) Akkordsätze nach dem Stückpreissystem sowohl für die Glasmacher als auch für Veredler vereinbart. Alle übrigen erhalten Zeitlöhne, die im allgemeinen auf niedrigerem Niveau gestaffelt sind. Schichtbetrieb ist in der Eisch-Hütte nicht möglich, da in den Hafenöfen jede Nacht neues Glas geschmolzen wird.
Der Arbeitstag der Hüttenarbeiter beginnt bereits um 6.00 Uhr morgens und endet um 15.30 Uhr. Lediglich die Glasmacher haben andere Arbeitszeiten. Sie arbeiten im Winter von 6.00 Uhr bis 15.00 Uhr, und im Sommer wird der Arbeitsbeginn an den Öfen um eine Stunde vorverlegt. Dabei geht es vor allem darum, in der Ofenhalle der Sommerhitze soweit als möglich zu entkommen. Davon abgesehen sind die frühen Anfangszeiten ganz einfach traditionell bedingt: Noch bis in die Nachkriegszeit hinein hatten die meisten Glasarbeiter nebenbei eine kleine Landwirtschaft zu versorgen und waren froh über die Möglichkeit, den Spätnachmittag zum Heueinfahren, Holzmachen usw. zu nutzen; bei manchen trifft das heute noch zu.
Manchmal aber wird auch außerhalb der festen Arbeitszeit weitergearbeitet, etwa in der Arbeitspause um 9.00 Uhr – frei nach Lust und Laune für

Brotzeit in der Ofenhalle.
Von rechts: Josef Rankl, Herta Maier, Georg Oswald, Michael Bachmann jun.

den Eigenbedarf des Glasmachers. Dieses „Schinden" ist für die Glasgeschichte von einiger Bedeutung, in kunst- wie sozialgeschichtlicher Hinsicht. Eine kurze allgemeine Erläuterung sei dem Buch „Geschundenes Glas" von Reinhard Haller entnommen:

„Bitzeln, Tantern, Privateln, Schwarzarbeiten und Schinden sind den Glasmachern im Bayerischen Wald eigene Bezeichnungen für eine freiwillige Tätigkeit außerhalb der vertraglichen Arbeit, konkret vor Arbeitsbeginn, in den Arbeitspausen, ausnahmsweise auch zwischen den einzelnen Ruhepausen, das heißt während der Ofenarbeit und an den Freitagen bzw. Samstagen nach Arbeitsschluß, wobei die Glasmacher das Rohglas kostenlos, in jüngster Zeit auch gegen eine Art Schutzgebühr aus einem Hafen entnehmen dürfen (...) Für die Einträger und Külbelmacher bedeutete 'schinden' soviel wie 'probieren, lernen und üben'. Voll ausgebildete und etablierte Glasmacher nutzten die freie Zeit und das traditionelle Glasangebot zur Deckung des Eigenbedarfs und zum Nebenerwerb . . .
Das Recht der begrenzten Glasausbeute für private Zwecke wird erstmals im 16. Jahrhundert schriftlich verbürgt (. . .) Aus den Zugeständnissen der Frühzeit entwickelte sich ein Gewohnheitsrecht und in der Konsequenz ein Brauch, der bis um 1975 in fast allen Hütten geduldet und nur sporadisch durch Einschränkungen gestört wurde."[26]

Das Schinden spielt, wenn man so will, immer wieder in die Geschichte der Eisch-Hütte hinein. Viele der Kelche und Krüge, die Valentin Eisch vor der Betriebsgründung zu Hause veredelte und mit denen Therese Eisch während und nach dem Krieg zu den reichen Bauern im Vorderen Bayerischen Wald oder im Rottal hamstern ging, und auch noch viele der Rohgläser für die neugegründete Gravurwerkstatt vor der Währungsre-

Bunte Glaskugeln aus der Hüttenproduktion.

form waren in Privatarbeit entstanden und mußten von den Glasmachern gegen Schliff- und Gravurarbeiten erstanden werden.

Vor der Inbetriebnahme einer eigenen Glashütte nützte auch Erwin Eisch die zum Schinden freigegebenen Arbeitspausen der Glasmacher für seine ersten künstlerischen Versuche mit Glas, wenn er damals auch noch nicht selbst zur Pfeife griff. Befreundete oder verwandte Glasmacher wie Karl Blechinger in Theresienthal, Karl Lautscham bei Gistl und Benedikt Hirtreiter bei Poschinger verwirklichten Entwürfe des damaligen Münchner Kunststudenten und dessen Vorstellungen von freigeblasenem Glas, die ihnen höchst ungewohnt erscheinen mußten.

Aber auch nach dem Glasofenbau 1952 spielte das Schinden eine gewisse Rolle für den Betrieb: Aus den Schindergläsern ließen sich vor allem in handwerklich-technischer Hinsicht wertvolle Anregungen beziehen. Denn die Glasmacher schinden nicht nur aus materiellen Bedürfnissen oder Absichten, sondern auch, um die eigenen Kunstfertigkeiten lebendig zu halten oder zu erweitern. Für sie ist es weniger wichtig, „Kunst" zu produzieren, als ein möglichst vielfältiges und raffiniertes Können demonstrieren zu können. Anregungen werden dabei von überall her aufgenommen:

„Was sich formal in den 'Schindergläsern' trifft, ist... fast immer die Summe aus Hüttentradition, Familienstil, historischen Modellen plus persönliche Ideen. Auffallend ist ein generelles Beharrungsmoment in den Ergebnissen (...) Im 'Schinden' wurden Formen und Techniken konserviert."[27]

Die privaten Arbeiten können sehr bunt sein, mit aufwendigen Verzierungen versehen, manchmal erinnern sie an alte Gläser aus böhmischen Glashütten. Dem Schinden ist es zu verdanken, daß manche alte Technik über die von phantasieloser Massenproduktion dominierten fünfziger und sechziger Jahre hinübergerettet werden konnte.

Schon bald nach der Etablierung des „Eisernen Mannes" waren viele Glashütten froh, auf derartige Fähigkeiten bei ihren Glasmachern zurückgreifen und so der Maschine ein Stück weit ausweichen zu können. In der Eisch-Hütte wurde dieses Potential sehr früh erkannt – die 1955 auf der Handwerksmesse in München ausgezeichneten Freihandgläser zeugen ebenso davon wie die gläsernen Schnupftabakbüchseln, Briefbeschwerer und die Christbaumkugeln (von denen die erste genau am 16. 8. 1978 für die Firma geblasen wurde). Alle diese Produkte, die nun ins Verkaufssortiment der Glashütte kamen, gehören zum klassischen „Schinderrepertoire".

Wie aber sieht es heute mit dem Schinden aus? Grob umrissen läßt sich ein Wandel der Funktion des Schindens für die Glasmacher feststellen – ein allmählicher Umschlag von der Produktion für den Eigenbedarf über die Herstellung von Hamster-und sonstiger Tauschware zur überwiegenden Arbeit für den privaten Verkauf vor allem an Touristen (obwohl natürlich nach wie vor auch zu Übungszwecken geschunden wird). Ein Problem nun, das sich durch diese Entwicklung heute den Glashütten stellt, besteht darin, daß manche Glasmacher gern Stücke aus dem Hüttenprogramm nacharbeiten und damit dem Betrieb zur Konkurrenz werden. Nach eigenen Ideen aber darf in der Eisch-Hütte freitags während der Brotzeit beliebig und ohne Gebühr geschunden werden. Für Veredler fällt die zeitliche Einschränkung weg, allerdings besteht für sie die Schwierigkeit, sich zuvor über die Firma oder einen Glasmacher Rohglas beschaffen zu müssen.

Mitunter kann das Schinden zu einer kaum zu bremsenden Leidenschaft werden. Der für die Eisch-Hütte beinahe legendäre Karl Lautscham nutzte dazu jede freie Minute (und die freie Zeit seiner Mitarbeiter), wie auch jede Öffnung zum Kühlband. Davon berichtet eine Anekdote aus

Hüttenfest zur Ofenweihe und zum zwanzigjährigen Bestehen der Glashütte am 26. 12. 1972.
Links Franz Haslinger und Hans Garhammer beim Anzapfen.
Rechts, v. l.: Die Büroangestellten Liane Lomitzky, Barbara Hackl und Erika Schlag. Paul Schlag aus der Packerei- und Nachbearbeitungsabteilung und der Glasgraveur Josef Weß.

den späten fünfziger Jahren, als das Schinden einmal so überhand genommen hatte, daß es die reguläre Produktion beeinträchtigte und kurzzeitig verboten wurde. Das Kühlband wurde deshalb außerhalb der Arbeitszeit durch ein Gitter versperrt. Lautscham aber focht das nicht an – er ging einfach dazu über, mit seinen Gehilfen Flaschen zu blasen, die er so flach drückte, daß sie durch die Gitterstäbe aufs Band geschoben werden konnten![28]

Leben und feiern mit dem Betrieb: Die Hüttenfeste

Die Beharrlichkeit und Leidenschaftlichkeit, mit der die Glasmacher seit Generationen versuchen, das nirgendwo fixierte Recht des Schindens durchzusetzen, weist auch auf die enge Verknüpfung von privatem und beruflichem Leben und Selbstverständnis, was bis heute charakteristisch für die Glasmacherei ist. Bis vor drei oder vier Jahrzehnten aber war die Einbindung der Glashüttenarbeiter in ihre Betriebe, die Abhängigkeit vom Unternehmer und auch ihre soziale Isolation von anderen Bevölkerungsgruppen unvergleichlich umfassender. Man wohnte in firmeneigenen Arbeiterwohnhäusern, saß am Feierabend im Hüttenwirtshaus und verheiratete sich kaum außerhalb des Glashütten- oder zumindest des Arbeitermilieus. Das Leben baute sich rund um den Glasofen auf - nicht nur räumlich, sondern zugleich im Sinne einer sowohl ökonomischen als auch emotionalen Bindung und Identifikation.

Durch solche Traditionen, mehr noch aber durch die Ausnahmesituation, die sich aus dem Neuanfang und der ungewöhnlichen Kleinheit und Intimität für diese - quasi improvisierte - Glashütte ergab, konnte auch in der ersten Eisch-Hütte in den fünfziger Jahren ein starkes Zusammengehörigkeitsgefühl entstehen. Die Eischs kannte man als eine Familie gleicher lokaler und sozialer Herkunft, und die augenscheinliche Überlegenheit und Überheblichkeit der beiden etablierten Glashütten am Ort sowie die Härten und Komplikationen, die die Neugründung mit sich brachte, machten unmittelbar einsichtig, daß man im selben Boot saß und auf Gemeinsamkeit angewiesen war. Die Belegschaft war zudem überschaubar, die Vorgänge und Arbeitsabläufe waren für jeden durchsichtig und verstehbar. Vor diesem Hintergrund konnte der winzige Glasofen nicht bloß Arbeitsplatz für eine Handvoll Menschen sein, den man am Feierabend vergaß, vielmehr wurde er zu einem Treffpunkt, vielleicht dem

Tanz in der Ofenhalle zur Goldenen Hochzeit von Valentin und Therese Eisch am 5. 5. 1978.

Zentrum des ganzen Viertels. Auch außerhalb der Arbeitszeit fanden sich dort Mitarbeiter sowie manche Anwohner aus Althütte ein: im Winter zum Aufwärmen, im Sommer zum Schwammerltrocknen oder einfach zur Unterhaltung.
Heute dagegen ist die Eisch-Hütte ein stabiles und komplex strukturiertes Unternehmen. Der sprunghafte Anstieg der Beschäftigtenzahl sowie allgemeine gesellschaftliche Entwicklungen (Wohlstand, Mobilität, Medien - um nur die naheliegendsten Schlagworte zu nennen) haben viel von jenen alten Bindungen und der Intimität der Mini-Glashütte verschwinden lassen. Die Betriebsweihnachsfeiern beispielsweise, wie sie damals gefeiert wurden, wären heute nur schwer denkbar. Die gesamte, knapp 60-köpfige Belegschaft fand sich im „Salettl" des Kirchenwirts in Frauenau ein, gemeinsam wurde gegessen, Franz Heider las die „Heilige Nacht" und Sepp Killinger trat als Nikolaus auf und hielt jedem seine „Schandtaten" vor oder lobte vorbildliches Benehmen. Dazu gab es Weihnachtsgeschenke wie Hemden, Schals, Fingerhandschuhe und ähnliches - an die Stelle kleiner Geldgeschenke, wie sie anderswo durch die Firmenleitung verteilt wurden, trat hier die Sorge um warme Finger der Mitarbeiter. Hier spürt man den Gedanken, den Betrieb nicht nur als Familie gemeinsam zu führen, sondern zugleich auch eine Art familiäres Klima zu erhalten (soweit dies im Rahmen einer Fabrik angemessen und ehrlich ist).
Dieses Denken entspricht am meisten natürlich dem der Therese Eisch. Für sie war es daher keine Frage, ihren 80. Geburtstag am 4. 2. 1984 mit allen Betriebsangehörigen sowie mit Vertretern und Kunden zu feiern, ebenso wie der 80. Geburtstag von Valentin Eisch am 24. 4. 1981, knapp zwei Jahre vor seinem Tod, und die goldene Hochzeit beider am 5. 5. 1978 große Hüttenfeste wert waren. Die Ofenhalle bietet sich förmlich zum Feiern an; sie ist geräumig genug, um für 300 Gäste Tische und Bänke aufzustellen, der Schmelzofen in der Mitte sorgt für Wärme und eine eigenartige Gemütlichkeit und die gute Akustik des hohen Raums unterstützt Singen und Musizieren - und Musikanten gibt es in der Belegschaft wie in der Eisch-Familie zur Genüge.
Daß nicht nur Familienfeste, sondern vor allem große Betriebsjubiläen ausgiebig gefeiert werden, versteht sich von selbst - angefangen von der Einweihungsfeier der Halle am 3. 2. 1957 über das Hüttenfest zum zwanzigjährigen Bestehen der Glashütte und der Ofenweihe im Dezember 1972 bis zum 25jährigen Jubiläum 1977. Zu diesem An-

laß allerdings (wie auch für die Feier zum 60. Geburtstag Erwin Eischs samt Ausstellung am 18. 4. 1987) blieb man nicht in der Ofenhalle, sondern zog in die Bürgerhalle, den Gemeindesaal Frauenaus, um.

Die Hüttenwohnhäuser

„Zu dem Antrag möchten wir ergänzend noch erklären, daß wir gezwungen sind, mit dem Wohnungsbau für unsere Arbeiter noch in diesem Jahr zu beginnen, wenn wir nicht Gefahr laufen wollen, beste Arbeitskräfte zu verlieren ... Von den 212 Beschäftigten unserer Firma fahren wir bereits täglich 45 Personen mit betriebseigenen Bussen zur Arbeit und wieder zurück. Wir konnten nur mit der bindenden Zusage, daß mit dem Wohnungsbau jetzt endlich begonnen wird, Abwanderungen von qualifizierten Arbeitern vermeiden ...“ [29]

Mit diesen Sätzen begründete Erich Eisch am 12. 2. 1965 einen Antrag auf ein Darlehen zum Bau des ersten Arbeiterwohnhauses der Firma. Der Brief illustriert anschaulich ein Manko, dem sich die junge Glashütte schon bald gegenübersah: Sie konnte nicht den preiswerten Wohnraum anbieten, den viele Arbeitnehmer zur Bedingung machten, wenn Erich Eisch versuchte, sie zur Mitarbeit in seinem Betrieb anzuwerben.
Für die alten Glashütten war es selbstverständlich, daß der Hüttenbesitzer zugleich mit der Fabrik „Glaserhäuser“ für die Glasmacherfamilien baute. Arbeit und Wohnen traten dadurch auch räumlich zusammen, denn die Siedlungen wurden, wo möglich, in der Nähe der Hütte angelegt und die Glashüttenleute blieben dort weitgehend unter sich. So sind die Frauenauer Ortsteile Moosau und Althütte von den großen Mietshäusern mit über 150 Wohnungen geprägt, die Isidor Gistl in den zwanziger Jahren bauen ließ; trotz ihrer Beengtheit muß man sie wohl auch heute noch als großartige Beispiele privaten sozialen Wohnungsbaus anerkennen. Die Glaserhäuser in Oberfrauenau, ein charaktervolles Dorf aus zum Teil sehr alten Waldlerhäusern, das zu den Poschinger'schen Glashütten in Oberfrauenau erbaut wurde, wurden in den sechziger und siebziger Jahren nach und nach abgerissen oder abgebrannt, trotzdem aber verfügt auch die Poschinger-Hütte noch über etliche große Arbeiterwohnhäuser. Die Eischs konnten damit nicht konkurrieren, aber als sich der Betrieb zunehmend erweiterte und festigte, tauchten auch bei ihnen Überlegungen auf, auf der Häng, oberhalb der Hüttengebäude, wo 1963 Baugründe erworben wurden, eigene Arbeitersiedlungen zu errichten. Den Anfang machte im Sommer 1965 ein einfaches Haus mit Giebeldach und hölzernem Schrot, das drei Wohnungen enthält.

Das 1965 gebaute Arbeiterwohnhaus der Eisch-Hütte.

Dazu sollten auf der Häng auch Wohnungen für die eigenen Familien entstehen. 1966 bauten sich Erich und Gertraud Eisch, seit 1957 verheiratet, ein villenartiges Einfamilienhaus, dessen grüner Erkerturm und wuchtige Arkaden, die das Haus gegen den Hang abstützen, dem Gebäude auch aus großer Entfernung gesehen einen eigenwilligen Charakter geben. In der Nachbarschaft wurden 1976 auch Valentin und Therese Eisch noch zu Baumeistern: Engstirnigen Bebauungsplänen zum Trotz setzten sie den Bau eines niedrigen, kleinen Waldlerhauses mit Schopfwalmdach, Dachgaupen und grüngestrichenem Holz durch, in dem Therese Eisch heute alleine residiert. Gegenüber wohnt Tochter Gerda mit Familie, die übrigen Eischs sind im Tal geblieben.
Entgegen anfänglichen Vorhaben blieb es bei diesen Hängerer Neubaumaßnahmen, weil der Bedarf an Betriebswohnungen mit der Zeit immer geringer wurde: Immer mehr Glasarbeiter konnten es sich leisten, ihr Wohnhaus selbst zu bauen. Außerdem glückte es der Firma, eine Reihe von Häusern im Ort zu erwerben, die eigene Wohnhausbauten auf lange Sicht überflüssig machten.

Links die „Galerie am Museum", rechts die alte „Mühle".

Bereits 1965 war auf Erbpacht der ¼ Anteil eines Wohnhauses in der Siedlung Lager zur Hütte gekommen, und 1970 kaufte man die alte „Mühle" im Flanitzgrund, ein langgestrecktes Gebäude mit drei Wohnungen, das zu den ältesten Häusern Frauenaus zählt.
Dann, im Jahre 1971 nach dem Niedergang der Gistl-Hütte, wollte ihr Nachfolgebetrieb nicht nur einen großen Teil der Arbeiter, sondern auch die großen Mietshäuser loswerden. Die Glashütte Eisch kaufte zwei davon in der Moosau, mit insgesamt 27 Wohnungen, außerdem die Villa Isidor Gistls, in der bis 1975/76 ebenfalls drei Arbeiterfamilien wohnten. 1975 siedelten Erwin und Gretel Eisch mit ihrer vielköpfigen Familie dorthin um.
Die beiden großen Moosaurer Häuser wurden weiterhin von Arbeitern der ehemaligen Gistl-Fabrik und ihren Familien bewohnt. Im Laufe der Zeit zogen dort dann auch Mitarbeiter bei Eisch und andere Wohnungssuchende ein. Hier handelt es sich nicht um reine Betriebswohnungen, aber wie bei solchen werden auch in diesen Häusern die Mieten unter ortsüblichem Niveau gehalten. Allerdings müssen die Wohnungen nach und nach durch Renovierung, Badeinbau, Wohnungszusammenlegung usw. den Bedürfnissen der heutigen Menschen angepaßt werden.
Ein weiterer Zukauf war 1978 das Haus der „Galerie am Museum", dessen Obergeschosse zwei Betriebswohnungen enthalten. Es wurde im Zusammenhang mit dem Aufbau der Keramikwerkstatt „Lehm & Lehm Lassen" erworben, und im Untergeschoß richtete man eine Keramikgalerie ein. Heute werden dort Werke von Erwin Eisch und Peter Kobbe gezeigt. Das Haus erregte in Frauenau einiges Aufsehen, als es 1981 neu gestrichen wurde und sich Erwin und Gretel Eisch dafür ein ungewohntes Violett und buntgemalte Aufschriften und Lysenen ausdachten. 1986 wurde die „Mühle", die unmittelbar gegenüber liegt, entsprechend gestaltet, und vielleicht hat sich das „Auge des Dorfes" inzwischen an Farbe gewöhnt.
Der jüngste Wohnungszuwachs schließlich ergab sich im Frühjahr 1985 mit dem Ankauf des „Groll-Hauses" durch die Brüder Eisch, in dem zwei Wohnparteien unterkommen können.

Die gewerkschaftliche Organisation

Wenn man von gutem Betriebsklima spricht, von Zusammenarbeit und Gemeinschaftlichkeit, so soll damit nicht ideologisch überdeckt werden, daß sich auch hier die Interessen von Arbeitnehmern und Arbeitgebern gegenüberstehen. Gerade in den Glashütten mit ihrer langen industriellen Tradition wird von den Arbeitern großer Wert auf gewerkschaftliche Organisation und Vertretung gelegt. Wenn der Gewerkschafter Alfons Hannes schreibt, „daß in den Bayerwald-Glashütten ... der Anteil der gewerkschaftlich organisierten Arbeitnehmer schon immer sehr hoch“ war - für das Jahr 1975 gibt er rund 95 Prozent an - so muß das erst recht für den Glasmacherort Frauenau gelten.[30]

In der Glashütte Eisch waren Anfang 1987 95 Prozent der Arbeiter und 75 Prozent der Angestellten bei der für die Glasindustrie zuständigen IG Chemie-Papier-Keramik organisiert. Deren bayerische Bezirksleitung handelt für die Glasarbeiter eigene Tarifabschlüsse aus, die bayernweit ein gleiches Mindest-Lohnniveau für alle Hohl- und Kristallglas erzeugenden Betriebe garantieren. In bezug auf die Einführung oder Verbesserung von Arbeitszeit- und Urlaubsregelungen spielte die Glasindustrie oftmals sogar eine gewisse Vorreiterrolle. Hannes gibt einen kurzen Abriß der diesbezüglichen Entwicklung nach dem Krieg:

„Die genau abgegrenzte und regelmäßige Arbeitszeit in der Glasindustrie setzte nach dem Ersten Weltkrieg mit dem gesetzlichen Acht-Stunden-Tag und der damit verbundenen 48-Stunden-Woche ein. Am 1. Januar 1958 wurde die 45-Stunden-Woche, am 1. September 1961 die 43,5-Stunden-Woche und am 1. Januar 1963 die 42-Stunden-Woche eingeführt. Seit dem ersten Januar 1965 kennt die Glasindustrie die 40-Stunden-Woche mit fünf Arbeitstagen von Montag bis Freitag von jeweils acht Stunden (...) Regelmäßige und bezahlte Urlaubszeiten für die Beschäftigten des Glasgewerbes brachte erst das 20. Jahrhundert. Im Jahr 1941 lag der Jahresurlaub je nach Beschäftigungsdauer zwischen sechs und zwölf Tagen; 1974 waren es je nach Lebensalter 18–24 Tage.“[31]

1987 hat jeder Arbeiter gleichermaßen Anspruch auf 30 Urlaubstage. Der Betriebsratsvorsitzende Josef Fuchs erinnert sich noch gut an den ersten freien Samstag am 12. 10. 1961, der lautstark mit dem Slogan „Samstag gehört Papi mir“ gefordert

Streikposten vor der Glashütte ...

... und vor der Werkstatt in der Althüttenstraße.

worden war. Von da an bis zur regulären Einführung der Fünf-Tage-Woche war jeder dritte Samstag arbeitsfrei.

Der Glasarbeiterstreik 1963

Ein besonderes Ereignis im Glashütten- und Gewerkschaftsalltag des Bayerischen Waldes dürfte der Streik im Mai 1963 gewesen sein. Vielen Hüttenarbeitern wird er noch als die Gelegenheit in Erinnerung sein, zu der sie am sichtbarsten und geschlossensten in der Öffentlichkeit auftraten. Zwei Jahre lang war damals über die Urlaubsdauer verhandelt worden, ohne daß es zu einer Einigung gekommen wäre. Deshalb rief die IG Chemie-Papier-Keramik im Frühjahr 1963 ihre in der süddeutschen Hohlglasindustrie beschäftigten Mitglieder auf, die Gewerkschaftsforderung

Betriebsversammlung in der Eisch-Hütte, Sommer 1985. Links Betriebsratsvorsitzender Josef Fuchs, als Redner Helmut Schneck. Die Geschenkkörbe auf dem Tisch wurden zur Ehrung langjähriger Belegschaftsmitglieder bereitgestellt.

nach zwei Tagen mehr Urlaub für 1964 und einem zusätzlichen Urlaubstag schon für 1963 mittels Streik durchzusetzen. Die Urabstimmungen ergaben eine überraschend hohe Befürwortung der Aktion, und ab dem 20. 5. 1963 waren in einer ersten Streikwelle unter der Leitung von Alfons Hannes allein im Bayerischen Wald rund 2000 Glasarbeiter im Ausstand. Die Eisch-Hütte wurde zusammen mit den meisten oberpfälzischen Betrieben in einer zweiten Streikwelle bestreikt. Die kleinen Hütten, und gerade die noch in der Phase des Aufbaus und der geschäftlichen Konsolidierung befindliche Glashütte Eisch, fürchteten natürlich ein allzu langes Andauern des Streiks, weshalb Erwin Eisch vor der Urabstimmung in einem Aufruf an die Belegschaft appellierte, den Arbeitskampf abzulehnen. Aber hier hatte er die Bindung an die Hütte wohl überschätzt - 87 Prozent der Arbeiter zeigten sich mit der Gewerkschaft solidarisch und stimmten mit „ja“.

Die Streikaufrufe wurden im Bayerischen Wald zu 100 Prozent befolgt. Der Streik selbst verlief friedlich, ja fast gemütlich und die Gewerkschaft sorgte für Information und Unterhaltung. Nach zwei Wochen kam es auf Initiative des Bayerischen Arbeitsministeriums zur Einigung, und nach einer großen Abschlußkundgebung am 31. 5. in Frauenau wurde am 4. 6. die Arbeit wieder aufgenommen. Den zusätzlichen Urlaubstag für das Jahr 1963 hatte man zwar nicht erreichen können, dafür aber war der Durchbruch zum Urlaubsgeld gelungen. Einem Bericht der Süddeutschen Zeitung zufolge erklärte der Kundgebungsredner Karl Küpper, stellvertretender Bundesvorsitzender der IG Chemie, die

„Glasarbeiter seien damit die ‘erste große kompakte Gruppe‘, die dieses Ziel erreicht habe. ‘Alle anderen Kollegen des DGB werden mit Erstaunen feststellen, daß dies gelungen ist.‘ Das Urlaubsgeld betrage für 1963 zwischen 80 und 110 Mark und werde 1965, je nach Urlaubsstaffel und Dauer der Betriebszugehörigkeit, 144 bis 192 Mark erreichen. Die zwei zusätzlichen Urlaubstage ab 1964 und das Urlaubsgeld seien eigentlich mehr, als man habe erwarten können.“ [32]

Der Betriebsrat

Mindestens ebenso wichtig wie die gewerkschaftliche Interessenvertretung außerhalb des Betriebs sind gute Verständigung und Vertrauen zwischen Firmenleitung und Betriebsrat. Die Betriebsräte wurden bis 1972 alle zwei Jahre gewählt, seitdem finden die Abstimmungen alle drei Jahre statt, wozu die Arbeiter wie auch die Angestellten über 18 Jahren stimmberechtigt sind und sich zu 85 bis 90 Prozent an der Wahl beteiligen. Die Angestellten haben jedoch bis heute keinen eigenen Wahlvorschlag eingebracht.

Der erste Betriebsrat wurde am 4. 5. 1953 von 40 Mitarbeitern gewählt und bestand aus nur drei Mitgliedern: Vorsitzender war der Scheibenschleifer Max Seidl, der das Amt mit zweijähriger Unterbrechung bis 1961 behielt, dazu waren der Glasmachermeister Georg Köppl und Konrad Giltner, damals noch Schmelzergehilfe, zu Betriebsräten bestimmt worden.

Demgegenüber erbrachte die letzte Wahl am 8. 4. 1987 ein Gremium aus folgenden sieben Männern: Josef Fuchs, Fritz Böhm, Herbert Jakob, Michael Bachmann, Johann Wenzl, Egon Joachimsthaler und Heinrich Baierl. Die Namen lassen auf Kontinuität in der Betriebsratsarbeit schließen, denn die meisten der Gewählten sind schon seit Jahren mit ihrem Amt vertraut. Josef Fuchs ist bereits seit 1963 Betriebsrat und ist 1987 im 20. Jahr Vorsitzender. Von 1961 bis 1968 fungierte Fritz Böhm als sein Vorgänger, seitdem wird er regelmäßig zum stellvertretenden Vorsitzenden gewählt. Daneben soll als verdienstvoller Betriebsrat der Glasmacher Ludwig Schreiner erwähnt werden. Von 1955 an wurde er fast jedes Mal wiedergewählt, und während der Zeit des Moratoriums, in den finanziell schwierigsten Monaten in der Geschichte des Betriebs, war er es, der die Lohnverhandlungen führte und trotz allem zu für beide Seiten erträglichen Ergebnissen kam.[33]

Der Betriebsrat tritt alle drei Wochen in seinem Büro neben der Kantine zusammen. In dieser finden zweimal jährlich die Betriebsversammlungen statt. Neben der Information durch Betriebsrat, Gewerkschaft und Betriebsleitung erfolgen zu dieser Gelegenheit auch Ehrungen für 25jährige Betriebszugehörigkeit. Dabei werden den Jubilaren Ehrenurkunden des Bayerischen Staatsministeriums für Arbeit und Sozialordnung überreicht, und Erich Eisch schließt sich an die Ehrung mit dem Dank der Firma an. Bevor 1964 der Aufenthaltsraum unter dem Kühlband eingerichtet wurde, hielt man die Betriebsversammlungen einfach am Glasofen ab – da „ist halt alles rum gestanden, hat halt einer gred . . .“[34]

Sportliche Aktivitäten

Besonders in sportlicher Hinsicht greifen die gemeinsamen Unternehmungen der Belegschaft und die organisatorische Tätigkeit des Betriebsrats immer wieder über den Hüttenalltag hinaus. Spektakulär war da 1955 das erste Hüttenfußballspiel auf dem provisorischen Waldfußballplatz im „Kollerbergl“ nahe dem Betriebsgelände. Mit viel Gaudi traten damals die „Jungen“ gegen die „Alten“ an – wobei unter letzteren natürlich nicht gerade die Arbeiter im Rentenalter zu verstehen waren. Karl Lautschmann stand für die „Altenmannschaft“ im Tor. Später spielte man auch gegen außerbetriebliche Gegner, so 1969 gegen eine Mannschaft der Banken des Landkreises, 1972 gegen das Postamt Zwiesel und 1978 in Passau gegen die „Sportfreunde der deutschen Bundesbahn Passau“.[35] Daß bei diesen Aktivitäten Sieg

Die Sieger der Betriebsmeisterschaft im Eisstockschießen 1985.
Von links: Josef Hackl, Herbert Hannes sen., Karl Kreutzer, Michael Gschwendtner – eine Glasmachermoarschaft.
Rechts Betriebsratsvorsitzender Josef Fuchs.

oder Niederlage weniger entscheidend sind als das Spiel als solches, mag die Tatsache belegen, daß die damaligen Spielergebnisse heute beim Betriebsrat nicht mehr ermittelt werden können. Herausragende Ereignisse, die ihren festen Platz im Jahreslauf der Eisch-Hütte haben, sind die Wettkämpfe um die Betriebsmeisterschaft im Eisstockschießen, die jeden Winter auf dem Frauenauer Eisplatz ausgetragen werden. Schließlich ist das Eisstockschießen der traditionelle Frauenauer Wintersport, wenn ihm auch das Schifahren den Rang abzulaufen droht.

Initiator der ersten Betriebsmeisterschaft im Winter 1958 war ein im Betrieb mitarbeitender Cousin Therese Eischs, Wilhelm Hirtreiter. Um eine genügend große Eisfläche zu bekommen, wurde damals einfach die Flanitz aufgestaut; drei „Moarschaften“ aus Glasmachern und Glasschleifern beteiligten sich an dem Wettbewerb. Heute dagegen sind es um die 15 solcher Vierergruppen, die alljährlich gegeneinander antreten. Unter ihnen sind die Moarschaften der Glasmacher wohl am siegesgewohntesten, während sich regelmäßig eine Frauengruppe den „Patzerpreis“ abholen muß. Aber es kann auch zu Überraschungen kommen – wie 1986, als entgegen aller Erwartungen vier Glasmaler gewannen.

Anschließend trifft man sich jedes Jahr in der Be-

Spontan zusammengewürfelte Hüttenband zur Feier des Eisstockwettkampfes vom März 1987 in der Betriebskantine. Von links: Markus Schwarzmann, Franz Haslinger, Christian Linsmeier, Julia Eisch, vorne Alfons Eisch.

triebskantine, um sich aufzuwärmen und um kräftig zu feiern. Hier findet dann die Siegerehrung statt, und für jedes Team steht ein Preis bereit.

Dieses innerbetriebliche Training und Kräftemessen scheint sich zu lohnen, denn viermal – 1972, 1974, 1978 und 1987 – konnte sich eine Mannschaft aus der Eisch-Hütte auch den Glashütten-Wanderpokal des Eisschützen-Wettkampfes der IG Chemie-Papier-Keramik abholen.

„Im Februar 1959 fand im Zwieseler Stadtbad der erste Eisschützen-Vergleichskampf zwischen den Beschäftigten der Bayerwald-Glashütten statt. Seither wird alljährlich dieser Wettkampf in der typischen Wintersportart des Bayerischen Waldes in einem Glasmacherort ausgetragen. Für die Organisation sorgt die zuständige Industriegewerkschaft Chemie-Papier-Keramik, Verwaltungsstelle Zwiesel. Der Wettkampf selbst versteht sich, neben dem sportlichen Vergleich, vor allem in der kollegialen Verbundenheit der Glasmacher des Bayerischen Waldes miteinander. Als Besonderheit blieb auch unverändert erhalten, daß das Pokalturnier immer auf einer Natureisanlage durchgeführt wird.“ [36]

Dieser Wettbewerb findet alljährlich unter reger Beteiligung von Glasarbeitern statt – 1987 waren es 23 Moarschaften aus sechs Betrieben, die „von 8 Uhr früh bis 15 Uhr nachmittags . . . auch in der Kälte der Eisbahn bis zum letzten Durchgang ihren Mann (standen), bis sie schließlich zum gemeinsamen Essen und zur Siegerverkündigung in die Gastwirtschaft Genosko nach Spiegelau kamen“, wo Alfons Hannes die von den Firmen gespendeten Preise verteilte.[37]

VII. Wege und Probleme in einer bedrohten Branche

Eingang zu einem der Ausstellungs- und Verkaufsräume der Glashütte Eisch.

„Glashütte Valentin Eisch K.G.“: Der rechtliche Rahmen

„HRA I/138 Regen - 18. 1. 63: Glashütte Valentin Eisch. Sitz: Frauenau. Kommanditgesellschaft seit dem 1. 1. 1963, die das Geschäft mit dem Recht der Firmenfortführung übernommen hat. Der bisherige Geschäftsinhaber Valentin Eisch ist aus dem Geschäft ausgeschieden. Alleiniger persönlich haftender Gesellschafter ist Erich Eisch, Fabrikant in Frauenau. 2 Kommanditisten sind vorhanden. Die Prokura des Erich Eisch ist erloschen. Dem Fabrikanten Alfons Eisch in Frauenau und dem Fabrikanten Erwin Eisch in Frauenau ist je Einzelprokura erteilt. Die Firma lautet nun: Glashütte Valentin Eisch K. G.“[1]

Vom 15. 2. 1946 an war Valentin Eisch zuerst Geschäftsinhaber der „Glasveredelungswerkstätte Frauenau“, dann der „Glashütte Valentin Eisch“ gewesen. Am 1. 1. 1963 übergab er, wie der obige Ausschnitt über die Eintragung ins Handelsregister belegt, die Firma an seine drei Söhne.
Tatsächlich aber bedeutete dieses Datum nur juristisch gesehen einen Einschnitt in der Firmengeschichte. Wie vorher, so saß Valentin Eisch auch jetzt noch täglich in seiner Werkstatt am Gravurbock, und Erich Eisch kümmerte sich um die geschäftlichen Belange des Betriebs, wie er es seit 1948 getan hatte.
Die Glashütte behielt den Namen Valentin Eischs, lediglich das „K. G.“ der neugegründeten Kommanditgesellschaft wurde 1963 an die alte Firmenbezeichnung angehängt. Gesellschafter dieser „Valentin Eisch K. G.“ sind die Brüder Erich (als Komplementär) sowie Erwin und Al-

Die zwei Generationen der Firmengründer.
Verständlich, daß dieser rein männliche Aufmarsch beim Fotografen zumindest bei Therese Eisch nicht so gut ankam . . .
Von links, stehend: Alfons, Erwin, Erich Eisch.
Von links, sitzend: Josef, Anton und Valentin Eisch. Alle drei Brüder sind inzwischen verstorben.

fons Eisch (als Kommanditisten).
Am 5. 12. 1985 erfolgte eine Erweiterung des rechtlichen und wirtschaftlichen Spielraums des Betriebs durch Gründung einer GmbH mit den drei Glashütteninhabern und deren Schwester Annemarie Kainz als Gesellschaftern. Diese GmbH ist bisher nicht aktiv geworden, weshalb am 15. 7. 1986 beschlossen wurde, das Stammkapital von 160000,- DM nachträglich auf 54000,- DM herabzusetzen. Die Gesellschaft könnte einmal die Komplementärstelle der Kommanditgesellschaft übernehmen. Sie soll zumindest die Voraussetzung dafür bieten, in Zukunft unter Umständen auch glasfremde oder für die K. G. zu risikoreiche Unternehmungen zu betreiben.
Die folgenden Formulierungen wurden als Gegenstand dieser „Eisch-Glas Manufaktur GmbH" ins Handelsregister eingetragen. Sie beschreiben sehr präzis und differenziert auch das Anliegen und die Produktion der „Glashütte Valentin Eisch K. G.". Ziel und Zweck des Unternehmens sind demzufolge

„Handwerkliche Herstellung und der Vertrieb von Gebrauchs- und Zierglas, insbesondere Kristall-, Bleikristall- und Farbglas in Glasmanufakturen auf handwerklich und künstlerisch hohem Niveau, die Fertigung und der Vertrieb von Unikaten und Meisterstücken als handgemachte Zärtlichkeit und Poesie in Glas."[2]

Mundglasindustrie im Bayerischen Wald und der Druck der Maschine

Seit den fünfziger Jahren kann die Glashütte Eisch ihren festen Platz insbesondere auf dem inländischen Markt behaupten. Angefangen mit der „Ein-Familien-Werkstatt", bei einem Startka-

pital von DM 320,– zur Währungsreform, konnte sie sich deshalb kontinuierlich zu einer Glashütte mit über 250 Mitarbeitern und einem Jahresumsatz von über 18 Millionen DM für 1987 (wovon 12 Prozent auf den Export fielen) entwickeln.
Verglichen mit mittelständischen Betrieben anderer Branchen, die sich nach dem Krieg in einen derartigen Neuanfang stürzten, mag ein solcher Werdegang nichts Ungewöhnliches darstellen. Für eine Mundglashütte im Bayerischen Wald aber ist er die Ausnahme. Längst hat die Glasindustrie in diesem Gebiet jene Vorteile, die vor allem der Holzreichtum bot, eingetauscht gegen die wirtschaftlichen Nachteile, die die Grenzlage und damit die Abgelegenheit von Rohstoff- und Verbrauchszentren mit sich bringt. Der Begriff „Bayerwaldglas" verspricht zwar nach wie vor Tradition und Prestige, er erreichte aber nie den Bekanntheitsgrad und die Zugkraft, die der Böhmerwald als Glasgebiet besaß.
Gegen Ende des 19. und in den ersten Jahrzehnten des 20. Jahrhunderts bildeten sich in Hinsicht auf den neuen Brennstoff Kohle verkehrsgünstiger gelegene Produktionszentren heraus, außerdem kam nun bereits die technische Entwicklung hin zum Maschinenglas zum Tragen. Dies leitete nicht nur die Abwanderung von Flachglashütten ein, sondern deutete auch schon auf den drohenden Niedergang der handwerklichen Hohlglasindustrie im Bayerischen Wald hin. Alteingesessene Glasmeisterfamilien, die dem Zug zum Standortwechsel und zum Anschluß der Glashütten an kapitalstärkere Gesellschaften nicht nachgeben wollten, sahen sich allmählich mit der Einbuße ihrer traditionellen Führungsrolle und wirtschaftlichen Macht konfrontiert.
Vor diesem Hintergrund betrachtet erscheint es absurd, als einfache Familie ohne finanziellen Rückhalt, in der Mitte des 20. Jahrhunderts im Bayerischen Wald eine Glashütte etablieren zu wollen. Erst recht mußte man es als sehr gewagt ansehen, als die kleine Eisch-Hütte sich zu Anfang der sechziger Jahre an umfangreiche Betriebserweiterungen machte, also genau zu jenem Zeitpunkt, als der „Eiserne Mann" in Deutschland die automatische Kelchglasfertigung auf-

EISCH glas unserer zeit

EISCH-GLAS handgemachte Zärtlichkeit

Handarbeit als zeitgemäße Alternative: Das alte und das seit 1984 gebräuchlichere Firmenemblem.

nahm und die teurer produzierenden Mundglashütten in eine anachronistische Situation versetzte. In einer Ansprache im Juni 1977 faßte Erich Eisch die fatale Entwicklung im Bereich der traditionellen Glasherstellung folgendermaßen zusammen:

„Die Geschichte der Waldhütten ist sehr interessant. Sie macht einen starken Lebenswillen bzw. Überlebenswillen deutlich, wobei festzustellen ist, daß die Zäsuren, die durch die Technisierung gesetzt wurden, die gravierendsten und bedrohlichsten waren. Damals durch die Übernahme der Flaschen- und Fensterglasproduktion durch Automaten und heute durch die Übernahme weiter Bereiche der Gebrauchsgläserfertigung durch die Entwicklung perfekter Blasmaschinen und Pressen. Ungeheure Mengen überschwemmen, rund um die Uhr produziert, den Markt. (...) Diese Entwicklung geht einher mit einer starken Schrumpfung der traditionellen Handglashütten."[3]

In den seither vergangenen Jahren ist die Maschine immer tiefer in ehemals handwerkliche Produktionsbereiche eingedrungen; und die 1977 von Erich Eisch konstatierte „zunehmende Konzentration von Macht und Kapital im Wirtschaftsglasbereich" hat sich weiter verstärkt.[4] Allein im Bayerischen Wald mußten in den vergangenen 20 Jahren mehrere alteingesessene Hütten endgültig ihre Öfen löschen, die restlichen sieben haben zum großen Teil ihre Produktion verringert und behaupten sich nur unter Schwierigkeiten. Weitaus die meisten Mundglashütten sind heute in Konzerne eingebunden, von denen viele die Fertigung in Handarbeit nur noch als Aushängeschild neben einer breitangelegten vollautomatischen Produktion halten, um mit handwerklicher Gediegenheit und Exklusivität Werbung zu treiben.
Um aber keine Mißverständnisse aufkommen zu lassen: Es geht hier nicht darum, moderne Tech-

Kundengespräche in einem Fachhandelshaus anläßlich der Eröffnung einer „Poesie-in-Glas"-Ausstellung. Rechts Erich Eisch.

nologie und ihren Einsatz zu dämonisieren oder gar einer illusionären Rückkehr zur vorindustriellen Arbeitsweise das Wort zu reden. Ein Plädoyer für mundgeblasenes Glas richtet sich nicht automatisch gegen die Herstellung preiswerter Massenware, denn beide Produktionsarten beziehen ihren Wert und ihre Berechtigung aus Qualitäten, die in vollkommen unterschiedlichen Bereichen liegen. Automatenglas ist aus dem modernen Leben nicht mehr wegzudenken, da die Glasmacherpfeife den Bedarf an gläsernen Gebrauchsartikeln in keiner Weise mehr befriedigen könnte. Andererseits aber wäre es borniert, sie deswegen als „nicht mehr zeitgemäß" ins Museum verbannen zu wollen.

Zur Illustration sei hier die Haltung eines Ingenieurs angeführt, der als Tourist die Glashütte Eisch besichtigte und das Geschehen in der Ofenhalle mit der Bemerkung kommentierte, daß er innerhalb einer einzigen Woche all diese „vorsintflutlichen" Arbeitsmethoden wegrationalisieren könne. In gewisser Weise muß man ihm beipflichten: Alle Arbeitsschritte innerhalb einer Mundglashütte können heute prinzipiell auch von Automaten ausgeführt werden, die ebenso brauchbare Gläser in wesentlich höherer Geschwindigkeit ausstoßen. Aber jener Besucher übersah, daß das, was er als Fortschritt anbot, auch Rückschritte und Verluste nach sich zieht. An die alten, handwerklichen Techniken knüpfen sich Qualitäten und Möglichkeiten, die heute wieder wichtiger - und somit zeitgemäßer - denn je werden: Menschen haben den Maschinen ihre größere Wendigkeit, schnellere Anpassungsfähigkeit und ihre Phantasie voraus. Außerdem sind die Glashütten immer noch kulturelle Brennpunkte des Bayerischen Waldes und stehen für menschlichere, zumindest weniger entfremdete Arbeit. Sie sind Zentren kunsthandwerklicher Kreativität und Sensibilität und eines vielseitigen technischen Wissens, das ohne sie unwiederbringlich verloren wäre - gar nicht zu reden von den Arbeitsplätzen, die für das wirtschaftlich schwache Grenzland lebenswichtig sind.

Daher wäre zu hoffen, daß es mit den Zukunftsideen, die Erich Eisch zum 25jährigen Hüttenjubiläum 1977 äußerte, nicht beim bloßen Wunschdenken bliebe:

„Wir haben den absurden Wettkampf mit der Maschine überlebt und ich glaube, daß jetzt eine Epoche beginnt - viele Anzeichen sprechen dafür - in der der kreative Mensch, der Handwerker wieder mehr gefordert wird. Es wäre strukturpolitisch sicher bedenklich, wenn in Zukunft nur noch einige wenige Großbetriebe mit ihrer hauptsächlichen Maschinenproduktion das Bayerwaldglas alleine repräsentierten. Die Glasszene sollte möglichst vielfältig strukturiert sein." [5]

Die Ehe mit dem Fachhandel

Der naheliegendste - und wohl einzig erfolgversprechende Ausweg aus jenem „absurden Wettkampf mit der Maschine" ist für die Mundglashütten wohl der, sich auf die Vorzüge und die Spezifik des Handgemachten zu besinnen und diese auch nach außen deutlich zu machen.

Gläser, bei denen die menschliche Hand spürbar bleibt, haben ihren eigenen Reiz. Handwerkliche und ästhetische Qualität muß daher Vorrang vor Quantität haben. Eine Mundglashütte kann nicht unbegrenzt wachsen, sie lebt von ihrer relativen Kleinheit: von einer persönlichen Arbeitsatmosphäre und - so paradox das klingen mag - von der Begrenztheit ihrer Produktion. Massenproduktion macht sich auf diesem schmalen Markt für das Wertvolle und Besondere früher oder später selbst überflüssig, führt sich selbst ad absurdum. Denn hier handelt es sich eben nicht um

Wegwerfware, die ohne Ansehen konsumiert wird. Eine zart gravierte Trinkglasgarnitur kauft man sich vielleicht nur einmal im Leben, vervollständigt sie nach und nach; eine bemalte Vase ist ein Geschenk, das die ganz besondere Wertschätzung des Beschenkten vermitteln soll. Die Glashütten bauen also auf eine Kundschaft, die nicht nur den bloßen Nutzwert sieht, sondern auch nach anderen Kriterien urteilt und deshalb auch bereit ist, die Preise zu zahlen, die die lohnkostenintensive Fertigung in Handarbeit verlangt. Dieses Publikum findet sich in erster Linie in Teilen der gehobenen Mittelschicht, die ihr Selbstverständnis aus dem Streben nach Exklusivität, aus der Suche nach dem Seltenen gewinnt. Diese Zielgruppe definiert sich durch die Absetzung vom „billigen Massengeschmack" (wobei, nebenbei bemerkt, gerade ihre Existenz der augenscheinliche Gegenbeweis zur weitverbreiteten These einer alle Unterschiede einebnenden „Einheitskultur" ist).

Wer so darauf angewiesen ist, eine bestimmte und relativ eng begrenzte Schicht von Endverbrauchern zu erreichen, muß den Vertriebswegen eine herausragende Bedeutung zumessen. Für die Glashütte Eisch hat sich der gehobene Fachhandel als der geeignetste Vermittler erwiesen, der sowohl den Qualitäten mundgeblasenen Glases als auch jenen Bedürfnissen nach ästhetischer Exklusivität ihren Rahmen gibt. Die Glashütte Eisch ist im ganzen Bundesgebiet in führenden Glas- und Porzellangeschäften vertreten und beliefert ausschließlich diesen Einzelhandel - eine Vertriebspolitik, die sich für alle Beteiligten bewährt hat. Erich Eisch betont gerne, wie sehr sein Betrieb und die Einzelhandelsgeschäfte in dieser eng begrenzten Branche aufeinander angewiesen sind:

„Wir sind die einzige, nicht konzerngebundene Hütte, die ausschließlich seit 30 Jahren ihr Heil in der Bedienung des Fachhandels sieht, weil wir der Überzeugung sind, daß die Probleme dort im Wesentlichen die Gleichen sind wie bei uns - daß wir gemeinsam gegen eine übermächtige Konkurrenz nur überleben können, wenn wir uns unserer Stärke bewußt werden, die in der Wendigkeit und zum großen Teil in der Differenziertheit des Angebots liegen, getragen von gegenseitigem Vertrauen." [6]

Zum Schutz des Fachhandels verzichtete man

Hubert Heck mit Else Rupp, Winter 1986.

von Anfang an darauf, über Kaufhäuser anzubieten. Die Belieferung des Großhandels, die bis vor etwa 20 Jahren noch eine geringfügige Rolle spielte, ist völlig eingestellt worden. Das hat unter anderem den Vorteil, daß die Preise auf niedrigerem Niveau gehalten werden können, weil keine Rabatte für Grossisten mit einzurechnen sind.

Etwa die Hälfte der Umsätze wird über Delcredere-Verträge erzielt. Die Glashütte Eisch ist Mitglied der Fachhandelsverbände Nürnberger Bund und EK Bielefeld. Die dort zusammengeschlossenen Fachgeschäfte werden trotzdem direkt beliefert, und die Verbände haften gegen Provision für die Bezahlung der Rechnungen.

Das Erfolgsrezept der Eisch-Hütte in bezug auf den Vertrieb ist - soweit man hier überhaupt von einem festen „Rezept" sprechen kann - das sensible Eingehen auf die „Mikrostruktur" der Branche. Dazu gehören die Wertschätzung jedes noch so kleinen Auftrags, das Bemühen, nach Mög-

Die Entwicklung der Eisch-Hütte in Zahlen

(Soweit nicht anders angegeben, entsprechen alle Angaben dem jeweiligen Stand am 31. Dezember. Umsatz und Bilanzsumme in DM)

Jahr	Beschäftigte	Umsatz	Bilanzsumme	Eigenkapital-anteil in %
1946	3	18 117,53*	5 027,37	100
1948	4	(per 20.6.) 8 543,94*	10 289,25	100
		(per 31.12) 23 298,15	11 352,72	79
1950	5	61 870,45	33 098,65	47
1952	36	138 177,00	124 356,42	5,8
1954	57	434 076,00	149 261,92	7,3
1956	100	614 103,46	471 335,17	1,3
1957	152	1 025 243,03	624 380,73	0,3
1962	195	2 511 771,81	894 601,34	40
1967	222	2 848 817,10	1 661 585,11	57
1972	199	4 766 525,45	2 281 044,51	57
1977	191	7 235 334,06	2 934 094,85	52
1982	208	10 843 265,31	4 372 651,28	47
1987	258	18 355 394,89	ca. 8,5 Mio.	ca. 52

*Angaben in RM

1963, 1964: Gesellschaftskapital DM 300 000,– (+ Guthaben auf den Darlehenskonten der drei Gesellschafter)

ab 1965: Gesellschaftskapital DM 600 000,– (+ Guthaben auf den Darlehenskonten der drei Gesellschafter)

ab 1984: Gesellschaftskapital DM 2 100 000,– (dtto.)

ab 1988: Gesellschaftskapital DM 3 000 000,– (dtto.)

Gruppenbild zur Vertreterbesprechung Dezember 1987.
Von links: Gretel Eisch, Richard Groetsch, Annemarie Kainz, Brunhilde Wauer, Helmut Schneck, Anne Spielhagen, Horst Cavatoni, Monika Groetsch, Nicola Schwarz, Peter Spielhagen, Hermann Schwarz, Erich Eisch.

lichkeit auch Sonderwünschen nachzukommen und der persönliche, partnerschaftliche Austausch mit den Kunden.
Diese Prinzipien, und das macht wohl ihre Stärke aus, entsprangen weniger marktwirtschaftlichen Berechnungen als dem Überlebenswillen des kleinen Betriebs in den Anfangsjahren, der gezwungen war, jede Chance und jeden noch so geringfügigen Auftrag zu nutzen und sich zwischen übermächtiger Konkurrenz mit seinen Mitteln eine Nische zu schaffen. Von vorneherein wurde so eine möglicherweise fatale Abhängigkeit von einem oder wenigen Großabnehmern verhindert. Man setzt darauf, daß nur viele Standbeine eine verläßliche Absatzbasis gewährleisten können.

Die Vertreter

Im Bundesgebiet und im Ausland übernehmen freie Handelsvertreter die Aufgabe, die Verkaufsinteressen der Firma gegenüber den Fachhändlern zu vertreten. Die Aktivitäten und die Geschicklichkeit dieser kleinen Gruppe von Mitarbeitern sind daher von kaum zu unterschätzender Bedeutung für den Betrieb.
Über die ersten Gehversuche auf diesem – außerbetrieblichen – Terrain des Vertriebs habe ich vorne bereits berichtet: über das Engagement Hubert Hecks und über die ersten wichtigen Aufträge, die der Vermittlung Heinrich Bandomirs zu verdanken waren. Dieser Hamburger Handelsvertreter hatte sich nach der Währungsreform als Vertreter für Norddeutschland (Schleswig-Holstein, Hamburg, nördliche Teile Nordrhein-Westfalens und Niedersachsen) angeboten; er belieferte Einzelhändler wie auch Grossisten. Die Zusammenarbeit dauerte, mit einer kürzeren Unterbrechung, bis 1954. Dann kündigte Erich Eisch das Verhältnis, weil Unstimmigkeiten aufgetreten waren und er wegen Bandomirs gleichzeitiger Arbeit für eine konkurrierende Glashütte, die preislich und gestalterisch sehr ähnliche Gläser anbot, Nachteile für seinen Betrieb befürchtete. Bandomirs Nachfolger wurde Willi Milewski, der 1966 starb. Seither werden die norddeutschen Kunden von Bernhard Namyslik, dem Mann der

Vertreter Hermann Schwarz im Kundengespräch auf dem Stand der Glashütte Eisch auf der Frankfurter Messe, August 1986.

Eisch-Tochter Reserl, betreut. Er hatte bereits seit 1958 die Vertretung für Berlin inne, die er 1977, zwei Jahre nach der Übersiedlung der Familie in den Hamburger Raum, an Brunhilde Wauer abgab.

Hubert Heck war schon von 1946 an, als er der Familie Eisch den Werkstattraum in der ehemaligen RAD-Baracke vermittelte, dabei. Ab 1950 widmete er sich hauptberuflich seiner Vertretertätigkeit und bereiste für die Eischs das ganze Bundesgebiet mit Ausnahme der norddeutschen Teile. Wegen der immensen Belastungen, die ein so riesiger Raum mit sich bringt, übergab er die Vertretung in Hessen und in Teilen von Baden-Württemberg und Rheinland-Pfalz an seinen Mitarbeiter Horst Cavatoni, der diese Gebiete seit 1978 als selbständiger Handelsvertreter bereist. Peter Spielhagen besucht seit 1978 die nordrhein-westfälischen Fachgeschäfte, und 1976 bot sich Annemarie Kainz als freie Handelsvertreterin für Niederbayern und die Oberpfalz an. Sie organisiert gleichzeitig die Abteilung „Poesie in Glas“ und ist deshalb eine der wichtigsten Persönlichkeiten der Hütte und für Kunden und Mitarbeiter eine zentrale Anlaufstelle.

Als sich Hubert Heck 1986 aus Altersgründen von seiner Tätigkeit und der Glashütte Eisch trennte, mußte die Vertretung für Bayern mit Ausnahme von Niederbayern und der Oberpfalz und für Teile Baden-Württembergs neu vergeben werden, wofür Hermann Schwarz, selbst aus dem Fachhandel kommend, gewonnen werden konnte. Außerdem arbeitet die Glashütte Eisch in den wichtigsten Exportländern mit Auslandsvertretungen zusammen, die hier ebenfalls kurz erwähnt werden sollen: Handelsvertreter für Österreich ist Heinz Zoller in Innsbruck, für die Schweiz Richard Groetsch von der Royal Porcellan AG. Die Vertretung für die Niederlande wird seit langem von t'Hoolhoes b. v. in Maastricht-Limmel, für Spanien von Riera in Barcelona und für Italien von Wiest Import SRL in Verona wahr-

genommen.
Zweifellos haben die Vertreter den besten „Draht“ zum Markt im allgemeinen und zu den einzelnen Fachhändlern im besonderen. Sie kennen die geschmacklichen Ausrichtungen „ihrer“ Geschäfte und deren Kundschaft, sie müssen ein Gespür haben für Moden und Trends und wissen, was „ankommt“, was „geht“. Deshalb ist eine vertrauensvolle Zusammenarbeit zwischen ihnen und der Firma besonders wichtig.
Alljährlich im Dezember setzen sich in Frauenau Betriebsleitung und Vertreter zur „Vertreterbesprechung“ zusammen, um über neue Muster und Ideen der Hütte bzw. Entwicklungen auf dem Markt wechselseitig Orientierungshilfe zu geben und Kritik auszutauschen. Außerdem wird jedes Jahr den Erfahrungen der Vertreter entsprechend die Sortimentsbereinigung, d. h. die Festlegung auslaufender Serien vorgenommen.

Messen und Börsen

„Unser Ziel ist jetzt das Messehaus West, der Glas- und Porzellanpalast. Dort präsentiert sich über drei Stockwerke, in einer schier erdrückenden Konkurrenz rund um den Erdball, das, was wir unter ‘Bayerwald-Glasindustrie‘ verstehen, die Zahl der großen und kleinen Hütten des Waldgebirges im Osten Bayerns. Und sie mischen alle kräftig mit im unvorstellbar großen Club der Glasproduzenten. Die Amerikaner sind da mit bunten Kreationen, Japan, die Tschechoslowakei, Mexiko mit einem tollen Stand, Frankreich, der große Konkurrent, die Schweden natürlich mit raffiniertem Design, Italien, Belgien, Österreich (...) Zweiter Stock, Gang D, Standnummer 57427 ist unser nächstes Ziel. Die Glashütte Valentin Eisch Frauenau hat dort ihre schmucke Residenz und Erich Eisch ist ganz in seinem Element. Er präsentiert mit den Damen aus der Familie einen kleinen Stand mit vielen Neuheiten. Man hat Ideen entwickelt und will wissen, ob daheim etwa gar noch einmal der Winter eingezogen ist. Kunden aus Bodenmais sind da und das Fachgespräch über die großen Sorgen der Kleinen läuft . . .“[7]

Soweit ein kurzer Ausschnitt aus den Eindrücken eines Redakteurs des „Bayerwald-Boten“ vom Besuch der „Internationalen Konsumgütermesse Frankfurt“ im Frühjahr 1977. An der hier geschilderten, nicht nur der Vielzahl der Aussteller wegen erdrückenden Atmosphäre in dem riesigen Messegebäude hat sich seither nichts Wesentliches geändert, ebensowenig wie am Stand der

Annemarie Kainz und Reserl Namyslik auf der Frankfurter Messe, August 1986.

Glashütte Eisch. Lediglich die Ausstellungsfläche konnte 1986 auf 96 Quadratmeter verdoppelt werden, so daß die drangvolle Enge, die bisher zum Eisch'schen Messealltag gehörte, etwas gemildert wird. Ob damit auch ein Stück Intimität verloren geht, mögen die Besucher entscheiden. Erich Eisch, Annemarie Kainz, Reserl Namyslik und die anderen Vertreter jedenfalls sind ein eingespieltes Team, das seine Kunden kennt, wie es auch von diesen gekannt wird. Die Hütte lebt nicht zuletzt von dieser familiären Präsentation der Gläser und von dem künstlerischen und handwerklichen Selbstverständnis, welches gleichermaßen durch die Produkte wie durch die Mitglieder der Eisch'schen Messecrew repräsentiert wird. Mit diesem Bewußtsein soll auch die äußere Selbstdarstellung der Firma - sei es in Werbeschriften oder aber in der Gestaltung von Messeständen und Ausstellungsräumen - korrespondieren: Kein aufgesetztes modisches Werbeimage, kein pompöses Styling, sondern eine Mischung aus Eleganz und freundlicher Farbigkeit, die durch die Liebe zum ornamentalen Detail und durch spielerischen Improvisationsgeist Gestalt gewinnen.
Die Frankfurter Herbst- und Frühjahrsmesse sind aber weder die erste noch die einzige Verkaufsplattform der Glashütte Eisch. Ein erster Durchbruch gelang, wie bereits geschildert, auf der Hannovermesse, die von der Eisch-Hütte seit

1978 nicht mehr besucht wird. Von großer Bedeutung sind heute hingegen die Salzburger Messe „Crea-Tisch & Souvenir“, ebenfalls zweimal jährlich, und die Börsen der beiden Einkaufsverbände in Nürnberg und Bielefeld (beide zweimal jährlich).

Auf einigen Messen verfügt die Glashütte Eisch nicht über einen eigenen Stand, sondern wird durch die Vertreter repräsentiert. Dazu gehören die Ausstellungstage Hamburg und München, beide reine Vertretermessen, außerdem die Utrechter Messe und die „Macef“ in Mailand, die zweimal jährlich vom holländischen bzw. vom italienischen Vertreter wahrgenommen werden. Bis vor wenigen Jahren war es üblich, jeweils im Frühjahr eine geschlossene neue Kollektion vorzustellen. Die Hauptneuheiten an Garnituren und Geschenkartikeln werden auch jetzt noch auf der Frankfurter Frühjahrsmesse präsentiert (außerdem zwei bis drei neue Serien schon vorher in Nürnberg). Aber das Rad dreht sich immer schneller, der Hunger nach Neuheiten nimmt zu. Für die meisten Kunden, egal auf welcher Messe, ist ein Besuch am Stand nur lohnend, wenn neue Einfälle angeboten werden – und die beste Werbung ist es nun einmal, dem Händler die Gläser selbst vor Augen zu führen.

Daneben kommt man natürlich nicht ohne Reklame an die Adresse der Endkonsumenten aus, was einem mittelständischen Betrieb nur in begrenztem Ausmaß – etwa über Zeitungsinserate und Werbeprospekte – möglich ist. Zweifellos am interessantesten und auch am offensten aber ist es, potentielle Kunden vor Ort mit dem Betrieb und seinen Mitarbeitern bekannt zu machen, wie es bei Eisch mit den Glashüttenführungen praktiziert wird. Dazu einige Worte im nächsten Kapitel.

Glas und Tourismus

Die Entdeckung des Bayerischen Waldes als „urtümliche“ Erholungslandschaft geht weit in das 19. Jahrhundert zurück. Vorbereitet durch großstädtische Sommerfrischler und romantische Urwaldwanderer, die während der Weimarer Zeit in wenigen Fremdenverkehrsorten Quartier nahmen, angeheizt durch die Grenzlandpropaganda der Nazis, brach jedoch erst in der Nachkriegszeit der Tourismus in großem Umfang in das Gebiet ein. Glas und Holz, die die fast alleinige ökonomische Grundlage des Mittleren Bayerischen Waldes gebildet hatten, erhielten nun eine weitere Funktion als Träger dieses neuen Wirtschaftszweiges; die jahrhundertealte Glasmachertradition und die Erholungsqualität des Waldgebirges wurden zu Inhalten der Fremdenverkehrswerbung.

Lange Zeit blieb der Tourismus Sache von ehrgeizigen Lokalpolitikern, auf Publikum bedachten Brauchtumspflegern, von Gastronomen und Privatvermietern. Die Glashütten begannen sich erst mit dem Aufkommen der maschinellen Kelchglasproduktion und dem Abbröckeln der alten Märkte für die saisonalen Touristenströme zu interessieren. Inzwischen aber unterhalten alle Hütten Direktverkaufsstellen vor den Fabriktoren – einerseits, um einen finanziellen Ausgleich für die Sommerflaute vor Beginn des Weihnachtsgeschäfts zu schaffen, andererseits, um die eigenen Traditionen und landschaftlichen Bindungen werbewirksam deutlich zu machen.

Die Frauenauer Glasbetriebe haben (besonders durch das Glasmuseum und die relative Nähe zum Nationalpark) ideale Standortvoraussetzungen für die Nutzung des Fremdenverkehrs. Die Glashütte Eisch öffnet schon seit 1957 in der Baracke Ausstellungsräume für interessierte Besucher. Dort findet mit Rücksicht auf den Fachhandel allerdings nur ein begrenzter Direktverkauf von Ware II. Wahl statt. Aber auch der Betrieb war für Außenstehende zu keiner Zeit prinzipiell verschlossen. Anfang der siebziger Jahre begann dann die Gemeinde Frauenau, Glashüttenführungen durch die Eisch-Hütte zu organisieren, die von dieser nach kurzer Zeit selbst übernommen wurden. Heute können Touristengruppen fünf Stunden täglich durch den Betrieb geführt werden; für DM 1,– bzw. 50 Pfennig erhalten die Besucher von einem der Glashüttenführer kurze Einblicke in die Geschichte und die Probleme der

Hüttenbesucher an einem Samstagvormittag. An arbeitsfreien Samstagen demonstriert häufig der Glasmachermeister Josef Fuchs die Glasherstellung.

Glasindustrie des Bayerischen Waldes im allgemeinen und der Glashütte Eisch im besonderen, sie erfahren die Zusammensetzung von Glas und technische Besonderheiten bei seiner Verarbeitung, werden auf die Produktionspalette des Betriebs hingewiesen und manches mehr. Ein Rundgang von der Ofen- zur Schleifereihalle läßt dann den Produktionsweg mundgeblasenen Glases augenscheinlich erleben. Schließlich wird die Möglichkeit geboten, im Filmraum in der Baracke zwei Filme zu sehen: „Vom Feuer zur Form" von Robert Koch über das künstlerische Glasschaffen Erwin Eischs - der Streifen entstand 1963 als Kinovorfilm - und ein Film über verschiedene Techniken der Glasherstellung, der von der Landesbildstelle Bayern u. a. in der Eisch-Hütte gedreht wurde. Die Glashüttenführungen sind inzwischen zu Attraktionen mit bedeutender Zugkraft geworden. Vor allem im Sommer führt das natürlich auch zu Belastungen, vor allem für die Arbeitenden, die mit dem neugierigen Gedränge rings um ihren Arbeitsplatz zurechtkommen müssen. Doch, wie Erich Eisch 1977 Sinn und Zweck dieser Vorführungen erläuterte,

„allein aus spontanen Reaktionen und Gesprächen mit den Besuchern wird ganz deutlich,daß diese Menschen plötzlich zu mundgeblasenen Gläsern ein ganz anderes Verhältnis bekommen und verstehen, daß diese Dinge im Handel ihren Preis haben und, vom Aufwand her gesehen, teurer sein müssen." [8]

Soweit, so gut. Daß die Glashütten die Chancen des Tourismus nutzen, ist nicht nur verständlich, sondern schon selbstverständlich, wenn man sich ansieht, in welchem Maße dieser neue Wirtschaftszweig das öffentliche Leben und Planen des Bayerischen Waldes inzwischen bestimmt. Aus demselben Grund aber ist es auch fast unverzeihlich, daß hierzulande nur selten differenziert darüber diskutiert wird: Der Fremdenverkehr

Touristen vor dem Portierhäuschen der Hütte.

wird kategorisch abgelehnt (von wenigen, die kaum davon zu leben brauchen) oder hoffiert wie eine heilige Kuh. Daher möchte ich diese Gelegenheit nutzen, um einige Gedanken grundlegenderer Art über den Tourismus aufzuwerfen, wie er die Glaskultur des Bayerischen Waldes und damit auch die Glashütte Eisch betrifft.
Will man, wie Erich Eisch es im obigen Zitat andeutet, bei Führungen einen Einblick in die Tätigkeit der Glasmacher und Glasveredler geben und ein Verständnis der Glashütten als Stätten kreativer handwerklicher Arbeit und als soziales und kulturelles Ganzes erreichen, so gilt es oft, eine ganze Reihe von Klischeebildern zu durchbrechen. Denn gar nicht selten trifft man bei den Urlaubern auf die Meinung, der Hüttenbetrieb sei eine eigens für sie veranstaltete „Show" - ein extremes Beispiel für eine spezifisch touristische Sichtweise. Man könnte hier von einer Art „touristischem Blick" sprechen, für den sich die Dinge anders, eben als isolierte Requisiten zeigen. Sie fallen aus ihren praktischen Zusammenhängen, ihrem sozialen und kulturellen Kontext, ihren eigentlichen Bedeutungssystemen heraus und werden zu Ausstattungsgegenständen einer Urlaubskulisse. Man zahlt und bekommt etwas geboten dafür. Was, das weiß man oft schon im voraus aus den Werbeprospekten, die ihrerseits bereits bestehende, klischierte Erwartungen der Touristen zu bestätigen suchen.
Gerade aus der Glasmacherei lassen sich besonders leicht derartige oberflächliche Versatzstükke herauspräparieren: Der schwitzende Glasmacher, der mit bloßer Hand und grobem, eisernem Werkzeug glühendes Material bändigt, strahlt rustikale Urtümlichkeit und die Exotik der Rückständigkeit aus; das Feuer und die relative Undurchschaubarkeit des Vorgangs sichern den Erfolg der vermeintlichen „Show" vor dem Glasofen.
Warum aber ist es so wichtig, Touristen aufzuklären, sie vielleicht auch mit Problemen zu konfrontieren, wenn sich doch die Klischees von Glas, Feuer, Volkstümlichkeit und Tradition so gut verkaufen lassen? In den folgenden Ausführungen möchte ich versuchen, das Problem deutlicher sichtbar zu machen. Dazu aber muß etwas weiter ausgeholt werden:
Die Glashütten sitzen heute zwischen allen Stühlen, denn mehr und mehr zeichnet sich eine grundlegende Umstrukturierung der Bayerwald-Glasszene ab, die nicht nur von den großen, automatisierten Betrieben ausgeht, sondern auch von der entgegengesetzten Seite kommt: von den ganz Kleinen, den Veredelungswerkstätten.
Viele dieser Betriebe, die sich auf dem Fachhandelsmarkt nicht so leicht durchsetzen können, haben sich bereitwillig auf die Erwartungen souvenirhungriger Touristen eingestellt, während gleichzeitig ihre Bleikristall-Schliffprogramme und böhmisch-waldlerische oder „bayern-tümelnde" Ornamentik stark die Vorstellungen der Urlauber vom Glas geprägt haben. Bei vielen, das soll vorausgeschickt werden, steht nach wie vor eine ernsthafte Ausübung alten Handwerks im Vordergrund. Etliche aber sind zu glitzernden Supermärkten geworden, die ihre Werkstätten (z. T. sogar räumlich in den Verkauf integriert) eher als handwerkliches Aushängeschild benutzen. Hier haben sich die Schwerpunkte entscheidend verlagert, entsprechend jenen ungläubigen Besuchern von Glashüttenführungen: Man baut bewußt eine Vorzeigewelt auf; die ursprünglich getrennten Bereiche Produktion - Werbung - Vertrieb verfließen. Vom beflaggten Parkplatz und

dem Bierglas, das „auf traditionell“ macht bis hin zu Handwerk und Handwerkern: Alles wirbt, ist Show – „nothing is real“.
Diese „Touristenbetriebe“ – und damit beginnt es für die Glashütten bedrohlich zu werden – bieten unter Umgehung des Fachhandels Ware I. Wahl erheblich billiger an. In großem Stil werden die Hütten durch Importe aus Niedriglohn-Ländern unterboten. Die den Geschäften angegliederten Veredelungswerkstätten (und sogar gelegentlicher Etikettenschwindel) suggerieren den Kunden, es handle sich um Bayerwaldglas. Das Image des Bayerischen Waldes als rückständige Billigregion wird bekräftigt, die Glashütten stehen als Wucherer da.
Den bisherigen Höhepunkt dieser Entwicklung, der am deutlichsten die fundamentalen Strukturveränderungen durch einen hochgezüchteten Tourismus vor Augen führt, bilden neben den Veredelungsbetrieben und Verkaufsräumen aufgebaute Schauglashütten mit einem kleinen Schmelzofen und zwei oder drei Glasbläsern, die den Besuchern „vorblasen“ und dabei Souvenirs und Geschenkartikel fertigen. Diese Glasöfen locken – z. T. mit gigantischem Werbeaufwand und massiver politischer Unterstützung – Scharen von Touristen an und perfektionieren die Suggestion des „Werksverkaufs“.
1975 klagte die Glashütte Eisch zusammen mit einem Frauenauer und einem Bodenmaiser Glasbetrieb gegen irreführende Werbung für eine derartige Schauhütte im Bayerischen Wald. Der Betrieb darf seitdem nicht mehr mit dem Etikett „historisch“ werben; an der Gesamtkonzeption aber hat sich nicht nur nichts verändert, im Gegenteil: Sie findet immer mehr Nachahmer.
Bedenkenswert scheint mir dabei aber nicht nur das Problem einer Konkurrenz, gegen die sich die Hütten nicht wehren können, sondern das kulturelle Phänomen solcher reiner touristischer Schaubetriebe selbst. In der heftigen öffentlichen Auseinandersetzung, die sich an dem damaligen Prozeß entzündete, bezog Erwin Eisch denn auch folgendermaßen Stellung zu dem umstrittenen Projekt:

„Das Historische wird hervorgehoben, die nostalgischen Attribute von alt und traditionsreich werden auf einen Produktionsbetrieb angewendet, der in jeder Hinsicht neu ist. Sogar Toten- bzw. Gedenkbretter werden herangezogen, nostalgisch verbrämt und für Geschäftszwecke eingesetzt. (...) In Bodenmais wird dem Betrachter ein entschieden falsches Bild von der Glasmacherei des Bayerischen Waldes vorgespielt. Die sogenannten Demonstrationen sind im wesentlichen auf Werbung angelegt. Der schwer arbeitende Glasbläser, der findige Techniker oder der suchende Entwerfer, sie alle sind dort nicht gefordert. Die Initiatoren des ganzen Bluffs schwelgen in der Art eines geschäftstüchtigen Nostalgikers im Historischen. Sie machen ihr Geschäft auf dem Rücken der Glasarbeiter von heute und gestern.“ [9]

Dabei wäre es zu kurz geschlossen, die Spezifik dieser Betriebe einfach im kommerziellen Ausnützen von Handwerkstraditionen zu sehen und Kultur gegen Kommerz auszuspielen, denn schließlich verkaufen auch die anderen Glashütten Glas und betreiben Werbung dafür. Ein Streit darüber, wer der „echtere“ Kulturträger ist, führt zu nichts. In gewisser Hinsicht nämlich ist das touristische Ausbeuten von Vergangenem (und mit „touristisch“ meine ich das Präparieren von Kultur auf jenen „touristischen Blick“ hin) vielleicht der authentischere Ausdruck heutigen Denkens und Sehens.
Wenn das aber so ist, so ist eine Grundstruktur moderner Kultur eine selbstzerstörerische. Denn in Hinblick auf die gläsernen Produkte, die bei den Mundglashütten alten Stils noch im Zentrum des Bemühens stehen, ist dieser Umgang mit dem Handwerk wesentlich unkreativ. Glastradition, die auf eine touristisch konsumierbare Kulisse und auf historistische Kopien alter Gläser hin festgeschrieben wird, kann nicht mehr weiterentwickelt werden, sie wird zur leeren Hülle, stirbt.
Warum aber haben die Schauglashütten so regen Zulauf? Weil man dort billig einkaufen kann? Weil Touristen wahllos auf jede Sehenswürdigkeit hereinfallen? All das kann den neuen Boom nur teilweise erklären. Die eigentliche Faszination dieser Betriebe (wie auch die historischer Museumsdörfer, historisierender Ferienanlagen und ähnlichem) dürfte in der Verknüpfung des Musealen einerseits und des unmittelbar Benützbaren oder Käuflichen, das nicht die reflektierende Distanz der herkömmlichen Museen erfor-

Die Baracke im Sommer 1988, mit Detailverkauf und Aufgang zum Filmraum.

dert, andererseits, liegen.
Woher aber kommt, noch dazu in einer Zeit, die so radikal mit Traditionen gebrochen hat, die Zugkraft bunter historischer Kulissen, „die musealisierende Tendenz der Gegenwartskultur", die der Kulturwissenschaftler Peter Assion feststellen zu können meint?[10]
Die Frage kann hier nicht vollständig geklärt werden, vielleicht aber ist es möglich, einige Denkansätze aufzuzeigen. Die Schauglashütten samt ihren Totenbrettern, karierten Vorhängen oder ähnlichem fallen in den Bereich des Folklorismus. Zu solchen Erscheinungen kommt es Assion zufolge durch einen „Prozeß des Folklorisierens – des Ausgrenzens einer kulturellen Gegenwelt zur tristen Realität".[11] Folklorismus

„... visiert bis heute die ältere, vorindustrielle 'Volkskultur' an, als geschlossene 'heile Welt' von vorgestern, und er sucht aus einem System ländlicher Relikte immer wieder ein Totales zu schaffen: eine bunte 'Gegenwelt' zur Stadt- und Industriekultur, die jene 'Volkskultur' außer Funktion gesetzt hat."[12]

Daraus erklärt sich auch, warum die neuen „Hüttenherren" kaum Versatzstücke aus den gegenwärtigen Glasfabriken verwenden, sondern so gerne auf die Vorlage der vorindustriellen Waldglashütte zurückgreifen. Wie „echt" diese nun tatsächlich nachgebaut wird, spielt keine Rolle (und durch das Herauslösen aus ihren damaligen ökonomischen und sozialen Zusammenhängen verfehlt man sie ohnehin). Die „Waldglashütte" hat den imaginären Charakter des „es war einmal", man kann sie hervorragend in Vorstellungen vom urwüchsig-rustikalen Bayerwald einpassen. Drei einsame Glasmacher ohne Akkorddruck lassen eher den Eindruck des Spielerischen und des Vorindustriell-Romantischen zu, der Gedanke an industrielle Fabrikarbeit, die die Glasmacherei ja ist, kann leicht beiseite geschoben werden.
Für Assion ist dieses Sich-Festklammern am Bild des Traditionellen „Kompensation 'kulturellen Vertrauensschwundes'"[13], das hilflose Suchen verläßlicher Orientierungshilfen im Vergangenen angesichts von immer radikaleren gesellschaftli-

chen Veränderungen, die nicht mehr verarbeitet werden können. Das gilt für großstädtische Touristen ebenso wie für die Waldler, die in den letzten Jahrzehnten selbst etwas zu schnell und gründlich mit ihrer heimischen Kultur aufgeräumt haben.

Aber das Konservieren einer mehr oder weniger fiktiven „originalen Bayerwald-Glaskultur" in touristischen Schaubetrieben kann hier keine Lösung sein. Die Illusion, die sie so bereitwillig anbietet, nämlich daß hier mit den wirtschaftlichen Mitteln des 20. Jahrhunderts die Tradition bruchlos fortgeführt würde, ist eine gefährliche Selbsttäuschung, die niemandem nützt. Denn aus der Geschichte des Folklorismus weiß man,

„daß eine Traditionswelt auch aufgebaut und benutzt werden kann, um hinter dieser Kulisse den Abbau des geschichtlich Gewachsenen und seiner disfunktional gewordenen Werte nur um so ungestörter zu betreiben."[14]

Der Aufschwung der Schlauglashütten fällt augenscheinlich mit einer existenziellen Krise der „gewachsenen" Glasfabriken zusammen. Er darf nicht dazu dienen, diese Probleme im öffentlichen Bewußtsein zu verdecken und Lösungen zu verhindern - und so den Abbau der alten Glaskultur zu betreiben.

Dabei ist es sinnlos, die Touristenbetriebe unbesehen und von vorneherein zu verteufeln, denn, wie oben gezeigt werden sollte: auch sie haben ihre sozialen und psychologischen Wurzeln. Es wäre schon viel damit gewonnen, diese klar zu erkennen und auch fremden Urlaubern Unterschiede und Zusammenhänge sichtbar zu machen.

Eine kritischere Haltung zu den klischierten Erwartungen von Touristen, zu folkloristischen Trends und zum allzu schnellen Geschäft könnte im Bayerischen Wald Freiräume schaffen, in denen künstlerisches und handwerkliches Nachdenken und Experimentieren wieder ihren Ort und ihre Entfaltungsmöglichkeiten hätten. Außerhalb der Glashütten liegen gewisse Chancen hierzu in der Entwickung einer eigenständigen und selbstbewußten Studioglasbewegung des Bayerischen Waldes; solche Ansätze zeigen sich bereits in einer kleinen Zahl von vom Tourismus weitgehend unabhängigen Glaskünstlern, die es verdienen, beachtet und ernstgenommen zu werden. Auf jeden Fall gehören zur kontinuierlichen Weiterentwicklung einer kreativen Glasszene Humor, Phantasie und der Mut, gestalterisch immer wieder neu und anders anzufangen. Denn erst von einem eigenen, freien Standpunkt aus kann man unbefangen und sinnvoll Traditionelles aufgreifen und bewerten.

VIII. „Handgemachte Zärtlichkeit“ – Zu Entwurfsprozeß und Ästhetik der Eisch-Gläser

Detailaufnahme einer bemalten Vase aus der Unikatwerkstatt „Poesie in Glas“. (Vgl. Farbaufnahme S. 100)

Das Mustermachen

Gegen Schluß dieses Buches nun gelangen wir zu dem, was einer Glashütte nach außen ihr Profil verleiht – zu den Gläsern. In doppelter Hinsicht bilden diese das Zentrum des Hüttengeschehens: zum einen als Ware im ökonomischen Sinn, zum anderen aber als schöpferisch gestaltete und kulturell getragene Produkte. Denn

„... unsere Branche ist so diffizil, daß man ihr Gewalt antun würde, wollte man sie nur auf die Formel 'hier Ware – hier Geld' degradieren. Es ist immer ein bißchen Liebe im weitesten Sinne im Spiel, das sie über andere Branchen hinaushebt, das sie gerade deshalb als sympathisch erscheinen läßt ...“[1]

Man darf Erich Eisch diese Liebe glauben – schon deshalb, weil die Beziehung der Eisch-Brüder zum Glas nicht aus der Tradition einer Fabrikantenfamilie stammt, sondern aus dem Handwerkerethos der alten Glasschleifer und -graveure, das Anton Eisch und seine Söhne Anton, Valentin und Josef verkörperten. Sie bezogen ihr Selbstverständnis und ihr Selbstbewußtsein aus „ihren“ Gläsern und aus der Identifikation mit ihrer Tätigkeit und prägten diese existenzielle Einstellung zum Handwerk auch den Kindern ein:

„Ich erinnere mich noch gut an die Zeit, in der mein Großvater stundenlang mit der Dekoration eines einzigen Glases beschäftigt war. Mit viel Anteilnahme, Phantasie und Humor hat er seine Blumendekors in die Gläser geschnitten und graviert. Er stellte keine großen Forderungen an das Leben. Trotzdem, er war ein angesehener Handwerker."[2]

Meister wie Anton Eisch waren nicht nur Arbeiter, die nach festen Vorgaben vom Betrieb eingeforderte Stückzahlen lieferten. Zugleich waren sie auch noch die Musterzeichner, die gemeinsam mit ihren Werkstätten die Messeneuheiten entwarfen. Zeichnerisch Begabte waren begehrt in den Hütten, und als Entwerfer erhielten sie die Möglichkeit, ihr Können mit der spielerischen Auseinandersetzung mit traditionellen Mustern und aktuellen Moden zu verbinden.

„Man sprach zu seiner (Anton Eischs, d. V.) Zeit noch ganz anders über Glas, als man dies heute tut. Er kümmerte sich nicht um die 'gute Form' oder die funktionsgerechte Form. Für ihn war diese Wertung selbstverständlich. Heute hat der Designer den Platz des Handwerkers und Künstlers übernommen. Er ist ein Zwitterwesen, steht zwischen Markt, Verkaufsmanagement und Technik. Seine Tätigkeit ist nicht primär schöpferisch, sondern schablonenhaft und marktorientiert. Er vermißt die Freude des Machens, den Schock des Scheiterns und kennt die Bewältigung des Materials in seiner Ganzheit nicht. Als Glasdesigner stellt er sich aufgrund seiner größeren, wenn auch fachfremden Ausbildung

„Die Kugel rollt – ein Spiel von Licht und Glanz". So wurde, dem Geschmack der Wirtschaftswunderzeit entsprechend, für die erfolgreiche Schliffserie Roulette, Form 165, geworben. Erstmals ausgeliefert am 28. 4. 1966.

Alfons Eisch beim Glasgravieren, Sommer 1982.

Serie Chianti 170: ein einfaches Schliffdekor, geliefert ab dem 28. 2. 1968.

Serie Bolero 173 aus dem Jahr 1969.

über den Glasmacher und fordert diesen entweder zur Passivität oder Gegenreaktion heraus. Er bedient sich seiner als Instrument, an der Geschicklichkeit des Glasbläsers ist er nur soweit interessiert, als er sie zur Verwirklichung eigener Ideen braucht."[3]

In Erwin Eischs eigenem Aufwachsen wie auch in seinen künstlerischen Erfahrungen wurzelt also eine tiefe Abneigung gegen die Idee und Ideologie modernen Designs, die handwerklichen Produktionsprozessen vorangestellt oder übergestülpt werden. Für ihn degradiert die Trennung des Entwurfs als reinem Schreibtischprodukt von der Ausführung am Glasofen das Glasmachen zur bloßen Technik und den Glasmacher zum Werkzeug; das „designte" Werkstück entsteht nach der Logik moderner Massenfertigung. In der Glashütte Eisch gibt es deshalb keinen Designer in diesem Sinne, und auch der Begriff „Design" existiert im Hüttenalltag nicht. Seit 1946 spricht man stattdessen vom „Mustermachen". In der damaligen, personell auf die Familie begrenzten Werkstattsituation wäre eine derartige Arbeitsteilung in Kopf- und Handarbeiter nicht denkbar gewesen; die einzige den Fähigkeiten und auch den Gewohnheiten innerhalb der Familie entsprechende Praxis war die des Entwerfens direkt am Material und am Werkzeug unter kritischer Anteilnahme der ganzen Werkstattgemeinschaft.

Daraus soll nun nicht der Schluß gezogen werden, daß bei Eisch heute noch jeder Glasmacher und jeder Veredler in der Lage sein muß, seine eigenen, kunsthandwerklichen Mustergläser zu machen. Wichtig ist, daß neue Formen und Dekors in einem experimentellen Prozeß entwickelt

Eine strenge, kantige Form, die in den siebziger Jahren großen Anklang fand: Serie Saskia 172, erstmals ausgeliefert am 29. 8. 1968.

Eine Reaktion auf harte und protzige Moden: Die Serie Bonanza, Form 174, war ein damals ungewöhnlicher Versuch mit sanften, runden Formen. Sie wird seit dem 27. 6. 1969 bis heute geliefert.

werden, in dem Entwurf und Ausführung nicht zeitlich getrennt, also nacheinander, erfolgen. Aus den Händen sollen die Ideen wachsen, und aus Diskussion und Kritik - Produktentwicklung in der Eisch-Hütte geht also so weit als möglich im direkten Dialog mit dem Material Glas und im Austausch einer ganzen Reihe von Menschen, die hier aktiv werden, vonstatten. Neue Ideen müssen nicht abstrakt aus einem Designerkopf gepreßt oder fremden Marktrennern und Trendmachern abkopiert werden, man braucht sich auch nicht auf individualistische Eitelkeiten eines einzelnen zu verlassen. Es ist somit höchst selten, daß ein Serienglas aus der Eisch-Hütte, das schließlich auf dem Markt erscheint, ausschließlich auf die Idee und die Initiative einer einzigen Person zurückzuführen ist.

Die Hauptperiode des Mustermachens für Kelchgläser beginnt alljährlich Anfang Oktober. Erich Eisch, teilweise unterstützt von seinem Bruder Erwin Eisch und von August Linzmaier (dem ehemaligen Musterzeichner der Glasfabrik I. Gistl), zeichnet neue Kelchglasformen, holt alte Entwürfe hervor und fertigt Papierschnitte an.

Allmählich setzten sich weichere Formen und zartere Dekors durch: Serie Dunja 186 aus dem Jahr 1974 (links), Serie Flirt 192 von 1976 (Mitte), Serie Charme 198 von 1979 (rechts).

Die Signaturen der Eisch-Gläser

Signatur für Trinkgläser (sandgestrahlt)

Signatur für Geschenkartikel (sandgestrahlt)

Poesie in Glas (Handsignatur mit Jahreszahl, bei „Poesie“ Malerei und Gravur zusätzlich mit den Initialen der Malerin / des Malers bzw. des Graveurs)

Erwin Eisch

Erich Eisch

Eine wichtige Schliffgarnitur, die 1973 entwickelt wurde: Ilona 185.

Umfangreiche Trinkglas- und Geschenkartikelserie mit Ätzgoldkante: Soiree.

Ungefähr 20 und mehr solcher Profilschnitte bilden dann die Vorlagen, nach denen der Holzformenmacher neue Modl drechselt und nach denen am Glasofen eine große Anzahl von Versuchsgläsern geblasen wird. Unter Umständen wird hier bereits unter Beteiligung von Helmut Schneck und natürlich der Glasmacher mit Farbglas, Ofeniris, dekorierten Stielen usw. experimentiert. Mit den glatten Mustergläsern, die zur Veredelung bestimmt sind, setzt sich Alfons Eisch an die Schleifmaschine und entwirft Gravur- und Schliffdekors. Seine Tochter Eva, die Glasmalerin ist, Erwin, Gretel und Erich Eisch liefern Zeichnungen, Anregungen oder Kritik. Manchmal erhalten auch Seriengläser, Entwürfe für Trinkglasgarnituren und Geschenkartikel durch Malerei, Ätztechniken oder Sandstrahl besonderen Pfiff.

Zur Vertreterbesprechung schließlich, die noch im Dezember stattfindet, stehen Dutzende verschiedener Mustergläser bereit, die gemeinsam diskutiert, ausgewählt oder aber nach Vorschlägen der Vertreter nochmals abgeändert werden. Zwei bis drei Garnituren und daneben mehrere neue Geschenkartikel sind es dann, die jährlich den Weg zum Kunden antreten. Eine aufwendige Angelegenheit also, dieses Mustermachen – und ein Prozeß, der Sensibilität und gut aufeinander eingespielte, kooperationsbereite Partner verlangt.

„Poesie in Glas“

Neben der Produktion von Gebrauchsgläsern entsteht, schon in der Art des Entwurfs- und Herstellungsprozesses, des Vertriebs wie auch in der ästhetischen Konzeption von ihnen verschieden, Poetisches bei Eisch: Die Unikatserie „Poesie in Glas“, die sich an künstlerische Versuche Erwin Eischs mit freigeblasenem Glas anlehnt. Hier handelt es sich um Sammler- und Liebhaberstükke in fließenden Formen, mit den verschiedensten Ofen- und Kaltglastechniken zu bunten Objekten gestaltet. Jedes dieser Gläser ist mit dem Signum „Eisch“ und Jahreszahl gezeichnet.

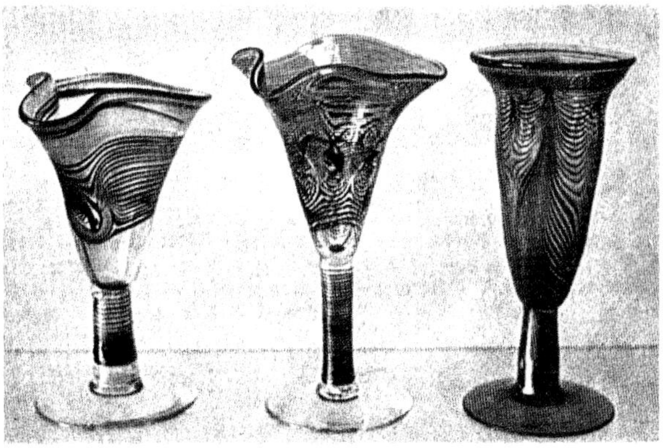

Drei Kelche mit Kammzugdekoration aus der Produktion von „Poesie in Glas“ der ersten Jahre.

Mit ähnlichen Arbeiten hatte Erwin Eisch zehn Jahre lang an seinem kleinen Studioglasofen der Studioglasbewegung wesentliche Impulse geliefert und auch dem traditionellen Glasblasen neue Wege gewiesen.

1975 wurde dieser Ofen gelöscht und Erwin Eisch wandte sich stärker dem skulpturalen Glas und der Malerei zu; schon vorher aber waren Überlegungen aufgekommen, seine eher kunsthandwerklichen, dekorativen Gefäße, die er und seine Glasmacher nebenbei am Studioofen bliesen, in die Firmenproduktion einzugliedern und dort mit seiner Unterstützung weiterzuentwickeln. Zuweilen wurden solche Stücke, die die Mitarbeiter Erwins in seinem Sinne gefertigt hatten, mit der Signatur „Erwin Eisch-Objekte“ oder „Eisch-Hütte“ angeboten. Schon früher hatte Erwin Eisch außerdem gern seine Werke unter das Motto „Poesie“ gestellt – so 1966, als die Fa. Tritschler in Stuttgart mit ihm eine Ausstellung „Die Poesie des Glases“ durchführte oder 1967 „Glas und Poesie“ im KaDeWe in Berlin. Die letztere Ausstellung, in der Erwin Eisch seine eigenen Objekte bereits mit verspielten Gefäßen aus der Hütte mischte, kann als die erste Vorläuferin dessen angesehen werden, was zehn Jahre später unter dem Motto „Poesie in Glas“ vorgestellt wurde. Als Unikatreihe der Glashütte Eisch nach Entwürfen von Erwin Eisch wurde „Poesie in Glas“ im April 1977 in einer Ausstellung des Fachhandelshauses Schafferer in Freiburg und auf der darauf folgenden Frankfurter Herbstmes-

Werbeplakat des KaDeWe in Berlin mit Gläsern von Erwin Eisch. In diesem Rahmen fand im Mai 1967 die Sonderausstellung „Glas und Poesie“ mit Unikaten der Eisch-Hütte und Erwin Eischs statt.

se offiziell eingeführt. Für die Fachhandelsgeschäfte war dies etwas völlig Neues, schließlich war seit den Zeiten des Jugendstils nichts Vergleichbares mehr aus den Glashütten gekommen. Individuelles Glas war nun nicht mehr nur dem Kunstmarkt vorbehalten; die hüttenmäßige Herstellung macht ein niedrigeres Preisniveau möglich und bürgt trotzdem für handwerkliche Qualität.

Heute werden zu jeder Messe in Frankfurt ca. 100 neue Unikattypen, in den verschiedensten Techniken gearbeitet, vorgestellt. Diese Muster bilden

die motivischen, farblichen und technischen Vorlagen, nach denen bestellt und produziert wird, trotzdem aber müssen sich die Kunden darauf einlassen, daß die Mustergläser niemals völlig identisch nachgearbeitet werden. Dieses Vertriebs- und Produktionssystem entwickelte sich als Kompromiß zwischen dem Individualitätsanspruch der „Poesie“-Einzelstücke und dem Wunsch der Händler, nicht die „Katze im Sack“ bestellen zu müssen.
Außerdem werden in Zusammenarbeit mit Glasfachgeschäften Verkaufsausstellungen organisiert - über 200 derartige Veranstaltungen sind bereits bis Januar 1987 durchgeführt worden. Die Ausstellungen finden immer wieder erstaunliche Resonanz, sie erfordern aber auch besonderes Engagement von Seiten der Einzelhändler sowie von Erich und Erwin Eisch, die sich darin abwechseln, an den Eröffnungsabenden selbst die Unikate vorzustellen und dem Publikum deren geistigen Hintergrund, die Beziehung zur Kunst Erwin Eischs, zur Glastradition des Bayerischen Waldes und auch zum Jugendstil zu verdeutlichen. In der Hütte ist eine Glasmacherwerkstatt ganz auf die Produktion von „Poesie in Glas“ spezialisiert. Walter Hannes und Hans Stadler sind gut mit Erwin Eischs stilistischen Vorlieben und mit Freihandtechniken vertraut. Sie knüpfen an das an, was am Studioofen und auch schon vorher am kleinen Ölofen von ihm technisch entwickelt und ausprobiert wurde, wenn sie auch seinen künstlerischen, verspielten und versponnenen Formen mit größerer handwerklicher Strenge und Gediegenheit begegnen. Die Anregungen für neue Messemuster kommen nach wie vor von Erwin Eisch; unter seiner und der Anleitung von Annemarie Kainz wird vor den Messen mit Farbkombinationen und Dekors, mit neuen Formen und Techniken experimentiert. Immer wieder greift er auch selbst zur Glasmacherpfeife, vor allem wenn es darum geht, den Malerinnen und Malern von „Poesie in Glas“ mit besonderen Rohglasformen Anregungen zu geben.
Diesen Versuchen, Kaltglastechniken (und dabei vorrangig die Glasmalerei) aufzuwerten und weiterzuentwickeln, wird bei Eisch ausgesprochen

Hans Stadler bei der Arbeit an einer „Poesie“-Vase.

große Bedeutung zugemessen. Die „Poesie-Malerei“, wie die Werkstatt im Hüttenalltag genannt wird, gibt es seit 1979. Damals war es eine einzige Malerin, Maria Wurzer, die mit Unterstützung Erwin Eischs anfing, eine neue Unikat-Linie zu entwickeln-orientiert an floralen Motiven des Jugendstils, an romantischer Naturdarstellung und an den Arbeiten Gretel Eischs, die als Glasmalerin in den sechziger und frühen siebziger Jahren Gefäße und Glasplastiken ihres Mannes in „naive“, witzige Figuren, in Froschteiche und andere Tierszenen und in märchenhaft-mythologische Geschichten verwandelt hatte. Wichtig waren (und sind) bei „Poesie in Glas“ Experimente mit Lüstermalerei, die in den Bayerwald-Hütten nahezu in Vergessenheit geraten war. Mit diesen Techniken lassen sich die zart schillernden Farbtöne erzielen, die für die bemalten Eisch-Gläser, besonders aus den ersten Jahren, typisch sind.
Sehr bald kamen weitere Malerinnen hinzu, die die Möglichkeit erhielten, frei auf die Gläser zu phantasieren und mit Farben und Techniken zu spielen. Anfangs konnte dies noch weitgehend ohne Vorgaben des Marktes oder handwerklicher Tradition geschehen. Eine derartige Phase war möglich, weil diese Art der Malerei praktisch konkurrenzlos war und von der Neugierde und dem Wohlwollen der Fachhändler getragen wur-

Gruppenfoto in der „Poesie"-Malerei, März 1987.
Von links: Eva-Maria Eisch, Waltraud Lerchl, Gretel Eisch, Stefan Stangl, Sandra Giltner, Barbara Achatz (vorne), Ronald Fischer, Werner Liebl, Günther Joachimsthaler, Karin Füllsack, Rita Titze.

de. Sie war unumgänglich, weil nur so Ideen wachsen und zugleich Grenzen abgesteckt werden konnten, die der Kundengeschmack diktierte.

Wie sich hier schon andeutet, ist es ein Charakteristikum dieser Werkstatt, eigentlich Unvereinbares zusammenzubringen: Sie soll rentabel und den Erwartungen der Käuferschaft entsprechend arbeiten und gleichzeitig Produkte herstellen, die sich durch Individualität und immer neues, phantasievolles Überschreiten bekannter Gestaltungsmuster auszeichnen. Um beidem nach Möglichkeit Rechnung zu tragen, sind die Entwicklung einer kreativen Produktionsweise und ein schöpferisches Arbeitsklima notwendig, ohne daß dabei die Einbindung der Werkstatt in den ökonomischen und organisatorischen Gesamtkontext einer Glasfabrik in Frage gestellt wird. Die „Poesie-Malerei" ist deshalb in besonders hohem Maß auf Eigenverantwortlichkeit und Engagement der zwölf Malerinnen und Maler angewiesen und auch auf deren Bereitschaft zu ständigem Austausch und Lernen in der Gruppe. Sie braucht andererseits Vertrauen und Kommunikationsbereitschaft von Seiten der Firmenleitung. Hohe Anforderungen stellt dieses Experiment an das Organisationstalent und Einfühlungsvermögen von Annemarie Kainz und Gretel Eisch. Annemarie Kainz – „Frau Poesie", wie sie von Kunden genannt wird – ist vorrangig für den Vertrieb von „Poesie in Glas" verantwortlich, sie vertritt die „Poesie"-Werkstätten also auch nach außen. Gretel Eisch, die seit Februar 1987 Abteilungsleiterin für die „Poesie-Malerei" ist, unterstützt sie in den Belangen der Malerei, koordiniert das vielfältige Produzieren innerhalb der Werkstatt, kümmert sich um die Auszubildenden und versucht, Ideen aufzugreifen, neue Richtungen und Wege, die

sich in den Arbeiten der Gruppe andeuten, sichtbar und nutzbar zu machen. Von Zeit zu Zeit greift auch Erwin Eisch, quasi von außen, in die Diskussion ein.
Ein Akkordsystem ist mit dieser Art des Zusammenarbeitens nicht zu vereinbaren, allerdings kann auch nicht mehr so unbekümmert drauflosfabuliert werden wie ganz zu Anfang. Entscheidend ist aber nach wie vor, daß die „Unikatmuster", die auf den Messen vorgestellt werden, und die Einzelstücke, die auf den Ausstellungen gezeigt werden, prinzipiell von den Ausführenden selbst entworfen werden. Die Malereien zeigen bewußt die persönliche Handschrift ihres Urhebers und werden mit dessen Initialen signiert. So sind sie einmal locker und schwungvoll, einmal mit hoher Präzision ausgeführt; die Motive können einmal witzig und verspielt sein, einmal sich mit großer Ernsthaftigkeit an ihren Vorlagen in Natur und Tradition orientieren. Bei aller Unterschiedlichkeit drückt sich jedoch in jedem Glas eine durchgängige stilistische und motivische Grundlinie aus. Dieser „Eisch-Stil", wie man das nennen könnte, wird in den folgenden Abschnitten präziser zu charakterisieren sein. Er gewährleistet nach außen die Einheit und Wiedererkennbarkeit als Produktreihe, ist aber keineswegs als etwas Fertiges und Abgeschlossenes zu betrachten, sondern muß ständig produktiv weiterentwickelt werden.
„Poesie in Glas" beschränkt sich in technischer Hinsicht nicht nur auf Ofenarbeiten und Glasmalereien, obwohl diese Gestaltungsmöglichkeiten weitaus die erfolgreichsten sind. Die Malerinnen und Maler kombinieren ihre Arbeiten häufig mit sandgestrahlten Flächen oder mit Gravuren mittels „biegsamer Welle". Natürlich spielt hier auch die herkömmliche Glasgravur eine gewisse Rolle: Josef Schneider und später Josef und Kurt Häusler versuchten nicht nur, die Zeichnungen Erwin Eischs auf Glas umzusetzen, sondern erweiterten ab 1982 auch durch Gravuren in weißem oder in schwarzem Glas mit Goldauflage das Sortiment „Poesie in Glas". Im Frühjahr 1984 kam außerdem eine vom Maler Günther Joachimsthaler gemeinsam mit Erwin Eisch entwickelte Linie „Poesie Grafik" auf den Markt - konturenreiche Gläser mit figürlichen Darstellungen, die mit Hilfe von Sandstrahl- und Ätztechnik, Gravur und Malerei auf farbigem Überfangglas entstanden.

Libelle und Lurch - zwei der häufigsten Motive der Anfangszeit der „Poesie"-Handmalerei. (Lucia Probst, Maria Wurzer, um 1980).

Tradition und Freiheit

Wenn es etwas gibt, was die Eisch-Produkte in ästhetischer Hinsicht von den ersten Gravurmustern bis heute wesentlich prägt und auch für ihren Erfolg verantwortlich ist, so muß man das auf einen recht allgemeinen Nenner bringen: Die Gläser sind umso gelungener und lebendiger, je deutlicher in ihnen eine ästhetische Spannung zwischen zwei Polen zur Sprache kommt - zwischen dem Fortführen kunsthandwerklicher Tradition einerseits und ihrem gleichzeitigen Durchbrechen und schöpferischen Überschreiten andererseits.
Mit den folgenden Überlegungen grundsätzlicher Art sollen nun keinesfalls die über 2600 verschiedenen Artikel im Sortiment der Eisch-Hütte, die den unterschiedlichsten Geschmäckern und Verwendungszwecken angepaßt sind, überbewertet werden.[4] Vielmehr geht es um eine Annäherung an die Frage, auf welcher ästhetischen

Weinlaubdekor von Valentin Eisch – eines seiner Lieblingsmotive, das er bis ins hohe Alter immer wieder für besondere Anlässe gravierte.

Die Glasgefäße von Erwin Eisch standen nicht immer brav auf ihren Sockeln – hier eine Ausstellung bei Tritschler in Stuttgart im Frühjahr 1962.

Grundlage eine Mundglashütte heute noch sinnvoll arbeiten kann, ohne in Anachronismen und Historismen, in eine Überanstrengung künstlerischer Ansprüche oder in hilfloses Nachahmen zu verfallen.
Das oben angesprochene gestalterische „Spannungsverhältnis“ nun läßt sich am konkretesten und anschaulichsten anhand der Gravurdekore Valentin Eischs und der künstlerischen Arbeit Erwin Eischs darstellen, ohne daß ich damit komplexe Persönlichkeiten auf starr fixierte Handwerks- bzw. Künstlerpositionen reduzieren will. Valentin Eisch (dem sein Sohn Alfons als Hohlglasfeinschleifermeister am ungebrochensten nachfolgt) lebte in und mit seiner Tätigkeit, wie es auch sein Vater und vor ihnen eine lange Reihe von Glasveredlern im Bayerischen Wald getan hatten. Das Vertrauen auf sein Können gaben sowohl ihm als auch der entstehenden Glashütte Kraft und Sicherheit, und diese handwerkliche Kunstfertigkeit basierte auf altbekannten ästhetischen Kriterien, die nicht so einfach in Frage gestellt werden konnten. Präzision war da gefragt, Selbstdisziplin und zeichnerische Begabung und Sensibilität.
Sein Sohn Erwin, von der Glasfachschule auf die Kunstakademie umgeschwenkt, schien nun plötzlich all das auf den Kopf stellen zu wollen, was da über Generationen an fachlichem Wissen und Können gewachsen war. Als er in den fünfziger Jahren begann, sich mit der Glasmacherei zu beschäftigen, entstanden schiefe Stiele und unregelmäßige Glaswandungen, Gefäße, deren Gebrauchsfunktion durch allerhand figürliche, körperhafte Auswüchse in Frage gestellt wurde oder gar tachistische Werke aus im Fluß erstarrter Glasmasse. Alles, was nach der kunsthandwerklichen Auffassung des 19. Jahrhunderts schön ist, gab es in diesen Dingen nicht. Innerhalb seiner Frauenauer Umgebung müssen deshalb diese ersten Ofenarbeiten wenn nicht als Schock, so doch als starke Verunsicherung überlieferter Handwerksprinzipien empfunden worden sein. Erwin Eisch löste die traditionellen handwerklichen Bindungen der Glasmacherei, ermöglichte es dadurch aber dem Werkstoff Glas, sich allmählich als Kunstmedium zu etablieren – nach jenem legendären Auftauchen Harvey Littletons in Fraue-

Kompottschalen, Schliff und Gravur von Valentin Eisch. Private Arbeit Ende der siebziger Jahre.

nau im Sommer 1962 auch mit der Rückendeckung der Studioglasbewegung, der er seinerseits wesentliche Impulse verschaffte. Der Glasbläser sollte „als Individuum, als schöpferischer Handwerker und Künstler" eingesetzt werden.[5]

Ich möchte an dieser Stelle nicht den künstlerischen Werdegang Erwin Eischs nachzeichnen oder sein Werk als solches vorstellen. Obwohl aber seine Laufbahn als Künstler äußerlich gesondert von den Entwicklungen der Hüttenproduktion verlief, sind diese in ihren vielfältigen Erscheinungsformen untrennbar mit dem Denken und Arbeiten Erwin Eischs verbunden. Für ihn ist es selbstverständlich, mit seinen Grundsätzen auch auf die Gestaltung der Seriengläser einzuwirken. Denn für Erwin Eisch gibt es keine reinen, isolierten Kunstprobleme; was er insbesondere beim Malen erfährt, ist für ihn auch universal anwendbar, ist „direkt" auf andere Lebensbereiche übertragbar. Das gilt natürlich in besonderem Maße für alle ästhetischen Fragen, ob es sich nun um die Dekoration von Weingläsern handelt oder um die Forderung nach mehr Farbigkeit in der Architektur. (Von diesen Versuchen, die Kunst in die alltägliche Lebenswelt einzubringen und von seiner ständigen, zumindest geistigen Präsenz im Betrieb zeugen auch die vielen Ateliers im Hüttenbereich, in denen er im Laufe der Zeit gearbeitet hat und die bunten Wände und Wandmalereien in den Fabrikräumen.) Außerdem weiß Erwin Eisch nur zu gut um seine Verwurzelung in Kunsthandwerk und Familie. Durch alle Wandlungen hindurch zeigt sein Werk immer auch spielerisch oder ironisch die Auseinandersetzung mit diesen Traditionen. Aus diesem Grund konnte er in einer improvisierten Rede im Februar 1985 folgendermaßen seinen Umgang mit traditionellen Bindungen und künstlerischer Freiheit verdeutlichen:

„Ich bin ein fanatischer Vertreter und Kämpfer für die Geschichte, daß wir uns die Geschichte anschauen, erhalten, würdigen, verstehen und zu gleicher Zeit – jetzt kommt natürlich der Haken – zu gleicher Zeit vergessen. Daß das nicht möglich ist, weiß ich. Aber das ist eine Kunstposition. Wenn ich jetzt was machen will, muß ich eben diese Geschichte kennen, muß ich wissen, wo wir stehen, was in der Malerei gelaufen ist. Das muß ich wissen, muß es kennen, und dann muß ich von Grund auf neu anfangen. Das muß jede Kunst. Sie muß ununterbrochen von Neuem anfangen. Denn als Individuum sind wir neu und diese Individualität duldet nichts Geschichtliches daneben. Aber es ist ein Widerspruch . . .! Wir müssen Geschichte haben und kennen und fördern und zu gleicher Zeit überwinden und vergessen. Zu gleicher Zeit! Es ist also ein Konflikt da, ein unlösbarer Konflikt, mit dem wir leben sollen, mit dem wir leben lernen müssen . . ."[6]

Natürlich handelt es sich bei den Seriengläsern

Boris 503 (links), Flair 506 (Mitte) und Orion 506 (rechts): Drei sehr unterschiedliche Garnituren – glatt, mit Schliff und Goldauflage und mit reinem Schliffdekor –, die seit 1979 (Boris), bzw. 1980 lieferbar sind.

aus der Glashütte Eisch nicht um Kunstwerke, wie sie Erwin Eisch hier vor Augen hat. Die Hüttenprodukte sind prinzipiell handwerklichen Ursprungs und getragen von handwerklichem Selbstverständnis, d. h. neben funktioneller Brauchbarkeit wollen sie zuallererst gefallen. Von individuellen Kunstobjekten könnte eine Glashütte ohnehin nicht leben; sie kann es sich nicht leisten, daß ihre Produkte vielleicht erst in 20 oder 50 Jahren von Sammlern oder Liebhabern entdeckt werden. Künstlerische Individualität ist dem öffentlichen Geschmack, der immer von bereits etablierten, normierten Bewertungen bestimmt wird, diametral entgegengesetzt.
Auf der anderen Seite – und hier treten die Eisch-Gläser sozusagen in die oben zitierte Konfliktsituation ein – kann es keine schöpferische Weiterentwicklung geben, wenn man stets nur versucht, bereits bestehenden Trends hinterherzulaufen. Die Eisch-Familie toleriert deshalb nicht nur Erwins selbstgewählte Rolle als Phantast und Theoretiker des Betriebs. Vielmehr zeigt der gut eingespielte Prozeß des gemeinsamen Mustermachens, daß man gelernt hat, diesen ästhetischen „Konflikt" zwischen dem kunsthandwerklichen Erbe und der Notwendigkeit, immer wieder mit neuen, ungewohnten Ideen zu experimentieren, produktiv zu nutzen – ohne sich dabei zugunsten einer der beiden Seiten entscheiden zu wollen. Beides muß bei der Gestaltung der Gläser zusammenspielen – trotz, oder gerade wegen der Gegensätzlichkeit dieser Gestaltungsrichtungen. Der Konflikt kann in den Entwürfen nicht aufgehoben werden, vielmehr soll er in ihnen zur „Sprache" werden und ihnen damit Lebendigkeit verleihen. Ohne diese „Sprachlichkeit", das Zum-Ausdruck-Bringen einer permanenten Auseinandersetzung zwischen Geschichtlichkeit und Spontaneität blieben die Produkte entweder im immer gleichen Wiederkäuen traditioneller Muster oder aber in krampfhaften Versuchen, Tradition modernistisch zu „überwinden" und kaltzustellen, hängen – beides sind gleichermaßen leere und langweilige Alternativen. Die Eisch-Gläser wollen daher eine Balance herstellen zwischen jener entgegenkommenden handwerklichen Gefälligkeit und leichten Faßlichkeit einerseits und der Forderung an die Kunden, sich auch auf neue und nicht etablierte Ideen und Sichtweisen einzulassen andererseits. Dabei hat sich gezeigt, daß es mit Geduld und Risikobereitschaft möglich ist, gewissermaßen erzieherisch auf den Markt und damit auch auf die ästhetischen Leitmuster der Gesellschaft einzuwirken.

Handwerklichkeit contra „Maschinenästhetik"

Die Suche der Eisch-Familie nach neuen Wegen beruht allerdings nicht nur auf der puren Freude am schöpferischen Gestalten. Sie war und ist immer auch eine Reaktion auf die Bedrohung durch die Maschine - in zweierlei Hinsicht: Zum einen geht es ganz konkret ums Überleben, darum, vor der übermächtigen Konkurrenz des „Eisernen Mannes“ auf handwerkliche Techniken auszuweichen, die dieser (noch) nicht beherrscht. Zum zweiten bestimmt die Bemühungen der Eischs auch ein ideologischer, bzw. ideologiekritischer Aspekt: der Protest gegen das Übergreifen einer „Maschinenästhetik“ in handwerkliche und künstlerische Bereiche.

„Ich hoffe nur, daß die Handwerker . . . sich nicht ästhetische Wertungen aufschwatzen lassen, ob vom Markt, von Juroren oder Museumsleuten, die in die Sackgasse führen. Ästhetische Wertungen - meine ich -, die sie in eine hoffnungslose Konkurrenz mit unserer heutigen Maschinenästhetik bringen. Unsere Welt ist von dieser 'maschinengemachten Schönheit' verunstaltet, und die Kulturkrise, in der wir stekken, beruht weitgehendst auf dieser maschinengemachten Ästhetik.“ [7]

Die kunsthandwerklich orientierten Glasveredler und Glasmacher sind es im allgemeinen gewohnt, Qualität unter anderem auch nach technischer Kunstfertigkeit, nach Perfektion und Präzision zu bemessen - eben nach der „sauberen Handwerksarbeit“ zu streben. Spätestens seit der Mitte des 20. Jahrhunderts unterwarf man in den meisten Glashütten und Veredelungsbetrieben Ideen und gestalterische Formen und Inhalte der Designideologie mit ihrer Idealisierung von Funktionalität und technischer Materialbeherrschung. In den Ausbildungsstätten lehrte man die „reine“, die „funktionsgerechte“ Form und forderte glatte, blasenfreie Gläser; Veredelung war nur zugelassen, um die optischen Reize des Materials hervorzuholen. Erwin Eisch erfuhr dies 1949 an der Münchner Kunstakademie:

„Sein Lehrer, ein Anhänger des Bauhauses, verurteilte das Gravieren mit dem Hinweis, daß 'das Material Glas selbst schon so schön sei, daß sich jede weitere Bearbeitung erübrige.' Erwin arbeitete pflichtbewußt an unverzierten Gefäßen, aber damals begann auch wohl sein späterer Haß auf diese Art von Ästhetizismus. 1979 schrieb er: 'Das Schlagwort Glas und Beton, worauf sich die moderne Architektur stützt, erschreckt meine Glasnatur. Eine brutalere Behandlung des Materials Glas hat es nie zuvor gegeben.'“ [8]

Für die Handwerker bedeutet ein konsequentes Beschreiten dieses Wegs nicht nur eine Einschränkung ihrer Spontaneität und der Vielfalt handwerklicher Gestaltungsmöglichkeiten. Er

Ausstellung in der Galerie Handwerk in München um 1969: Zusammen mit Skulpturen und Gefäßen Erwin Eischs wurde betont handwerkliches „Waldglas“ aus der Firmenproduktion ausgestellt.

trug auch dazu bei, sie vollends der Konkurrenz der Maschine auszuliefern, die immer noch perfekter, gleichmäßiger und dazu besser für den Massenbedarf produzieren kann.

Um diesem Dilemma zu entgehen, bauten die Eisch-Brüder schon in den fünfziger Jahren darauf, das Handgemachte als solches aufzuwerten und zu einer spezifisch handwerklichen Qualität zu finden, die den Vorzügen des Maschinenprodukts entgegengesetzt werden konnte, anstatt dieses zu imitieren. Angeregt durch die Experimente Erwin Eischs wurde deshalb auch in der Hütte das Moment des Zufälligen wichtig. Spuren menschlicher Bearbeitung sollten wieder sichtbar sein dürfen, das Glas mußte, von reiner Materialästhetik befreit, menschlicher Individualität zugänglich gemacht werden. In jener Rede im Februar 1985 erzählte Erwin Eisch auch von diesen Versuchen der Neuorientierung:

„68 war eine Menge in Bewegung auf der künstlerischen Ebene und es hat in der Architektur als auch im Glas eine Menge

Die Geschenkartikel der Serie Perlmutt, produziert seit 1975, sind zum Teil frei geformt. Irisiertes Glas mit blauer Fadenauflage.

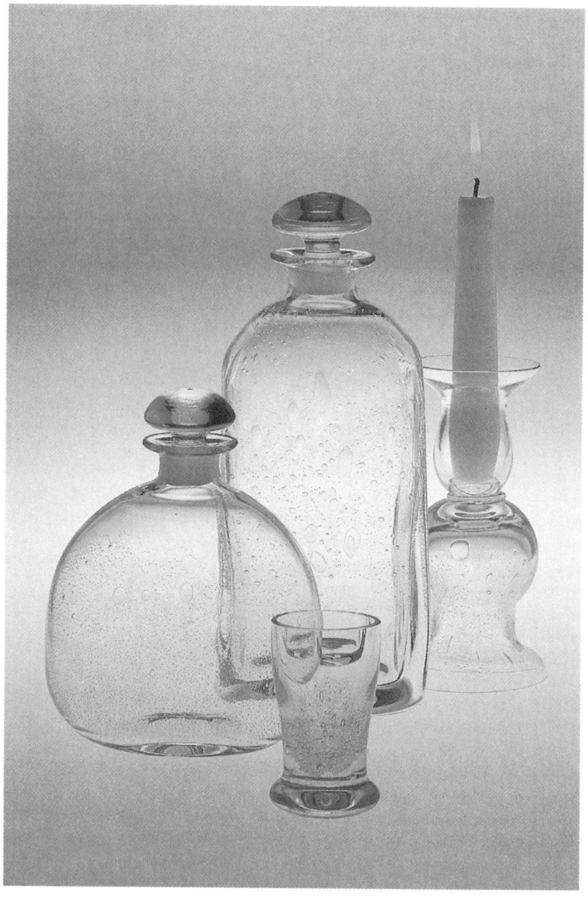

Silberperle: Rustikale Geschenkartikel, die auf die sonst so verpönten Bläschen setzen.

Verhärtungen gegeben ... also diese starre Form, die vereinfachte Form, der Zylinder ist damals das A und O gewesen, für alles was auf der Welt so existiert, ... der Würfel und der Zylinder, die perfekte Form ist so quasi das gewesen, wonach der Mensch sich sehnte, wonach wir uns alle zu orientieren hatten ...
Auf diese verhärtete geometrische Form reagiert man natürlich als Künstler und in diesem Fall, mit dem Material Glas, läßt man es erst wieder einmal laufen. Dieses Material zurückführen und sichtbar machen, daß dies etwas Lebendiges ist, was Weiches ist - oder auch sein kann. Glas kann natürlich sicherlich auch Würfel und Zylinder machen, aber das ist nur ein winziger Aspekt des Glasmachens und dessen, was das Glasmachen im Gesamten ausmacht. Man hat also reagiert mit organischen, mit fließenden Formen. Damals hat man gesagt, um Gottes Willen, was soll denn so was, das ist ja Chaos und Unordnung - also sehr provokativ. Aber immerhin: Es hat meine Glasmacherei befruchtet, ... die Glasmacherei im Ganzen, zumindest das handgemachte Glasmachen, das, was man mit der Hand macht, das ist dann wieder in Fluß gekommen und es hat mir auch recht gegeben ...“[9]

Innerhalb des Betriebs reagierte man zunächst einmal mit der Wiederbesinnung auf die Techniken des Freihandglases. Dieses Einlassen auf die faszinierenden Möglichkeiten, die sich nun eröffneten, brachten der kleinen, unbekannten Glashütte 1955 nicht nur den großen Erfolg auf der Handwerksmesse in München ein, sondern verschafften ihr vor allem die Aufmerksamkeit eines umfangreichen, kunsthandwerklich interessierten Publikums. Freigeformtes Glas erhielt im Laufe der Zeit einen immer wichtigeren Platz im Hüttensortiment; als die bekanntesten Beispiele sind hier zu allererst die Serien „Pfauenauge“ und „Waldglas“ zu nennen. 1971 erschien im Begleitheft zu Erwin Eischs Ausstellung „Narziß - ein Interieur“ auch eine treffende Beschreibung dieser neuartigen Firmenprodukte:

„Für die Hütte hat Erwin Eisch eine Reihe von Modellen entwickelt - Trinkgläser, Flaschen, Schalen. Kein Stück einer

Irisierte, teils frei geformte Geschenkartikel in Weiß oder Gold: Die Serien Iris und Irisgold aus den Jahren 1983 und 1984.

Lampengeblasenes Glas aus der Eisch-Hütte (Serie Anja von 1986).

Modellreihe gleicht völlig dem anderen. Die Größen differieren; die mit Absicht in Kauf genommenen Unreinlichkeiten des Glases, vor allem Blasen und Schlieren, geben jedem Stück ein anderes Aussehen. Die Stelle auf dem Boden der Gefäße, an der sich der Stutzen (das Hefteisen, Berichtigung d. V.) befand, ist durch die kleinen Kanten und Unebenheiten gekennzeichnet, die nicht weggeschliffen werden. Die Ränder geben noch das Glätten des fast fertigen Stückes mit dem Holzbrett zu erkennen. Es sind Gläser für Gäste, die in der Gleichmäßigkeit kein Ideal sehen . . .“[10]

Trotzdem: Man sollte dem Versuch widerstehen, Handwerklichkeit allein schon als ästhetischen Wert zu feiern. Andernfalls gerät man in eine weitere Spielart gängiger Handwerksideologie, die aus der Ablehnung technisch-industrieller Massenfertigung und Massenkultur entstanden ist. Peter Kobbe weist in diesem Zusammenhang darauf hin,

„ . . . daß dem Gemacht-Sein durch den Menschen, dem Hand-Werkcharakter der Produkte, ein geradezu mystischer Wert zugeschrieben wird. Die immer noch wirksame Vorstellung von der Einheit des 'Naturschönen' und des 'Kunstschönen' lebt darin kraftvoll weiter fort. Physikalische Sinnesdaten werden vom Glashandwerk gegen die maschinelle Glasindustrie wie ethische Argumente verwendet; die Sichtbarkeit, Tastbarkeit des Handgemacht-Seins werden undiskutiert als kultureller Wert propagiert.“[11]

Der von Peter Kobbe vorgeschlagene Ausweg einer radikal künstlerischen Position, die von ihrer „Differenz zum Ästhetischen ausgeht“,[12] Kunst also nicht mehr an herkömmlich „Schönes“ bindet, ist in einer handwerklich produzierenden Fabrik nicht praktizierbar. Ihre Erzeugnisse bleiben dem ästhetisch Reizvollen verhaftet, wenn sie über ihren reinen Gebrauchswert hinaus dem Kunden etwas bieten wollen. Sie können, nicht nur mit Rücksicht auf die Erwartungen des Markts, kaum eine künstlerische Auseinandersetzung tragen, die unter Umständen sogar ihre Gefäßfunktion unterminieren würde.

Trotzdem aber brauchen handwerkliche Gebrauchsgläser nicht im ideologischen Klischee hängenzubleiben; sie haben es nicht nötig, ständig rustikale „Naturhaftigkeit“, das Urwüchsig-Derbe, das sich ja im Bayerischen Wald so gut vermarkten läßt, zu beschwören. Stattdessen muß ihre Gestaltung über den abstrakten Wert des Handgemachtseins hinausgehen und die Leute nicht nur zum Kauf anregen, weil und solange Rustikales, „original“ Handgemachtes, schick ist, sondern auch, obwohl sie mundgeblasen und somit teurer sind.

„Ich will mich nicht auf handgemachtes Sauerkraut oder handgemachte Waschmaschinen zurückziehen. Das Handgemachte muß Sinn, Sprache und Würde bekommen, es muß auf das Organisch-Lebendige zielen. Wir müssen raus aus den Sach- und Materialzwängen, die überall sind und müssen zurück zum eigentlichen Sinn des Daseins, zum eigenen Ich, dem unendlichen Fleisch- und Geheimnisvollen. Wir müssen das Risiko Menschsein eingehen, wir müssen zurück zum menschlichen Maß . . .“[13]

Soweit Erwin Eisch am Internationalen Glassymposium in Frauenau im Mai 1985.

Neue Trinkglasserien, die zwischen 1982 und 1987 auf den Markt kamen:
Oben, v. l.: Die glatte Serie Marina 508 mit optischem Effekt (1982), Ariane 513 mit gravierten Girlanden (1983) und elegante, glatte Formen der Serie Jeunesse 514 (1983).
Mitte. v. l.: Pirouette 516 mit spiralförmig in Ofentechnik ornamentierten Stielen (1984), die Form 517 glatt als Serie Lady und mit Schliffdekor als Medea (beide 1985).
Unten: Graviertes Blätterdekor auf Serail 521 (1987).

Glas als Bildträger: Glasmalereien Erwin Eischs finden sich mitunter auch auf einfachen Weinbrandflaschen, die jeglichen Ästhetizismus des „Handgemachten" sprengen.

Eines der bekanntesten Dekors der Eisch-Hütte auf Trinkgläsern und Geschenkartikeln: Springtime 520/514 von 1986.

Die Wiederentdeckung des Dekors

Was nach der Auffassung Erwin Eischs in Kunst und Handwerk wieder sichtbar werden soll, ist, ganz allgemein gesprochen, eine Rückbesinnung auf das Kleine, das Menschliche in seiner Gegensätzlichkeit, seiner Großartigkeit und alltäglichen Banalität. Die Glashütte hat diese Gedanken in ihrem Motto „Handgemachte Zärtlichkeit" aufgegriffen und wirbt mit folgendem Spruch: „Daß unsere Gläser handgemacht sind, ist längst bekannt - daß sie auch mit Zärtlichkeit und Phantasie gemacht sind, können Sie selbst entdecken."[14] „Handgemachte Zärtlichkeit", Menschlichkeit oder Phantasie sind aber noch keine Rezepte für die Herstellung gelungener Gläser. Konkret ist Erwin Eisch der Meinung, daß sich viele Ausdrucksmöglichkeiten, die seinen Forderungen entsprechen könnten, in den weithin verschmähten Dekors und Ornamenten wiederfinden ließen. Dabei bezweckt er nicht einen konservativen Rückgriff auf das, was seinerzeit die Kritik der Moderne und die Entwicklung einer strengen, funktionalistischen Ästhetik hervorgerufen hatte - auf bürgerliche Verdrängungstendenzen und eine übersteigerte Repräsentationssucht, die die gesellschaftlichen Mißstände durch die Industrialisierung und eine geistig-kulturelle Hohlheit hinter pompösem Schmuck versteckten. Das poetische, „zweckfreie" Dekor ist für Erwin Eisch „Ausdruck eines Urbedürfnisses des Menschen nach Schönheit und Bewältigung des Lebens selbst".[15] Es geht also nicht um das Verschütten und Verhindern menschlicher Freiheit und Freiheitssehnsucht, sondern um deren Freilegung. Im Ornament und im ornamentalen Gestalten soll sich der Mensch mit seinem sinnlichen Erleben widerspiegeln und begreifen können.

„Abschaffen von allem unnützen Dekor war die Doktrin der Rationalisten um die Jahrhundertwende. Das Rationale wurde zum Fetisch, zum Baum der Erkenntnis mit Obst in Fülle. Wir aber, die Illusionisten, um es ganz profan zu sagen, blieben auf der Strecke. Die Kunst hat sich in leere Abstraktio-

„Poesie"-Unikate in verschiedenen Techniken: Von rechts: Gravur mit Goldauflage, Emailmalerei, Flasche, Kelch und Topf in Ofentechnik. Gravurarbeit.

nen und pseudo-intellektuelle Basteleien zurückgezogen. Das romantische Künstler-Image hat uns noch eine Art Clown-Rolle zugestanden. Von der Gestaltung des Lebens, dieser Welt ausgeschlossen. Das ist die Wirklichkeit von heute, durchrationalisiert von oben bis unten. Der Mensch selbst ist gläsern geworden, durchsichtig, zum Inhalt ohne Schale, zur Schale ohne Inhalt. Verstand und Wissen sind übermächtig, das Unbehagen im Bauch auch."[16]

Wie bereits betont worden ist, sind mundgeblasene Seriengläser (im Gegensatz zu Erwin Eischs bemalten „Bildträgern") nur begrenzt in der Lage, neue künstlerische Sinngebung zu leisten. Trotzdem kann auch an der Hüttenproduktion die Einwirkung seiner Dekortheorie abgelesen werden. Schließlich versteht besonders das Gravurhandwerk das Glas von je her als Ornamentträger. Seit Beginn der achtziger Jahre wird in der Eisch-Hütte schwerpunktmäßig an zarten, bewegten Gravur- und Schliffmustern gearbeitet, die auf dem Markt immer deutlicher die Mode des schweren, stark geschliffenen Glases ablösen. Die Formen werden eleganter und fließender, und die Kelche haben dünne, vielfach mit alten Ofentechniken ornamental gestaltete Stiele. Den durchschlagendsten Erfolg in dieser stilistischen Ausrichtung erbrachte 1985 die Serie „Springtime", die die Radgravur mit der Bearbeitung durch Sandstrahl kombiniert.

Kunst oder Handwerk? Überlegungen zur Zwiespältigkeit von „Poesie in Glas"

In den veredelten Seriengläsern lebt die klassische Trennung von funktionalem Glaskörper und Dekor – die Schönheit des Schliffmusters oder die Eleganz des Stiels wird dem Gebrauchswert quasi als schmückende Zugabe mitgegeben. Demgegenüber bleibt die Funktion der „Poesie"-Unikate als Vasen, Schalen, Lampenschirme usw. sekundär oder geht ganz im Dekorativen auf. Der Zweck der Gefäßformen besteht hier nur darin, Träger von Bemalung, Gravur oder Farbeinlagen zu sein und mit ihnen selbst zum Dekor zu verschmelzen. Mit solchen Gläsern beanspruchen die Eischs, eine wesentliche Intention des Jugendstils weiterzutragen, nämlich die der poetischen, individuellen Gestaltung einer technisch-funktional ausgerichteten, normierten Umwelt. Dabei werden auch die stilistischen Ausdrucksformen des Jugendstils wieder aufgegriffen (was nicht mit bloßer historischer Nachahmung gleichgesetzt werden soll: „Wir wollen keine Kopien, sondern Gläser schaffen, in denen Geist und Gestalt unserer Zeit zum Ausdruck kommt"[17]).

Bei den meisten Stücken aus „Poesie in Glas" wird die Durchsichtigkeit zugunsten farbiger Glaskörper zurückgedrängt. Bei den reinen Ofenarbeiten ergänzen Kammzugeinlagen, bunte

Farbtupfen, Ofeniris, aufgelegte oder -gesponnene Glasfäden und vieles mehr die fließenden, floralen Gefäßformen. In der „Poesie-Malerei" kann aus einem gläsernen Schnörksel oder einem Henkel, der aus der Glaswand herauswächst, unversehens ein Insektenflügel oder ein Blütenblatt werden. Die Grundmotive dieser Malereien sind unendlich variierbar: Schmetterlinge, Libellen, Käfer und Vögel, auch mal ein Frosch und Fische im Seerosenteich, weite Landschaften, die manchmal surreal verfremdet sind, und immer wieder: Blumen und Blüten. Bei vielen Stücken herrscht eine kühle Farbigkeit - blaue oder violette Lüstertöne etwa - vor. Hier handelt es sich also um eine Malerei, die auf Lebendigkeit und Leichtigkeit zielt, zugleich aber auf Distanz geht - diese Naturdarstellungen lassen nichts von menschlicher Schwere und Vergänglichkeit fühlen.

Die Konsolodierungsphase der „Poesie"-Werkstätten dürfte nun, nach über zehn Jahren, abgeschlossen sein. Ausruhen aber kann man sich auf dem Erfolg der Unikatreihe nicht. Es wäre fatal, wollte man nun einfach einen einmal auf dem Markt etablierten „Eisch-Stil" formelhaft weiterproduzieren, und das nicht nur deshalb, weil stilistische Schemata leicht von anderen kopierbar sind.

Um dies verständlich zu machen, möchte ich eine „ästhetische Standortbestimmung" der „Poesie"-Gläser vornehmen (selbst auf die Gefahr hin, zum Teil bereits Gesagtes zu wiederholen).

In ihrer Eigenschaft als individuell hergestellte Unikate sind diese Stücke nicht nur Ergebnisse handwerklicher Kunstfertigkeit, sondern verweisen auf den Bereich der Kunst selbst. Das gilt für die Ofenarbeiten, gilt in besonderem Maße aber für die Malereien, die gegenständlich sind und auf technisch sehr differenzierte Weise inhaltliche Aussagen vermitteln können. Trotzdem trennt sie Entscheidendes von Kunstwerken:

Kunst ist, um mit dem Semiotiker und Kunsttheoretiker Umberto Eco zu sprechen, prinzipiell „innovatorisch und entdeckerisch".[18] Im Kunstgegenstand findet ein Spiel mit Konventionen statt; er benutzt bekannte Gestaltungselemente und Sehgewohnheiten, um diese gleichzeitig kri-

Schwan überm Seerosenteich. Verschiedene Techniken der Email- und Lüstermalerei. Für die Meisterprüfung angefertigte Arbeit von Eva-Maria Eisch, 1988, die auch für eine Richtung zarter und handwerklich präziser Malerei im Rahmen von „Poesie in Glas" stehen kann.

tisch zu brechen und in neue Zusammenhänge und Beziehungen zueinander einzuführen. Er ist grundsätzlich mehrdeutig, ohne aber in völlige Unbestimmtheit und Willkür abzugleiten. Aus ihm spricht die Künstlerpersönlichkeit mit all ihrer Widersprüchlichkeit und Vielschichtigkeit, und zugleich läßt er Raum für die Assoziationen und das aktive Interpretieren des Betrachters.[19]

Die „Poesie"-Unikate hingegen weisen eine derartige „offene Struktur" nicht oder nur sehr begrenzt auf, denn ihre Motive und deren handwerkliche Ausgestaltung verlassen kaum den Bereich des Konventionellen und jedermann Bekannten. Anders als bei Kunstwerken ist deshalb die Art und Weise der Rezeption von vorneherein festgelegt: Hier handelt es sich um ästhetische Objekte zum Genießen; Momente des Beunruhigenden oder Ironischen fehlen weitgehend. Die raffinierte, zarte Lüstermalerei, eingängige Naturdarstellungen usw. signalisieren Ruhe und

Fortentwicklung durch den Dialog unterschiedlicher Auffassungen und technischer Ansätze: Links ein Versuch von Gretel Eisch mit ruhiger, gedrungener Gestaltung. 1986 (Plastisches Dekor durch Sandstrahlbearbeitung, Emailmalerei), rechts ein Teichmotiv von Stefan Stangl, 1987. Das Froschmaul entspricht einer Einbuchtung in der Glaswand (Lüster- und Emailmalerei).

Schwerelosigkeit, lassen sich nicht auf bloß Alltägliches ein. Die „Poesie"-Gläser benutzen Effekte und bauen auf das Staunen über handwerklich gut Gemachtes, sie sind also auf handwerkliche Qualität im traditionellen Sinne angewiesen. Hier wird nicht der Begriff „Kunst" beansprucht, sondern bewußt mit dem Slogan „Meisterstücke nach Entwürfen von Erwin Eisch" geworben. Obwohl „Poesie in Glas" auf künstlerische Impulse Erwin Eischs zurückgeht (die in den Gläsern auch weitgehend spürbar sind), verweist man die Produkte damit mit Recht in den Bereich des Handwerks. Die „Poesie"-Gläser sollen nicht als Kunst-Imitate mißverstehbar sein.

Ein Versuch, sich über die bloße Nachahmung Erwin Eischs oder anderer prestigeträchtiger Kunstrichtungen mit dem Etikett „Kunst" zu schmücken, müßte die Produkte dem Vorwurf des Kitsches aussetzen. Denn Kitsch ist weniger ein Problem populären Massengeschmacks oder falscher Sentimentalität. Folgt man der „Kitschtheorie" Umberto Ecos, so bedienen sich Kitschproduktionen der Gestaltungselemente sowie des Prestiges von Kunstobjekten, ohne selbst deren Offenheit und Mehrdeutigkeit zuzulassen:

„Kitsch ist vielmehr das Werk, das zum Zwecke der Reizstimulierung sich mit dem Gehalt fremder Erfahrungen brüstet und sich gleichwohl vorbehaltslos für Kunst ausgibt." [19]

Was nun bedeutet das für die Eisch'schen „Poesie"-Gläser? Sie sind nicht nur Handwerk, sie sind aber auch noch nicht Kunst. Ein einseitiges Betonen ihres Handwerkscharakters würde auf Understatement hinauslaufen, der gegenteilige

Fall müßte zur Produktion von Kitsch führen. Wichtig ist daher, daß „Poesie in Glas“ - wie das bisher geschieht - im klaren Bewußtsein ihres Schwebezustandes zwischen Kunst und Handwerk entsteht. Auch in Zukunft dürfen sich die „Poesie“-Werkstätten nicht zu einem Kunstanspruch verleiten lassen, der ihnen nicht gemäß ist und den sie als Fabrikerzeugnisse nicht erreichen können. Zugleich ist es Aufgabe aller Beteiligten, ein Erstarren in immer diffizilerer Ausführung, ein Demonstrieren handwerklich-technischer Materialbeherrschung zu vermeiden. Die Faszination der perfekten Handarbeit und die Wirkung von Farbeffekten wären auf Dauer nicht verläßlich und tragfähig genug. Phantasie, Humor und ein Moment des Überraschenden sind unerläßlich, wenn „Poesie in Glas“ poetisch und lebendig bleiben soll.

Herbstliche Vase in Email- und Lüstermalerei, Günther Joachimsthaler, 1988.

IX. „Im Freien lernen“

„Im Freien lernen“ – von der „Lehm & Lehm Lassen“-Gruppe gestalteter Raum in der Galerie im Ganserhaus, Wasserburg, im Sommer 1979.

„Kinder malen auf Glas“

„Im Freien lernen“ ist ein Slogan aus der Keramikwerkstatt „Lehm & Lehm Lassen“. Hier soll er nun aus dem engeren Rahmen der Glashütte hinaus „ins Freie“ führen, in Bereiche, wo mit Hilfe der Glashütte Eisch und auf die Initiative von Erwin und Gretel Eisch hin künstlerisches Schaffen gefördert wurde und wird. Ich möchte hier nur solche Projekte anführen, wo anderen Voraussetzungen dafür geboten wurden, eigene Erfahrungen mit der künstlerischen Umsetzung inneren Erlebens und der Wahrnehmung äußerer Realität zu machen und dabei der Phantasie freien Lauf zu lassen. Institutionen und Aktionen entstanden, die es den Beteiligten ermöglichen sollten und sollen, offene Auseinandersetzungen mit verschiedenen Materialien und Techniken, mit gesellschaftlichen Normen und Traditionen und den eigenen Ausdrucksbedürfnissen einzugehen.

Eine verhältnismäßig frühe und sehr faszinierende Aktion fand im Sommer 1971 statt. Gretel Eisch stellte mit der Unterstützung der Frauenauer Grundschule kleine Gruppen aus fünf- bis zehnjährigen Schülern zusammen, die Lust und Begabung zum Malen zeigten. Vier Wochen lang durften die insgesamt ca. 30 Kinder nun im Atelier Gretel Eischs Glas bemalen, an jedem Wochentag war eine andere Altersstufe an der Reihe. Als Rohglas stellte die Hütte einfache Formen zur Verfügung, zusätzlich aber bliesen Erwin Eisch und sogar der damalige Frauenauer Kaplan Herbert Nemmer Glas für die Kinder. Gretel

Kindergruppe beim Glasmalen unter Anleitung von Gretel Eisch, Sommer 1971.

Eisch mischte die Farben auf (die dann im Betrieb eingebrannt wurden), leistete, wo nötig, Hilfestellung und regte die Phantasie der Kinder mit Themen und kleinen Geschichten an. Ziemlich schnell aber machte sich diese selbständig; mit der Spontaneität und dem Einfallsreichtum, die die Kinder an den Tag legten, hatten selbst Erwin und Gretel Eisch nicht gerechnet. Nicht nur naive Kindermotive wurden nachgeahmt, sondern schlichtweg alles, was die Kinder im Alltag bewegte und wovon sie träumten, konnte Thema für die Malereien werden. Dabei wurden auch die Formen der Gläser humorvoll miteinbezogen: Kelchgläser aus der Hüttenproduktion, deren Kappen nicht abgesprengt worden waren, verwandelten sich in langhalsige Kopfmenschen mit Hut, ein Loch in der Glaswand zu einem weit aufgerissenen, plärrenden Kindermund.

„Die anfängliche Schüchternheit, mit der Bildchen von Blumen, Tieren und Menschen auf die Gläser gesetzt werden, verschwindet schnell. Bald wird die Form der Gefäße in die Malerei einbezogen. Die Gläser, Krüge, Vasen werden selbst zu Häusern, Köpfen, Tieren. Die Kinder malen nicht mehr Abbilder von Dingen: Durch die Malerei entstehen die Dinge leibhaftig. Die Verwandlung ist vollkommen, besonders bei bizarren Glasobjekten . . .“[1]

Eine zweiwöchige Ausstellung im Ausstellungsraum der Fa. Eisch, die am 13. 6. 1971 eröffnet wurde, beschloß die Aktion. Von den Kindern wurden dazu die Plakate gestaltet; außerdem durften sie den VW-Käfer Erwin Eischs bunt bemalen und anschließend in Frauenau zum Plakatieren mitfahren. In einem liebevoll gemachten, kurzen Film hat der heutige Galerist Hans Hermann die glasmalenden Kinder sowie die Bemalung des Autos festgehalten. In diesem Film werden auch die Gläser selbst lebendig:

„Die Prinzessin Sissi als Hauptfigur der Story macht einen Ausflug ins Dorf; kommt vorbei am Fußballplatz, kurze Visite im Zoo und sieht sich schließlich im Dorf um. Mit einer Party in feiner Gesellschaft endet die Geschichte.“[2]

Bei raffiniert eingesetzter Musik spaziert die gläserne Prinzessin zwischen kleinen Häusern und Wolkenkratzern hindurch, trifft alle möglichen und unmöglichen Glasmenschen und -tiere und gibt in den häufig eher „unprinzessinhaften“ Situationen vom Fußballspiel bis zum Konzert in der Frauenauer „Texas-Bar“ ihre freundlich-herablassenden Kommentare ab.

Der Film begleitete im Herbst 1971 eine kleine

Ein elegantes Paar vor seinem Wolkenkratzer. Glasmalereien aus der Ausstellung „Kinder malen auf Glas", 1971.

Tournee der Ausstellung „Kinder malen auf Glas", die von der Galerie Altstadt in Passau über das Geschäft Schreiner in Regensburg (wo die Kinder die großen Schaufenster bemalen durften), die Galerie Handwerk in München, die Darmstädter Galerie Henning bis zum Museum für Kunst und Gewerbe in Hamburg führte. An den Eröffnungsabenden stellte Erwin Eisch die Intention der Malaktion dar:

„Glasmalerei hat im Bayerischen Wald eine sehr lange Tradition. Noch vor 50 Jahren hatte jede Glashütte eine größere Abteilung für Glasmalerei. Heute jedoch finden nur noch wenige Leute Beschäftigung in diesem Handwerk. Durch all die rationalistischen und materialistischen Ideen, die in den letzten Jahrzehnten in die Welt gekommen sind, ist dieses Handwerk arg unter die Räder gekommen. Die Maschine hat sich erfolgreich durchgesetzt und überall wird in Massen produziert und verbraucht. Man hat das undekorierte, sogenannte reine Glas auf den Sockel gehoben und hat damit all diesen phantastischen und poetischen Bereichen das Wasser abgegraben. Mit dieser Ausstellung soll nun der Versuch gemacht werden, dieses Handwerk wieder bekannt zu machen und zugleich den Kindern die Möglichkeit zur Verwirklichung ihrer schöpferischen Impulse zu geben."[3]

Beides dürfte Erwin Eisch gelungen sein, denn schließlich hat die Glasmalerei heute wieder großen Zulauf zu verzeichnen. „Kinder malen auf Glas" hat deshalb auch für die Eisch-Hütte eine nicht zu unterschätzende Bedeutung: Die Kinder-Malaktion war eine frühe Initialzündung nicht nur für „Lehm & Lehm Lassen", sondern vor allem auch für das Experiment der „Poesie in Glas"-Malerei ab dem Jahr 1979.

„Lehm & Lehm Lassen"

Die Keramikwerkstatt „Lehm & Lehm Lassen" war für die Eisch-Hütte (und nicht nur für sie) ein bislang einmaliger und zugleich ihr erster Ausflug in ein „fremdes" Material. Wieder waren Schüler die Hauptakteure - im wahrsten Sinne des Wortes, denn dem Projekt fehlte jeder Anschein einer freundlich-betulichen Aktion, wo Kinder lediglich „auch mal dürfen". „Lehm & Lehm Lassen" wurde getragen und bestimmt durch die Persönlichkeit und die Aktivität jedes einzelnen Gruppenmitglieds. Es gab keine verbindlichen Planungen, und die Werkstatt entwikkelte sich nicht getreu den Vorstellungen und Leitlinien eines oder mehrerer, außenstehender Initiatoren.

Am Anfang gab es nur ein Gebäude (Erich Eisch hatte es im Herbst 1975 nach der Aufgabe der Flüssiggas-Mischstation der GASOB in Frauenau günstig mit etwas Grund erworben) - und die Skepsis und Kritik Erwin Eischs bezüglich der staatlichen Kunstvermittlung in deutschen Fachschulen, Kunstakademien und in den allgemeinbildenden Schulen. Die Idee, das Flachdachgebäude (fast im Zentrum Frauenaus gelegen), das zwei große, hallenartige Räume und drei Nebenräume enthielt, als Keramikwerkstatt zu nutzen, entstand im Laufe des Jahres 1977. Bob Strini, ein amerikanischer Künstler, der damals vorrangig mit Holz und Ton arbeitete und Professor an der Universität in Santa Cruz/Kalifornien war, nahm begeistert den Vorschlag und die Einladung seines Freundes Erwin Eisch an, den Sommer über eine Keramikwerkstatt aufzubauen. Bereits mehrmals war er in Frauenau gewesen und war mit der hiesigen Situation vertraut (Von ihm stammte auch der alte VW-Bus, den der Architekt Helmut Koller 1967 auf den Kopf stellte und zum Grundgerüst für die Hermannskapelle im historischen Gründungsort Frauenau, dem Ortsteil Zell, machte, zu der er von der Gemeinde Frauenau beauftragt worden war. Nach Kollers Tod 1968 wurde sie von Erwin Eisch als Gedächtniskapelle für den hl. Hermann wie auch für den verunglückten Freund fertiggestellt.)

Als Bob Strini nun im Juli 1977 in Frauenau eintraf, gab es kein festes Konzept für das geplante Unternehmen. Was es gab, war die Bereitschaft der Brüder Eisch, hier großzügig zu investieren, ihr Vertrauen in das Fachwissen und Engagement Strinis - und eine Reihe von Frauenauer Kindern. Von der Firma waren bereits ein Elektro-Brennofen mit ¼ Quadratmeter Innenraum sowie zwei Töpferscheiben angeschafft worden (Ende 1979 kam ein Gasofen mit 1 Quadratmeter Brennraum hinzu, ein grünes Monstrum, das werkstattintern liebevoll „Barbara" getauft wurde).

Bob ließ große Werktische bauen, installierte Gipsbänke und Regale, besorgte Materialien, probierte einfache Glasurmischungen, versorgte die Werkstatt mit einer Grundausstattung aus Werkzeugen, die teilweise aus dem Bäckereibedarfshandel stammten, teilweise selbst gebaut wurden und vieles mehr. Zu gleicher Zeit konstituierte sich allmählich eine Gruppe, gebildet aus den Kindern von Erwin und Alfons Eisch, Helmut Schneck sowie deren Freunden und Bekannten. In den ersten Wochen und Monaten zeigte die Werkstatt eine hohe Fluktuation von Interessierten, die kamen, herumprobierten und meist wieder verschwanden. Die Kinder und Jugendlichen halfen anfangs bei den Einrichtungsarbeiten, vom Einkaufen bis hin zum Mauern und Bemalen von Wänden mit. Nach wenigen Wochen bereits stürzten sie sich in das Arbeiten mit Ton; zuerst mit ungebrannten und aufgeweichten Ziegeln aus einer Ziegelfabrik. Dann bestellte Bob große Mengen verschiedener Tone und Tonmehle, er demonstrierte das Aufmischen und Vorbereiten der Tonmasse, zeigte die wenigen wichtigen Grundregeln zur Herstellung gebrannter Keramik; vor allem aber verfügte er über ein schier unerschöpfliches Reservoir praktischer und unkomplizierter Tricks und Tips. Was vielen Kindern aus der Schule bekannt war - mühsam und ängstlich in Wulsttechnik aufgebaute Figuren oder biedere Töpferei - verschwand schnell vor der Experimentierfreude, die Bob vermittelte. Denn bei ihm war mit Ton alles möglich: Die Konstruktion von Eisenbahnbrücken und Sitzmöbeln, die Produktion von Teekannen, von Guckkastenszenerien aus winzigen Figürchen oder von beweglichen Puppen, bis hin zum Aufbau mannshoher Wandbilder. Trotz seiner technischen Perfektion in bezug auf die eigenen, konstruktivistischen Plastiken und gedrehten Keramikkörper gab es für ihn keine dogmatischen Grenzen und Bindungen durch Töpfer- und andere Traditionen. „It's interesting" und „it's fantastic!" war ständig von ihm zu hören. „Energy" war sein wichtigstes Schlagwort - Hauptsache, es rührte sich etwas in der Werkstatt. Diese Energie bezog man außer von Bob Strini von seinem Lieblingskomponisten Beethoven: Nicht umsonst war seine erste Anschaffung ein Kassettengerät mit großen Lautsprechern gewesen.

Wandbild „The world's greatest ceramic studio" mit einem Portrait Bob Strinis, Herbst 1977.
Von links: Karin Schneck, Lucia Probst, Katharina Eisch.

Bereits ab August war auch der Germanist und Philosoph Peter Kobbe mit von der Partie, wenn auch zunächst eher schüchtern im Hintergrund. Von ihm stammen der Name der Werkstatt

Die Besatzung der Keramikwerkstatt „Lehm & Lehm Lassen", 1978.

„Lehm & Lehm Lassen" und erste Überlegungen zur Konzeption des Projekts. Bestärkt durch die offene Art Bob Strinis und dessen täglichen Spruch „Clay will change your life!" lernte der bisherige Literaturwissenschaftler seine Hände für handwerkliches Arbeiten zu gebrauchen und mit Ton umzugehen – was schließlich zum Entschluß führte, die Assistentenstelle an der Universität München aufzugeben und als Keramiker die Nachfolge Strinis in Frauenau anzutreten.

Mitte Dezember 1977, bevor Bob wieder in die USA zurückkehrte, wurde die erste „Lehm & Lehm Lassen"-Ausstellung eröffnet, mit einer Sonderausstellung der Objekte Bob Strinis im Glasmuseum und den ersten Arbeiten der Werkstattbesatzung, die in der Baracke der Eisch-Hütte, gegliedert in die Bereiche „Lehmbilder", „Lebenbilder", „Lehm & Lehm Lassen", „Ton, töner, am tönsten", aufgebaut waren.

Mit Peter Kobbe kamen sanftere, poetische Einflüsse in die Arbeit von „Lehm & Lehm Lassen". Technisch erhielten nun Spielereien mit Tonen, Glasuren und Variationen im Brennvorgang größeres Gewicht. Verstärkt wurden auch – ernsthaft oder ironisch verarbeitet – Anregungen aus der zeitgenössischen Keramikszene registriert und aufgenommen. Außerdem richtete man das Augenmerk bewußter nicht nur auf Bobs „energy" und die Prozesse in der Gruppe, sondern auch auf die Produkte. Allmählich bildete sich in der Werkstatt ein fester Kreis von ca. 15 Kindern und Jugendlichen zwischen vier und 18 Jahren; neue Interessenten wurden schon ab Ende 1977 nicht mehr aufgenommen. Im Inneren dieses „Werkstattzirkels" konnte sich eine rege Gruppenarbeit in Ferienzeiten, an Wochenenden oder auch schulfreien Nachmittagen entwickeln, wozu auch feste Gebräuche wie die „tea-time" um 17.00 Uhr oder ein werkstatteigener „Slang" gehörten. Gearbeitet wurde einzeln oder in kleinen Gruppen,

wobei sich die – immer in der Minderzahl befindlichen – Buben schnell ihr eigenes Terrain an den Drehscheiben sicherten.
Den internen Auseinandersetzungen innerhalb der Werkstatt standen die Außenbeziehungen der Gruppe gegenüber, die ihren festen Platz ab Sommer 1978 in der „Lehm & Lehm Lassen" – Galerie „Tonsalon" gleich neben dem Glasmuseum Frauenau fanden. Am 15. 7. 1978 wurden die vier kleinen Räume zusammen mit der zweiten „Lehm & Lehm Lassen" – Ausstellung mit einem Dia-Vortrag Peter Kobbes eröffnet. Die Werkstattbesatzung hatte einen Raum mit surrealen Natur- und Landschaftsdarstellungen an den Wänden und einem sandig-tonigen Teich am Fußboden zum „L & LL-Biotop" umgestaltet. In den anderen Zimmern gab es eine skurrile Saloneinrichtung, in die auch die klassische Galerieausstattung mit Sockeln und Vitrinenschränken integriert war. Hannelore Kobbe, die Frau Peter Kobbes, verkörperte dort sechs Stunden täglich die „Außenvertretung" der Werkstatt. Deren Mitglieder ließen sich von ihr immer wieder begierig die Reaktionen begeisterter oder auch empörter Besucher, die sich nicht vom Wunschbild heiler, naiver Kinderwelten trennen mochten, schildern. Mit der Zeit entstand so eine kleine Sammlung von Äußerungen zur Produktion von „Lehm & Lehm Lassen" – „dem Galeriebesucher sein Senf". Hier ein kurzer Auszug:

„Sand des beschädigte Kinder – oder wia? – Bei Stadtkindern würde ich das ja noch eher verstehen, die sind ja heute alle vom Fernsehen und von den Comics verdorben; aber hier auf dem Land, nein, das verstehe ich nicht. – Wissen Sie, ich krieg da richtig Angst. – Das ist wirklich eine Beleidigung. – Ist das alles ausgegraben? – Ich würd' ja an sich gern was kaufen, aber – wenn Sie mich bitte nicht mißverstehen wollen – wir sind eigentlich fein eingerichtet. – Da kann man ja die Documenta abschaffen. – Ist das hier die Leben-Galerie? – Mei, is des greislich! – Warum machen die denn immer Skelette und Knochen? Ich seh hier lauter Knochen. Sowas haben die Kinder doch noch nie in Wirklichkeit gesehen. Ach so, das ist ein Frosch . . ."[4]

Ein Teil der Keramiken konnte, mit der Zustimmung des jeweiligen Produzenten, käuflich erworben werden – eine Entscheidung, der schwierige Diskussionen vorausgingen. Durch die Verkäuflichkeit der Stücke und somit deren Einbindung in einen normalen Galerie- und Ausstellungsbetrieb konnte „Lehm & Lehm Lassen" eher den Anspruch auf eine künstlerisch ernstzunehmende Produktion deutlich machen. Obwohl sich die Werkstatt auch weiterhin nicht selbst tragen konnte, verlor sie dadurch etwas vom Anschein einer Art luxuriösen Freizeitbeschäftigung für Kinder – ganz zu schweigen davon, daß die Objekte bei ihren Käufern und Liebhabern sinnvoller untergebracht waren, als daß sie in irgendwelchen Lagerräumen verschwanden.

Im „Tonsalon"

Als die intensivste und produktivste Zeit von „Lehm & Lehm Lassen" sind die ersten beiden Jahre zu werten, deren Höhepunkt eine große Ausstellung in der Galerie im Ganserhaus in Wasserburg am Inn darstellte. Vom 28. 7. bis zum 30. 8. 1979 wurde hier „Lehm & Lehm Lassen" inszeniert; dazu stellten auch Erwin und Gretel Eisch mit der Gruppe aus. Die Räume des alten Bürgerhauses wurden thematisch den Exponaten angepaßt und gerieten mit bemalten Wandbe-

Lehm & Lehm Lassen - Kurzportrait

(In der Broschüre „Lehm & Lehm Lassen - Eine Keramikwerkstatt in Frauenau", die 1979 zur Wasserburger Ausstellung erschien, formulierte Peter Kobbe kurz Anliegen und Konzeption der Werkstatt.)

Der Name „Lehm & Lehm Lassen" enthält Hinweise auf ein Programm. Im - zumindest bayerischen - Gleichklang der Wörter „Lehm" und „Leben" sowie in dem Spiel ihrer Sinnverwandtheiten und Sinnverschiedenheiten deuten sich zwei Grundtendenzen an.

(1) Der Bereich der Lebenstatsachen sowie der Bereich von Selbstverwirklichung und Toleranz (gegenüber anderen Selbstverwirklichungen) sollen mit dem zu verarbeitenden Material - dem „Lehm" - in einen bedeutungsvollen, nicht mehr auflösbaren Zusammenhang treten. Die Themen/Gegenstände des eigenen (oder fremden) Lebens und die Wünsche/Handlungen des Sich-Ausdrükkens sollen in den Tonprodukten für den Betrachter greifbar werden. So können Lehmbilder zu Lebenbildern werden und umgekehrt.

(2) Die zweite Grundtendenz ist in der ersten schon enthalten: Für die Frauenauer Keramikwerkstatt sind die innerhalb des Töpferhandwerks weithin verbreiteten Traditionszwänge und -gläubigkeiten (besser: - abergläubigkeiten) gegenüber dem Material Ton nur insoweit interessant, wie aus dem produktiven Umgang mit ihnen, in der produktiven Auseinandersetzung mit ihnen, neue witzige, verspielte oder ernste Einstellungen zum Lehm/Leben gewonnen werden können. Die traditionellen Vorbestimmtheiten des Tons müssen ihr Leben lassen; und eine derartige Form des ‚Sterbens' kann durchaus schon der Gegenstand, das Thema eines Produkts oder einer ganzen Produktreihe von „Lehm & Lehm Lassen" sein.

Aus diesem Programm ergibt sich auch die besondere Personalstruktur der Werkstatt: Sie braucht eine 'Besatzung', die eine größtmögliche Unbefangenheit und Spontaneität gegenüber dem Werkstoff Ton mitbringt, der zumindest in Europa aufgrund von gebrauchskünstlerischen Konventionen und technischen Spezialisierungen in eine Art Kunstgewerbe-Ghetto eingesperrt ist.

Arbeiten mit Ton, Sommer 1979. (Susanne und Sabine Eisch).

Daher sind in ihr ein gutes Dutzend Kinder und Jugendliche (zwischen fünf und achtzehn Jahren) aus Frauenau zu einer festen Arbeitsgemeinschaft zusammengefaßt, die in Einzel- und Gruppenprojekten, in kurzfristigen und längerfristigen Vorhaben, in selbstgewählten und vereinbarten Zielsetzungen das Material Ton zu Lehm- und Lebenbildern umsetzt. Der den Kindern und Jugendlichen zugeordnete Werkstattleiter hat hingegen dafür zu sorgen, daß die Unbefangenheit und spontane Kreativität nicht zu einer falschen Unmittelbarkeit, nicht zu Kitsch, Bastelei oder 'gut gemeinter' Nachahmung wird. Die Tendenzen und Normen der herrschenden Keramik-Szene und die Geschichte der Verwendung des Materials Ton dürfen nicht ignoriert oder einfach abgeleugnet werden; sondern sie sind innerhalb einer neuen Konzeption auszunutzen, ja regelrecht auszubeuten. Kritische, parodistische oder kämpferische Ausbeutung von bereits gegebenen Kunstmitteln ist innerhalb des ästhetischen Bereichs - vom schönen Gebrauchsgegenstand bis zum 'zweckfreien' Fantasiegebilde - die einzige Möglichkeit, Neues zu schaffen. Dazu müssen einzelne Arbeitsthemen und Themenkomplexe entworfen werden; dazu ist Koordinierung und Steuerung auf den verschiedensten Tätigkeitsebenen nötig.

„Lehm & Lehm Lassen" hat also aus organisatorischen, technischen und programmatischen Gründen einen pädagogischen Akzent. Dennoch wäre etwa der Vergleich mit einer Schulklasse ganz unangebracht, jedenfalls irreführend. Man müßte sich dann zumindest eine Schulklasse vorstellen, in der der Lehrer mit Hilfe und aufgrund der Tätigkeit/Beiträge seiner Schüler nicht nur die vorgegebenen und vorgeschriebenen Lehrinhalte, sondern auch sein eigenes Wissen permanent korrigiert oder zu korrigieren bereit ist. Lehr-und Lernprozesse vollziehen sich in „Lehm & Lehm Lassen" ausschließlich über die wechselseitige Einwirkung von Produktionsprozessen. Nicht die Personen sind pädagogisch, sondern die Situation ist es, in der sie sich befinden, auf die sie sich einlassen. „Lehm & Lehm Lassen" ist demnach keine Töpferschule und auch keine Akademie im Kleinformat. Trotzdem besteht das größte Mißverständnis, mit dem die Werkstatt - vor allem in den Medien - konfrontiert ist, darin, „Lehm & Lehm Lassen" als eine „Freizeitgestaltung für Kinder", eine Art „Kinderparadies" oder als „Einrichtung für Beschäftigungstherapie" aufzufassen. „Lehm & Lehm Lassen" ist eine Produktionsstätte für Keramik - für einen besonderen Keramik-Stil, dem eine besondere Vorstellung von Keramik zugrundeliegt. Stimmung, Kommunikation und Aktivität innerhalb der Werkstatt sind von dem, was in dieser Werkstatt produziert wird, nicht zu trennen. Nach außen sind die Produkte wichtiger, durch sie versucht die Werkstatt zu wirken, Einfluß zu nehmen, Interesse zu gewinnen. Nach innen - für die 'Besatzung' von „Lehm & Lehm Lassen" - natürlicherweise die Situation, in der sie gemacht werden, der Prozeß der Gestaltung selbst.

Wohnen im „Tonsalon" . . .

Lehm & Lehm Lassen - biografische Daten

Vater: Erwin Eisch, Maler/Bildhauer/Glasgestalter, Frauenau
Mutter: Glashütte Valentin Eisch K. G., Frauenau
Großmutter: Die deutsche Keramik, betrachtet durch die Gläser von Erwin Eisch
Großvater: Phönix bzw. Ikarus, wie er hochgebrannt aus dem Ofen kommt
Geburt: August/September 1977, Flanitztal, Frauenau
Geburtshelfer: Robert Strini, Keramikdozent und bildender Künstler an der Universität von Santa Cruz, Kalifornien
Taufe: Offiziell zu ihrer ersten Ausstellung in der Glashütte Eisch und im Glasmuseum Frauenau, am 10. 12. 1977
Taufpatin/Gute Fee: Gutenacht Gutgedacht, geb. Mehrgehtnicht
Krankheitsfaktor/Böse Fee: Abstrakta Realismus, geb. Kitsch
Äußere Erscheinung: Fließend, neigt zur Traubenbildung und zu Auswüchsen bis zu 1 PK (=1,92 m oder 2 Bilein); mehr weiblich als männlich; tritt nach draußen gern als Doktor oder Umsattler mit ihrem Vater und/oder regelmäßig als Galerie bzw. Galeristin auf

Öffentlicher Wohnsitz: Die Galerie „Tonsalon“, Grafenauer Str. 8, Frauenau
Identität: Soviel jeweils Personen da sind - Andi, 13; Ännix, 14; Annick, 14; Bilein, 9; Eva, 14; Julia, 10; Karo, 16; Kater, 17; Lini, 15; Luz, 18; Mattl, 5; Peter, 38; Susse, 10; Vale, 15; Veotsch, 14
Führerschein: Klassenlos, für offenen Mannschaftswagen mit Mannsbild-Steuermann als Kinderpassagier
Besuchte Schulen: Zwergschule für Träume, die in den Himmel wachsen; Reitschule für Steckenpferde-Leidenschaften; Gunstakademie für angebranntes Gunstgewerbe
Berufe: Schwesterchen für Kindergärten und solche, die es lieber bleiben lassen; gegenständliche Schaustellerin, Zirkus Schalles & Rauch; Niederbayerische Barockmeisterin, oder Je Ober desto Unter
Laufende Ausbildung: Anstelle von „Kunsterziehung“: Dreckarbeit für Adams Nebenbild, mit Lehm; anstelle von „Werken“: Handarbeit für was ohne Handanlegen im Kopf unsichtbar bleibt; anstelle von „Therapie“: autogenes Training für fünf Sinne und zehn Finger; „Freizeit-Beschäftigung“ - ja, aber umgekehrt
Impfzeugnisse: Gegen Neue Sensibilität; gegen Einfaches Leben und Kinderparadiesfieber - beide 1977
Maskottchen: Wunsch, Kater des Gedankens
Emblem: Kirchturmfuß mit drei L

spannungen und den verschiedensten Requisiten zu wahren Theaterräumen: In der nur teilweise zugänglichen, tönernen Sumpflandschaft „Im Freien lernen“ tummelten sich allerhand Tiere und seltsame Figurengruppen, im „Grünen Salon“ mit eleganter Einrichtung waren vor allem Bilder und Plastiken Erwin Eischs und Peter Kobbes zu sehen, und in der „Barbara-Klause“ stand ein gotisch-maroder Reliquienschrein und ein mythologisch und symbolisch aufgeladener Altar - eine Bühne für die bis ins Groteske reichende Auseinandersetzung mit katholischer Tradition, mit Tod und Religiosität. In den Kellergewölben schließlich gelangte man in den „Feenzuchtstollen“, wo hinter Maschendraht nach Art einer Kaninchenschau ca. 20 Keramikmarionetten zu besichtigen waren - der Besucher konnte sogar seine Stimme für die schönste Figur abgeben.
Nicht nur diese Wasserburger Szenerien und der dortige Marionettenaufmarsch deuteten darauf hin, daß der Weg von „Lehm & Lehm Lassen“ mit einiger Konsequenz zum Theater als Gesamtkunstwerk führte. Denn dort wurden nicht nur die Möglichkeiten des Materials Ton bis zum Äußersten ausgebeutet - von haarfeinen Objekten bis hin zur Bildhauerarbeit mit Hammer und Meißel. Im Grunde war nichts davor sicher, in die Aktivitäten der Gruppe miteinbezogen und zumindest durch Bemalung verfremdet zu werden, ob das nun die Gebrauchskeramiken der Buben waren, alle möglichen Innen- oder Außenwände oder der jeweils eigene Körper. Die Arbeit in der Werkstatt war von Wortspielereien und der Auseinandersetzung mit Literatur begleitet, von Chorgesang und auch Tonbandexperimenten mit Aufnahmen von Geräuschen und selbstproduzierter Musik. Im Winter 1979 entstand als ironisch-staunende Hommage auf bayerische Barocktraditionen zum Beispiel auch eine Fotoserie von grotesken „Weihnachtsbildern“, die von den Gruppenmitgliedern gestellt wurden. So ist es nicht verwunderlich, daß die Produktion der Ke-

Altarbild mit Pieta, Kruzifix und Madonna, einem flötenden Teufel und Adam und Eva als Marionettenfiguren. (Lucia Probst, Katharina Eisch)

ramikmarionetten ab Winter 1978/79 vom Gedanken an eine eigene Theaterinszenierung begleitet war:

„Das Grundkonzept entwickelte sich aus den besonderen Bedingtheiten des Materials: mit spröden, relativ schweren und zum Teil porzellanartig zarten Steinzeugmarionetten kann man nicht wie mit den üblichen Holzmarionetten spielen. Sie verlangen von vorneherein einen verlangsamten, ritualisierten Aufführungsstil. Hinzu kam die – von der Werkstatt allgemein vertretene – Absicht, die Aktivität und Lebendigkeit der Mannschaft, der Produzenten, von ihren Produkten nicht zu isolieren. Unter diesen beiden Gesichtspunkten entstand das Rahmenprogramm für die Realisierung des Marionettenspiels: Mannschaftsmitglieder und Marionetten sollen auf einer Ebene 'vorkommen' und agieren; die Bühne soll Schauplatz eines *Spiels von Menschen und Marionetten* werden. Aus dieser Orientierung heraus – ohne weitere inhaltliche Festlegungen – wurden, je nach Fantasie und Materialeinstellung der Mannschaftsmitglieder, an die zwanzig Marionetten produziert. Bezogen auf die fiktiven und dramaturgischen Möglichkeiten dieses 'Personals' hat dann der Werkstattleiter ein Theaterstück geschrieben, das ebenso weit vom 'Realismus' entfernt ist wie die Steinzeugfiguren selbst.“ [5]

Das Stück von Peter Kobbe „Mit Blaulicht fahren oder Hin und nicht unbedingt wieder zurück – vom Spiel mit Menschen und Marionetten“ war den einzelnen Werkstattmitgliedern, wie auch den Marionetten, auf den Leib geschrieben. Die Handlung – soweit man hier von einer Handlung im herkömmlichen Sinn sprechen kann – ist in kurzer Form nicht wiedergebbar. Soviel nur sei erzählt, daß ein „ungleiches Ehepaar“ mit seinen noch „ungleicheren“ Marionettenkindern, zwei verdrehte Kabarettistinnen und ein hysterischer Schaffner auf der Zugfahrt nach Zürs am See in einem Tunnel steckenbleiben und aufs Abstellgleis geraten.[6] Daraufhin kippt das Geschehen langsam in Panik und Chaos um. Die vorher noch so harmlos an ihren Schnüren schwebenden Marionetten reißen die Handlung an sich und agieren zunehmend rätselhaft, wie der zarte „Mythologe und Poet“ „Blaumanndl“ und bedrohlich und bösartig wie der Drahtzieher „Augustus Spanischvor“.[7] Immer mehr solcher Marionettentypen als „allegorisches Steinzeug“ und Schauspieler als „lebende Bilder“ – Wasser, Feuer, ein durchgedrehter Musikautomat usw. – tauchen auf.[8] Was nun entsteht, das ist, wie eine ins Stück „verirrte“ Märchenfigur schimpft,

„... in jedem Sinne Kraut und Rüben – alles und nichts, Spiel ohne Grenzen – statt handfester Funder, auf die sich jeder einen Reim machen kann, diese – diese – Geisterbahn, in der die Vernunft als Trittbrettfahrer den Schaffner spielt und der Schlaf beziehungsweise der Halbschlaf den lieben Gott ...“[9]

Oder, wie eine andere Figur, „Hartmut Verneinen“, erklärt:

„Jawoll, jawoll – anstelle von was normalerweise passiert – Gefühle einfach wörtlich – oder besser: Wörter beim Wort, Gedanken persönlich, Wünsche bei der Ehre, das Übel an der Wurzel ...“[10]

Träume, Erinnerungen und „unerledigte Vergangenheiten“, Ängste und Wünsche werden lebendig, verwirren sich, nehmen Gestalt an.[11] Die Zuggesellschaft wird zum „mondsüchtigen Haufen“, verwandelt sich, erreicht schließlich ein ganz anderes Reiseziel:[12]

„So – das ist die
die neue blaue Umgebung
das ist, wo ihr nicht gewußt habt,
wo ihr hinkommt;
das ist besser und schöner als Zürs am See.
Und das – ist die neue Reisegesellschaft
wo es kein Reiseziel mehr gibt
wo keine Gesellschaft mehr erwünscht ist –
der warme hölzerne Reisesegen
der fällt und deckt wie braunes Laub
wo es niemals Herbst ist und niemals regnet.“[13]

Ungefähr ein halbes Jahr lang liefen die Proben, dann, am 21. 6. 1980 fand im Stadtmuseum Regensburg anläßlich der Eröffnung einer großen – und der letzten – „Lehm & Lehm Lassen“-Ausstellung die Uraufführung statt.
Das Stück machte es den Akteuren wie den Zuschauern nicht leicht, trotzdem aber wurde die Aufführung (und auch die Ausstellung) ein voller Erfolg. Der kleine Museumssaal ließ zusammen mit der schneidenden Geigenmusik, den Lichteffekten, den Marionetten und geschminkten Darstellern eine großartige Stimmung entstehen. Im Juli wurde die Aufführung in Regensburg und in der Bürgerhalle Frauenau wiederholt; sie erreichte aber sowohl in dem diesmal fast leeren Ausstellungsraum als auch in der großen Turnhalle nicht mehr die atmosphärische Dichte der Uraufführung.
Außerdem wurde nun zunehmend spürbar, daß „Lehm & Lehm Lassen“ seinem Ende zuging. Es ist weder möglich, noch wünschenswert, das Engagement von Kindern und Jugendlichen mehr als drei Jahre auf dasselbe Projekt gerichtet zu halten. Die Begeisterung vieler Gruppenmitglieder sank dementsprechend. Durch Schule, Freunde und zu einem großen Teil einfach pubertätsbedingt, veränderte sich die Interessenstruktur innerhalb der Werkstattcrew. Die Älteren näherten sich zudem dem Abitur und damit dem Studienbeginn außerhalb Frauenaus. Tonarbeiten wurden begonnen und nicht mehr vollendet, geschrühte Keramiken, die darauf warteten, glasiert zu werden, füllten die Werkstatt. An den Wochenenden und Abenden reduzierte sich die Besatzung zumeist auf den „harten Kern“ aus drei bis vier Personen, soweit nicht Peter Kobbe allein vor sich hin arbeitete. Eine Umschichtung der Gruppe, und damit quasi einen Neubeginn, wollte er nicht tragen, denn „Lehm & Lehm Lassen“ war mit seiner Besatzung und deren spezifischer Vitalität und auch ihren Spannungen entstanden und gewachsen und war nicht wiederholbar. Daher begannen die Kobbes allmählich, an ihren Weggang aus Frauenau zu denken. Peter Kobbe ließ sich ab August 1980 in Welchenberg nahe Straubing als Keramiker nieder und Hannerl Kobbe pendelte nach München, um dort ihre Karriere im Verlagswesen aufzubauen.

Das Projekt „Bild-Werk Frauenau“

Das alte Gaswerk stand nach der Auflösung von „Lehm & Lehm Lassen“ beileibe nicht leer. Vor allem Gretel Eisch nutzte die Räume als Flachglas- bzw. Keramikwerkstatt, gelegentlich trafen sich auch Arbeits- und Bastelgruppen verschiedenster Art an den großen Werktischen und außerdem entwickelte die Laiengruppe „Freie Lustbühne Hinterwald“ hier ihre Theaterinszenierungen. Auf ein umfassendes neues Verwendungskonzept aber mußte das Gebäude acht Jahre, bis zum Sommer 1988, warten.

Die Keramikwerkstatt „Lehm & Lehm Lassen", die heute das Herzstück der Sommerakademie „Bild-Werk Frauenau" bildet. Im Vordergrund Keramikmarionetten aus dem Theaterprojekt. Aufnahme von 1979.

1985 begann Erwin Eisch, laut über ein großangelegtes Folgeprojekt nachzudenken: Eine Frauenauer Sommerakademie nach dem Vorbild der amerikanischen Sommerschulen, welche Kurse aus den verschiedensten Handwerks- und Kunstbereichen anbieten. Seit vielen Jahren schon unterrichtet Erwin Eisch immer wieder in den USA, insbesondere als Kursleiter an der „Pilchuck Glass School", die Dale Chihuly nördlich von Seattle im Staat Washington aufgebaut hat. Er genießt die Intensität und Produktivität der Kurse, die amerikanische Fröhlichkeit und Ungezwungenheit dieses Zusammenarbeitens und -lebens in den hölzernen Wohn- und Werkstattbauten mitten im Wald. Die amerikanischen Künstler und Studenten verstehen es, mit ihrer Unbekümmertheit die anwesenden Europäer aus so manchen Selbstzwängen und metaphysischen Verbohrtheiten hervorzuholen. Zugleich werden begierig künstlerische Anregungen praktischer wie auch theoretischer Art aufgenommen.

Eine derartige Arbeits- und Lernatmosphäre kann nicht ohne weiteres einfach auf europäische Verhältnisse übertragen werden. Bislang aber fehlte es in Deutschland an jedem Versuch, auch nur Vergleichbares entstehen zu lassen. Künstlerisch Interessierte sind weitgehend entweder auf das (häufig durch Bürokratie und Dogmatismus stark eingeengte) Lehrangebot der Fachschulen und Kunstakademien angewiesen oder auf Kurse etwa der Volkshochschulen, denen vielfach die technischen Ausrüstungen und vor allem die intensive schöpferische Auseinandersetzung mit verschiedenen künstlerischen Ansätzen und Techniken in zeitlich kompakten Kursphasen fehlt. Die Frauenauer Sommerakademie soll nun

Das ehemalige GASOB-Gebäude während der Umbauarbeiten im Sommer 1988.

eine Erweiterung und Ergänzung dieses bestehenden Bildungsangebots bieten - auf der Grundlage der geistigen, künstlerischen und pädagogischen Tradition von „Lehm & Lehm Lassen", der Studioglasbewegung und auch der Glasgeschichte des Bayerischen Waldes.

Die ersten konkreten Überlegungen und Planungen liefen im Sommer 1987 an. Am 18. 9. 1987 kam es dann zur Gründung eines Vereins mit dem Namen „Bild-Werk Frauenau e. V". Der Verein wurde am 3. 11. 1987 in das Vereinsregister Viechtach eingetragen und erhielt vom Finanzamt Straubing „wegen Verfolgung von gemeinnützigen und als besonders förderungswürdig anerkannten Zwecken" die Bestätigung als steuerbefreite Körperschaft.[14] In der Zusammensetzung der (erstmals besetzten) Vorstandschaft, die noch in der Gründungsversammlung gewählt wurde, läßt sich auch die Verteilung der Interessen und Verantwortlichkeiten innerhalb des Projekts ablesen: Helmut Schneck wurde als Vertreter der Glashütte Eisch, sowie als praktisch denkender und vorausschauender Mann zum 1. Vorsitzenden des Vereins gewählt. Erwin Eisch, dem die geistig-ideellen Inhalte der Schule besonders am Herzen liegen, nimmt die Aufgabe seines Stellvertreters wahr. Beisitzer wurden Alfons Hannes, der damit sein persönliches, wie auch das Interesse als Bürgermeister der Gemeinde Frauenau bekundet, und Erich Eisch, der das Projekt im Namen der Firma insbesondere finanziell unterstützt und trägt. Ins Amt des Schriftführers wurde Dietmar Dengler, der ein Studium der Sozialpädagogik, Bereich Erwachsenenbildung, absolviert hat und sich um organisatorische Belange der zukünftigen Sommerakademie kümmert, bestellt. Die Aufgabe des Kassiers schließlich wurde Eberhard Eisch, einem Sohn Erich Eischs, übertragen. Als weitere Gründungsmitglieder waren Alfons und Valentin Eisch jun. sowie Annemarie Kainz anwesend.

Der Name der Sommerakademie „Bild-Werk Frauenau" ist mehrdeutig und programmatisch gedacht. So ist in „Bild-Werk" auch das „Bildungswerk" versteckt:

„Die Einrichtung versteht sich als Bildungsinstitution in einem umfassenden Sinne. Deswegen werden hier nicht nur Vortrags- und Seminarveranstaltungen durchgeführt, vielmehr sind diese nach dem Prinzip des 'learning by doing' in ein praktisches Programm eingebunden. Im Mittelpunkt dieses 'praktischen Lernens' wird die Arbeit und Auseinandersetzung mit künstlerischen Mitteln (in Glas, Keramik, Malerei) stehen."[15]

Der Bildungsanspruch der Schule beschränkt sich also nicht nur auf die Vermittlung handwerklicher Fertigkeiten und auf die künstlerische Auseinandersetzung mit verschiedenen Materialien, sondern, mehr als das bei den Amerikanern der Fall ist, sollen theoretische Veranstaltungen für einen bewußten „geistigen Überbau" des praktischen Arbeitens sorgen: „Das Motto 'Mit den Händen denken lernen' deutet an, daß die übliche Teilung in Theorie einerseits und Praxis andererseits kritisch befragt werden soll."[16] Die Konzeption der Sommerakademie basiert daher auf einem sehr umfassenden und existenziellen Verständnis von Kunst:

„Schließlich ist Kunst als Medium der Bildung deshalb sinnvoll, als sie in ihrer Hauptfunktion Kommunikation ist; zwar ist Kunst je von gesellschaftlich und kulturell bestimmten Wahrnehmungskonzeptionen abhängig, sie schöpft aber auch daraus ihre wirklichkeitserfassende und -verändernde Kraft, daß sie ihrerseits selbst Wahrnehmung neu zu organisieren vermag. Sie bewirkt somit eine Sensibilisierung in bezug auf die Wahrnehmung von Umwelt und Realität, wie auch der eigenen Möglichkeiten und Fähigkeiten. Damit ermöglicht künstlerisches Tun das Erfahren und Begreifen der Wirklichkeit, ebenso wie neue Impulse zur Gestaltung der Umwelt gegeben werden können."[17]

„Bild-Werk" setzt auf das Tätig-Werden und Sich-Ausdrücken im sinnlich erfaßbaren „Werk"; als „Bild" aber, als Träger eines Beziehungsgefüges

Szene aus dem Film „Das letzte Loch" von Herbert Achternbusch, 1981.
Links Erwin Eisch als Fremdenführer, Herbert Achternbusch, Annamirl Bierbichler.

der aus Form- und Farbgebung resultierenden visuellen Reize und aus deren abbildenden, metaphorischen und symbolischen Verweisungen und Sinngehalten, überschreitet dieses zugleich die Grenzen des nur materiell bestimmten Gegenstandes; es geht den „Weg in Richtung Bild und Wort", wie ein Malereikurs von Erwin Eisch im Sommer 1988 überschrieben ist.
Die Festlegungen auf bestimmte Werkstoffe ist bei „Bild-Werk Frauenau" von zweitrangiger Bedeutung (was nicht heißen soll, daß rein handwerkliche Materialbearbeitung ausgeschlossen werden soll). Diese vorläufige Beschränkung auf Glas, Keramik, Malerei und Zeichnung ergibt sich vor allem aus der Glastradition Frauenaus und den Vorteilen, die sich aus der Beteiligung der Glashütte Eisch an dem Vorhaben ergeben, sowie aus den vielfältigen Möglichkeiten, die die bereits bestehende Keramikwerkstatt bietet. Malerei entspricht am ehesten den künstlerischen Anliegen Erwin Eischs und ist mit dem geringsten Aufwand durchführbar. Ziel ist die höchstmögliche Freiheit von akademischen Normen und Zwängen im Umgang mit dem jeweiligen Material und den eigenen Wünschen und Gestaltungsbedürfnissen der Kursteilnehmer.
Ziel ist daneben aber auch die Bereicherung des kulturellen Lebens Frauenaus und des Bayerischen Waldes. Auf lange Sicht soll „Bild-Werk Frauenau" auch Denkanstöße liefern zur Entwicklung alternativer Konzepte, z. B. eines „sanften Tourismus" für den Bayerischen Wald in Form bewußter und produktiver Kulturkontakte. Deshalb soll hier den Teilnehmern nicht nur passiver Konsum angeboten werden, sondern neue Sichtweisen und neue Umgangsweisen mit eigener und fremder Kultur eröffnet werden. „Bild-Werk Frauenau" will und kann somit keine Touri-

Frauenau als Zentrum der Studioglasbewegung: Alfons Hannes, der singende Bürgermeister, mit der „Krowentbirl-Musi" auf der Abschlußparty des 2. Frauenauer Glas-Symposiums. Mai 1985 in der Eisch-Hütte.

stenattraktion im üblichen Sinne sein – ohnedies braucht der Bayerische Wald einen Tourismus, der sich nicht prostituiert und die weitere Ausbeutung von Kultur und Natur zur Folge hat, sondern neben finanziellen Vorteilen vor allem kulturschaffende Impulse und wechselseitiges Verständnis bringt. Frauenau könnte so nicht nur zum „gläsernen Herz des Bayerischen Waldes", sondern auch zu einem Zentrum geistiger und künstlerischer Entwicklungen werden.

Das Angebot im Sommer 1988 reicht von Glasmacherkursen über Glasmalerei, Gravur, Flachglasbearbeitung und Keramik bis hin zu Malerei- und Zeichenkursen. Dieses Einführungsprogramm soll in zwei zweiwöchigen Kursphasen im August 1988 laufen, die Kursgebühren reichen dabei von DM 850,– (für Glasmachen) bis zu DM 490,– (für Malerei), zum Teil inklusive Material und Energie. Die Teilnahme steht prinzipiell allen Interessenten offen. Geplant ist auch, einzelne Veranstaltungen – Vorträge u. a. – das ganze Jahr hindurch laufen zu lassen.

Im Winter 1987/88 begann die Suche und Auswahl geeigneter Kursleiter, die nicht nur über fachliche und künstlerische Kompetenz verfügen, sondern auch kreatives Schaffen fördern und offenes Diskutieren in ihren Gruppen zulassen sollen. Schließlich wurden für die Unterrichtung in Malerei, Aquarell und Zeichnung der bekannte amerikanische Glastheoretiker sowie Portrait- und Landschaftsmaler Thomas S. Buechner, die Münchner Malerin Renate Bachmayer und Erwin Eisch gewonnen. Gretel Eisch und Jörg v. Manz bieten „Skulptur und Keramik" bzw. „Ton und Lust" an, die Glaskünstlerin Ursula Huth zeigt die Herstellung von Glasfenstern und -bildern, der tschechische Fachschullehrer Vaclav Hubert und der Rabensteiner Christian Schmidt halten Gravurkurse ab, Erwin Eisch und Renate Mertes-Kranz lehren Glasmalerei. Die Heißglaskurse leitet der Kalifornier David Hopper, der dabei auch seine Erfindung, Glas in heißem Zustand zu bemalen, vermitteln will. Zum Dritten Internationalen Glassymposium in Frauenau im Mai 1988 endlich lief mit einer Broschüre die Werbung an, parallel dazu wurden ab April am ehemaligen GASOB-Gebäude umfangreiche An-und Umbauten vorgenommen: An die rückwärtige Wand wurden drei Werkstätten angefügt, außerdem erhält die Sommerschule einen großen Aufenthaltsraum, einen Büroraum und einen Glasofen mit Schmelzwanne, an dem also Tag und Nacht gearbeitet werden kann. Die Gemeinde Frauenau hat sich außerdem bereiterklärt, der Sommerakademie bei Bedarf entsprechende Räumlichkeiten zur Verfügung zu stellen, eventuell einen Teil der Nebengebäude der ehemaligen Gistl-Hütte, die von der Gemeinde angekauft wurden.

Mit dem Projekt „Bild-Werk Frauenau" beschreibe ich eine Geschichte, die nicht nur noch nicht abgeschlossen ist, sondern eigentlich noch gar nicht begonnen hat. Zum Zeitpunkt der Abfassung dieses Kapitels läuft noch die Werbung, und allmählich trudeln die Anmeldungen ein. Wie die Realisierung des Kursprogramms im August 1988 vonstatten gehen wird und welcher Erfolg dem Projekt beschieden ist, ist heute noch nicht abzusehen – ebensowenig wie die künstlerischen, kulturellen, gesellschaftlichen Möglichkeiten und die Chancen auf Selbstbesinnung und -verwirklichung im „Bild-Werk", die aus diesen Anfängen in der Zukunft erwachsen können.

Quellen und Anmerkungen

Kapitel I

[1]) Alfons Eisch: Chronik der Glasmacherfamilie Eisch. In: Glasmuseum Wertheim zeigt individuelle Arbeiten der Glashütte Valentin Eisch KG. Prospekt zur Ausstellung vom 12. 7.–31. 10. 1983.
Der Text nimmt Bezug auf folgende Quellen:
(1) Staatsarchiv Třeboň, Taufbuch Pfarrei Winterberg, Bd. II, Pag. 63.
(2) Staatsarchiv Třeboň, Trauungsbuch Pfarrei Winterberg, Bd. III, S. 336.
(3) Staatsarchiv Ceský Krumlov, Sign. Winterberg, A 6 g 1a/ 1 Blatt 234.
(4) Staatsarchiv Třeboň, Sterbebuch Pfarrei Winterberg, Bd. III, S. 95.
(5) Staatsarchiv Třeboň, Taufbuch Pfarrei Winterberg, Bd. IV, S. 67.
(6) Matrikelbuch der Pfarrei Schönberg, Bd. IV, S. 64.
(7) Matrikelbuch der Pfarrei Oberkreuzberg, Bd. I, Sterbematr. S. 2.
(8) Matrikelbuch der Pfarrei Schönberg, Bd. IV, Taufmatr. S. 239.
(9) Familienkundliche Unterlagen, Alfons Eisch.
(10) Wagner Hermann: „Die Spiegelauer und Klingenbrunner Glashütten", S. 97.
(11) Staatsarchiv Landshut, Rep. 168, Verz. 4, Fasr. 378, Nr. 6366.
(12) Pfarrarchiv Oberkreuzberg, Sterbebuch, Bd. IV, S. 33.
(13) Pfarrarchiv Oberkreuzberg, Taufbuch, Bd. II, S. 54.
(14) Familienkundliche Unterlagen, Alfons Eisch.
(15) Pfarrarchiv Frauenau, Taufbuch Bd. VI, S. 69.
(16) Hilz Max: „Buch für Zwiesel und Umgebung", S. 45.
(17) Standesamt Zwiesel, Sterbe-Reg. Nr. 69 - 1915.
(18) Pfarrarchiv Zwiesel.

[2]) Roman Eder, Alfons Hannes: Frauenau. Chronik und Lebensbild eines Bayerwald-Ortes. Frauenau 1974, S. 201.
[3]) Ortsarchiv Frauenau. Kreis-, Bezirks- und Gemeindewahl, 15. Juni 1919.
[4]) Ortsarchiv Frauenau. Beschlußbuch des Gemeinderats von Frauenau, 1919–1924.
[5]) Archiv Alfons Eisch. Preisliste der Krystallglasfabrik I. Gistl, Frauenau in Niederbayern, 1909.
[6]) Alfons und Therese Eisch im März 1985.
[7]) Interview mit Therese Eisch. In: Franz Kerschbaum: Therese Eisch - Ein Leben für Glas. Videofilm aus dem Jahr 1984.
[8]) Ortsarchiv Frauenau. Register für die Gewerbs-Niederlegungen in der Gemeinde Frauenau, 16. 3. 1893–1912.
[9]) Therese Eisch im März 1985.
[10]) Interview mit Therese Eisch. In: Kerschbaum: Therese Eisch - Ein Leben für Glas.
[11]) Therese Eisch im März 1985.
[12]) Interview mit Therese Eisch. In: Kerschbaum: Therese Eisch - Ein Leben für Glas.
[13]) Ebd.
[14]) Ebd.
[15]) Ebd.
[16]) Der Bayerwald-Bote, 18. 11. 1966: Fünf neue Meister der hohen Kunst der Glasveredelung.
[17]) Erich Eisch am 3. 5. 1988.

Kapitel II

[1]) Alfons Eisch im März 1985.
[2]) Therese Eisch im März 1985.
[3]) Archiv Alfons Eisch. Handschriftliche Aufzeichnungen von Erich Eisch, 29. - 31. 3. 1950.
[4]) Ebd.
[5]) Ebd.
[6]) Alfons Eisch im März 1985.
[7]) Interview mit Therese Eisch. In: Kerschbaum: Therese Eisch - Ein Leben für Glas.
[8]) Therese Eisch im März 1985.
[9]) Ebd.
[10]) Alfons Eisch am 26. 12. 1987.
[11]) Archiv Alfons Eisch. Erich Eisch: Festansprache zum 25jährigen Geschäftsjubiläum der Glashütte Valentin Eisch K.G. Frauenau, 16. 12. 1977.

Kapitel III

[1]) Der Bayerwald-Bote, 19. 5. 1953: In Frauenau steht Bayerns jüngste und kleinste Glashütte.
[2]) Ebd.
[3]) Firmenarchiv der Glashütte Eisch.
[4]) Firmenarchiv der Glashütte Eisch. Bilanz zum 31. 12. 1952.
[5]) Firmenarchiv der Glashütte Eisch.
[6]) Gerda Frank im März 1985.
[7]) Alfons Eisch im März 1985.
[8]) Therese Eisch im März 1985.
[9]) Konrad Giltner am 13. 9. 1987.
[10]) Ebd.
[11]) Ebd.
[12]) - Archiv des Betriebsrats der Glashütte Eisch. Berichtsbogen zur Betriebsrätewahl 1953, 4. 5. 1953.
- Firmenarchiv der Glashütte Eisch. Emil Maurer, Steuerberatungs- und Kreditprüfungs-GmbH:
Exposé über die Entwicklung der Firma Valentin Eisch, Glashütte, Frauenau/Bayer. Wald, 17. 5. 1957.
Sämtliche hier genannten Zahlen beziehen sich auf die gesamte Belegschaft mit Ausnahme von Valentin und Therese Eisch.
[13]) Josef Fuchs am 18. 11. 1985.
[14]) Alfons Eisch am 30. 5. 1988.
Die Pointe dieser Geschichte liegt in der Doppeldeutigkeit des bayerischen Ausdrucks „Hadernsau". Zum einen versteht man darunter den an Baumstämmen wachsenden Baumschwamm, der gern als rustikale Dekoration an Holzschuppen u. a. genagelt wird, zum anderen gilt „Hadernsau" als Schimpfwort.
[15]) Helmut Schneck am 30. 5. 1988.
[16]) Josef Blau: Die Glasmacher im Böhmer- und Bayerwald. Bd. 2: Familienkunde. Kallmünz 1956 (Reprint Grafenau 1984), S. 44.
[17]) Alfons Eisch im März 1985.
[18]) Therese Eisch im März 1985.
[19]) Konrad Giltner am 13. 9. 1987.

Kapitel IV

[1]) Stand 31. 12. 1987. Die Angabe schließt seither getätigte Zukäufe von Max Koller mit ein.
[2]) Der Bayerwald-Bote, 18. 6. 1956: Glashütte Eisch erstellt

neues Betriebsgebäude.
[3]) Der Bayerwald-Bote, 25. 10. 1956: Die dritte Glashütte wächst.
[4]) Münchner Merkur, 24. 6. 1958: Sollte die Bodenmaiser das Geldfieber packen . . .
[5]) Der Bayerwald-Bote, 19. 3. 1977: Alfons Hannes: Das letzte Ofenglühen aus eigener Gaserzeugung.
[6]) Ebd.
[7]) Der Bayerwald-Bote, 5. 2. 1957: Vom Graveurbock des Meisters zur modernen Glashütte.
[8]) Firmenarchiv der Glashütte Eisch. Maurer, Exposé über die Entwicklung der Firma Valentin Eisch.
[9]) Firmenarchiv der Glashütte Eisch. Protokoll über die von der Steuerberatungs- und Kreditprüfungs-GmbH einberufene Gläubigerversammlung am 11. 2. 1957 um 14 Uhr in den Räumen der Steuerungsberatungs- und Kreditprüfungs-GmbH, München, Herzog-Rudolf-Straße 6.
[10]) Firmenarchiv der Glashütte Eisch. Steuerberatungs- und Kreditprüfungs-GmbH: Vierteljährliche Berichterstattung über die Geschäftsentwicklung der Firma V. Eisch, Frauenau, 3. 5. 1957.
[11]) Firmenarchiv der Glashütte Eisch. Steuerberatungs- und Kreditprüfungs-GmbH: Vierteljährliche Berichterstattung über die Geschäftsentwicklung der Firma V. Eisch, Frauenau, 8. 8. 1957.
[12]) Firmenarchiv der Glashütte Eisch. Steuerberatungs- und Kreditprüfungs-GmbH: Vierteljährliche Berichterstattung über die Geschäftsentwicklung der Firma V. Eisch, Frauenau, 20. 9. 1957.
[13]) Therese Eisch im März 1985.

Kapitel V
[1]) Firmenarchiv der Glashütte Eisch. Kreditantrag der Firma Valentin Eisch KG. in Frauenau/Bay. Wald aus Mitteln des ERP-Kreditprogramms für die mittlere verarbeitende Industrie, 10. 4. 1963.
[2]) Der Bayerwald-Bote, 9. 1. 1973: Die Glashütte Eisch feierte ihr erstes Jubiläum.
[3]) Der Bayerwald-Bote, 19. 3. 1977: Hannes: Das letzte Ofenglühen . . .
[4]) Ebd.
[5]) Firmenarchiv der Glashütte Eisch.
[6]) Ebd.

Kapitel VI
[1]) Eder, Hannes: Frauenau, S. 54 f.
[2]) Der Bayerwald-Bote, 13. 4. 1954: Alfons Hannes: Schatten über der Metropole des Bayerwald-Glases.
[3]) Eder, Hannes: Frauenau, S. 94.
[4]) Ann Thönissen: Bayerns rote Insel. In: Merian Niederbayern, 11/XXXIX (1986), S. 94-98; hier S. 98. Siehe auch: Eder, Hannes: Frauenau, S. 204.
[5]) Der Bayerwald-Bote, 18. 4. 1970: Friedrich Holl: Ist das Glasmachen immer noch das königliche Handwerk?
[6]) Reinhard Haller: „Geschundenes Glas“. Brauchtümliches Glasmachen - volkstümliche Gläser. Grafenau 1985, S. 15-18.
[7]) Friedrich Holl: Die Bayerische Glasindustrie gestern - heute - morgen. Wirtschafts- und sozialpolitische Studie über die Entwicklung der Glasindustrie des Bayerischen und Oberpfälzer Waldes. Sonderdruck der IG Chemie-Papier-Keramik anläßlich der 6. ordentlichen Industriegruppen-Konferenz Glas am 8./9. Oktober 1965 in Frauenau/ Bayerwald, S. 7 f.
[8]) Josef Blau: Die Glasmacher im Böhmer- und Bayerwald. Bd. 1: . . . in Volkskunde und Kulturgeschichte. Kallmünz 1954 (Reprint Grafenau 1983), S. 84.
[9]) Ebd., S. VI.
[10]) Schott-Zwiesel Glaswerke AG (Hg.): Schott Zwiesel. Die Geschichte einer Glashütte im Bayerischen Wald. Zwiesel 1979, S. 52.
[11]) Emil Rimpler: 40 Jahre Glasveredelndes Handwerk in Bayern. In: Landesinnung des Glasveredelnden Handwerks in Bayern. Regen o. J. (1987), S. 3-13; hier S. 12.
[12]) Die Glashütte Eisch bildet hier eine Ausnahme, weil sie aus ihrer Vergangenheit als Veredelungswerkstätte die Mitgliedschaft in der Handwerkskammer zusätzlich zu ihrer Zugehörigkeit zur Industrie- und Handelskammer beibehalten hat.
[13]) Der Bayerwald-Bote, 1. 7. 1970: Nach der Arbeit auf die Schulbank.
[14]) Der Bayerwald-Bote, 23. 7. 1970: Erste Facharbeiterprüfung mit sehr erfreulichen Ergebnissen.
[15]) Ebd.
[16]) Der Bayerwald-Bote, 1. 7. 1970: Nach der Arbeit auf die Schulbank.
[17]) Firmenarchiv der Glashütte Eisch. Schreiben der Industrie- und Handelskammer Niederbayern in Passau vom 29. 4. 1988.
[18]) Der Bayerwald-Bote, 8. 1. 1988: Eischglashütte will 800 000 DM investieren.
[19]) Eder, Hannes: Frauenau, S. 266.
[20]) Angaben der Gemeindeverwaltung Frauenau, Juni 1988.
[21]) Eder, Hannes: Frauenau, S. 266.
[22]) Nach Auskunft der jeweiligen Betriebsleitung, Juni 1988.
[23]) Der Bayerwald-Bote, 5. 3. 1988.
[24]) Josef Fuchs am 18. 11. 1985.
[25]) Einkommen-Gewerkschaftsbeiträge - Leistungen der Industriegewerkschaft Chemie-Papier-Keramik für die Arbeitnehmer der bayerischen Hohl- und Kristallglasindustrie. Gültig ab 1. 8. 1987. Informationsblatt der IG Chemie-Papier-Keramik, Bezirk Bayern.
[26]) Haller, „Geschundenes Glas“, S. 135.
[27]) Ebd., S. 137.
[28]) Josef Fuchs am 18. 11. 1985.
[29]) Firmenarchiv der Glashütte Eisch.
[30]) Alfons Hannes: Glas aus dem Bayerischen Wald. Grafenau 1975, S. 103.
[31]) Ebd., S. 100.
[32]) Süddeutsche Zeitung, 1. 6. 1963: Mehr als das Streikziel erreicht.
[33]) Archiv des Betriebsrats der Glashütte Eisch. Berichtsbogen zur Betriebsrätewahl 1953-1987.
[34]) Josef Fuchs am 18. 11. 1985.
[35]) Archiv des Betriebsrats der Glashütte Eisch.
[36]) Der Bayerwald-Bote, 20. 2. 1987: Glasmacherpokal für die Eisch-Hütte.
[37]) Ebd.

Kapitel VII
[1]) Firmenarchiv der Glashütte Eisch. Ausschnitt über die Eintragung der Glashütte Valentin Eisch K. G. in das Handelsregister vom 18. 1. 1963. Veröffentlicht im Bundesanzeiger.

[2]) Firmenarchiv der Glashütte Eisch. Handelsregistereintrag, Amtsgericht Deggendorf, vom 5. 12. 1985 betr. Eisch-Glas Manufaktur GmbH, Frauenau.
[3]) Archiv Alfons Eisch. Erich Eisch: Ansprache bei Moster, Haus der Geschenke Bielefeld, am 1. 6. 1977.
[4]) Archiv Alfons Eisch. Rundschreiben der Glashütte Valentin Eisch an den Bundesverband des Glas-, Porzellan- und Keramikeinzelhandels und an alle Kunden vom 15. 4. 1977.
[5]) Archiv Alfons Eisch. Erich Eisch: Festansprache zum 25jährigen Geschäftsjubiläum der Glashütte Valentin Eisch K. G. Frauenau, 16. 12. 1977.
[6]) Archiv Alfons Eisch. Schreiben der Glashütte Valentin Eisch an die Fa. Theodor Kircher KG, Weilheim, vom 9. 3. 1977.
[7]) Der Bayerwald-Bote, 3. 3. 1977: Bayerwald-Glasindustrie hat Top-Schau auf der Frankfurter Messe.
[8]) Archiv Alfons Eisch. Rundschreiben an den Bundesverband.
[9]) Der Bayerwald-Bote, 11. 6. 1975: Leserbrief von Erwin Eisch.
[10]) Peter Assion: Historismus, Traditionalismus, Folklorismus. Zur musealisierenden Tendenz der Gegenwartskultur. In: Utz Jeggle u. a. (Hg.): Volkskultur in der Moderne. Probleme und Perspektiven empirischer Kulturforschung. Reinbek bei Hamburg 1986, S. 351-362; hier S.351.
[11]) Ebd., S. 359.
[12]) Ebd., S. 358 f.
[13]) Ebd., S. 356.
[14]) Ebd., S. 359.

Kapitel VIII

[1]) Archiv Alfons Eisch. Erich Eisch: Ansprache bei Moster.
[2]) Erwin Eisch: Glück und Glas. In: Merian Bayerischer Wald, 8/XXVII (1974), S. 58–61; hier S. 60.
[3]) Ebd.
[4]) Archiv Alfons Eisch. Auflistung vom April 1987. Zu diesem Zeitpunkt lieferbares Sortiment: 2631 Stück.
[5]) Erwin Eisch: Auf den Spuren einer Glasbewegung. Ansprache am 7. 6. 1984 (unveröffentl. Ms.).
[6]) Teil-Mitschnitt eines Statements von Erwin Eisch, aufgezeichnet von E. Slesiona, Eppenschlag. Gehalten vor Studenten und Dozenten des Instituts für Volkskunde der Universität Passau am 27. 2. 1985 in Frauenau.
[7]) Erwin Eisch: Glas unserer Zeit – in Kunst und Handwerk. Rede zur Eröffnung des 1. Frauenauer Glassymposiums vom 20.–22. 5. 1982. In: Glasmuseum Frauenau (Hg.): „Glas unserer Zeit in Kunst und Handwerk". Katalog zum 1. Internationalen Glassymposium, Frauenau 1982. S. 23–28; hier: S. 27.
[8]) Thomas S. Buechner: ... und sehr viel Denken liegt in den Händen. In: Porzellan + Glas 8/1983, S. 206–208; hier S. 206.
[9]) Teil-Mitschnitt eines Statements von Erwin Eisch.
[10]) Museum für Kunst und Gewerbe Hamburg/Justus Brinckmann Gesellschaft Hamburg (Hg.): Erwin Eisch: Narziß – ein Interieur. Begleitheft zur Ausstellung vom 7. 4.–31. 5. 1971.
[11]) Peter Kobbe: Thesen zum Begriff des Ästhetischen in der Glaskunst. Frauenau 1980 (Unveröffentl. Ms.).
[12]) Ebd.
[13]) Erwin Eisch: 25 Jahre Studio-Glasbewegung – Die Schönheit ist klein. Rede zum 2. Internationalen Glassymposium in Frauenau vom 15. 5.–18. 5. 1985. In: Glasmuseum Frauenau (Hg.): 10 Jahre Glasmuseum Frauenau – 25 Jahre Studio-Glasbewegung. Katalog zum 2. Internationalen Glassymposium, Frauenau 1985, S. 16–23; hier S. 21.
[14]) Glashütte Valentin Eisch (Hg.): Poesie in Glas. Werbeplakat.
[15]) Erwin Eisch: Rede zur Eröffnung des zweiten Coburger Glaspreises am 14. 7. 1985 (Unveröffentl. Ms.).
[16]) Erwin Eisch: Wo Aussicht die Einsicht trübt. Ansprache am 10. 1. 1985 (unveröffentl. Ms.).
[17]) Glashütte Valentin Eisch (Hg.): Poesie in Glas. Werbebeilage.
[18]) Umberto Eco: Die Struktur des schlechten Geschmacks. In: Ders.: Apokalyptiker und Integrierte. Zur kritischen Kritik der Massenkultur. Frankfurt/Main 1984, S. 58–115; hier S. 93.
[19]) „Anders ausgedrückt: Die poetische Botschaft ist eine ständige Quelle von nicht festlegbaren Signifikaten, die zu ständiger Dekodierung auffordert, gleichzeitig die möglichen Dekodierungen organisiert und die Treue der Interpretationen auf die Probe stellt, indem sie diese jeweils auf die Struktur der Botschaft zurückspiegelt."
Ebd., S. 79.
[20]) Ebd., S. 90.

Kapitel IX

[1]) Glasmalerei neu entdeckt. In: Das Handwerk in Oberbayern. Mitteilungen der Handwerkskammer für Oberbayern und München, 5. 11. 1971, S. 3.
[2]) Erwin Eisch: Kinder malen Glas. Frauenau, 14. 10. 1971 (unveröffentl. Ms.).
[3]) Ebd.
[4]) Dem Galeriebesucher sein Senf – authentisch. In: Lehm & Lehm Lassen. Eine Keramikwerkstatt in Frauenau. Frauenau 1979.
[5]) Peter Kobbe: Das Marionettenprojekt. In: Lehm & Lehm Lassen, 1979.
[6]) Peter Kobbe: Mit Blaulicht fahren oder Hin und nicht unbedingt zurück – vom Spiel mit Menschen und Marionetten. Frauenau 1979/80 (Unveröffentl. Ms.), S. 1.
[7]) Programmzettel zur Uraufführung von „Mit Blaulicht fahren oder Hin und nicht unbedingt zurück" im Stadtmuseum Regensburg am 21. 6. 1980.
[8]) Kobbe: Mit Blaulicht fahren . . ., S. 9, 24.
[9]) Ebd., S. 19.
[10]) Ebd., S. 18.
[11]) Programmzettel zu „Mit Blaulicht fahren . . .".
[12]) Kobbe: Mit Blaulicht fahren . . ., S. 24.
[13]) Ebd., S. 3.
[14]) Dietmar Dengler: Bild-Werk Frauenau – Mit den Händen denken lernen. Konzeption und Sommerprogramm. Pressevorlage, April 1988.
[15]) Ebd.
[16]) Bild-Werk Frauenau – Mit den Händen denken lernen. Die erste Sommerakademie Deutschlands für Kopf-, Hand- und Kunstwerk. Informations- und Werbebroschüre zum ersten Sommerprogramm. Frauenau 1988, S. 2.
[17]) Dengler: Bild-Werk Frauenau, Konzeption.

Bildnachweis

Der Bayerwald-Bote, Redaktion Zwiesel S. 72, 121.

Dietmar Dengler/Katharina Eisch S. 83, 86, 87, 92, 94, 95, 96, 97, 98, 101, 105, 106, 111, 118, 119, 122, 124, 133, 160, Umschlagbild.

Alfons Eisch S. 10, 11, 12 unten, 13, 17, 19, 20, 21 links, 23 links, 25, 28, 31, 32 unten, 35, 37, 38, 39, 40, 42, 44, 45, 47, 49 oben, 52, 54, 55, 56, 57, 58, 61, 63, 64, 70, 73, 74, 75, 82 links oben, unten, 89, 93, 99, 103, 104, 107, 127 unten, 132.

Alfons Eisch/Foto Anton Pech S. 15 unten.

Erwin Eisch S. 14 rechts, 16, 21 rechts, 22, 32 oben, 34, 41, 62, 69, 71, 77, 78, 82 rechts oben, 84, 85, 108, 110, 115, 117, 134, 136 rechts, 143 links, 149, 151, 152, 153, 154, 155, 159, 162.

Erwin Eisch/Foto Anders S. 53, 81.

Erwin Eisch/Foto Christensen S. 148, 157.

Erwin Eisch/Foto Gunter Freyse S. 161.

Erwin Eisch/Foto Zelger S. 139.

Glashütte Eisch S. 9, 12 oben, 14 links, 23 rechts, 26, 29, 30, 33, 36, 48, 51, 59, 60, 76, 88, 90, 100, 102, 113, 114, 126, 127 oben, 128, 129, 130, 131, 135, 136 links, 137, 138, 140, 141, 142, 143 rechts, 144, 145, 146, 147, 150.

Glashütte Eisch/Foto Jahn S. 49 unten, 112.

Glashütte Eisch/Foto Woscidlo S. 50.

Josef Fuchs S. 43, 109.

Alfons Hannes S. 18, 24, 27.

Liane Lomitzky S. 79.

Helmut Schneck S. 65, 67.

Karl Sedlmeier S. 15 oben.